# 荀子

## 中文經典100句

玄奘大學中語系季旭昇教授 總策畫
文心工作室 編著

〈出版緣起〉

# 站在文化巨人的肩膀上

季旭昇

「犁明即起，灑掃庭廚。忘著窗外，一片籃天白雲，令人腥情振忿。隨便灌洗一下，整理遺容之後，走到客聽，粘起三柱香，拜完劣祖劣宗，希望祖宗給我保屁。然後匆匆敢往朋友的壽宴，為朋友舉殤祝壽，大家喝的慾罷不能。談到朋友的事葉出現危機，我就建議他要摒持理念、拿出破力。朋友也免勵我要多用功，才能寫出家譽戶曉、躑地有聲的文章。晚上我開始發糞讀書，日以繼夜的終於寫完這一篇文章。」

這是用現在見怪不怪的錯字集錦而成的一篇小文，果然可以「擲地」，但是未必「有聲」。近年來，這種錯字太多了，老師開始憂心、家長開始憂心、社會賢達開始憂心，只有學生和教育主管當局不憂心，教育主管當局甚至於還要進一步削減中小學的國語文授課時數。終於，社會的憂心迸發了，由各界組成的「搶救國文聯盟」日前已起來呼籲教育主管當局要正視這個問題，不要坐視國家競爭力一日一日的衰落。

身為文化事業一份子的商周出版，老早就在正視這個問題了，所以洞燭機先地策畫了「中文可以更好」系列，為文字針砭、為語文把脈，希望把這些年語文界的毛病治好。各界反應還不錯。

語文的毛病治好了，體質還是不夠強壯。商周出版認為進一步要熬十全大補湯，讓我們的語文更強壯。這「十全大補湯」就是「中文經典一〇〇句」系列。

《荀子・勸學篇》說：

「吾嘗終日而思矣，不如須臾之所學也。吾嘗跂而望矣，不如登高之博見也。登高而招，臂非加長也，而見者遠；順風而呼，聲非加疾也，而聞者彰。假輿馬者，非利足也，而致千里；假舟楫者，非能水也，而絕江河。君子生非異也，善假於物也。」

學畫一定要先從芥子園畫譜學起。芥子園畫譜是初學者的「經典」。

張大千的畫藝要更上層樓，所以要去千佛洞臨壁畫。千佛洞是張大千的「經典」。

學書法的人要學二王顏柳，二王顏柳是書法界的「經典」。

經典是古代聖賢才智的結晶，是民族文化的源頭。

多認識經典可以讓我們站在巨人的肩上，長得更快、更高。

多認識經典可以讓我們的思想、文字帶有民族智慧、民族風格。

《論語》、《史記》、《古文觀止》、《孟子》、《詩經》、《莊子》、《戰國策》、《唐詩》、《宋詞》、《世說新語》、《資治通鑑》、《昭明文選》、《六祖壇經》、《曾國藩家書》、《老子》、《荀子》(「中文經典一〇〇句」已出版)、《韓非子》、《兵法》、《易經》(「中文經典一〇〇句」即將出版)，這十幾本書應該是現代國民的「最低限度必讀經典」，做為這個民族的一份子，沒有讀過這十幾本書，就稱不上這個民族的「知識分子」。但是，現代人實在太忙了，大人忙著五光十色、小孩忙著被教改、社會忙著全民英檢、國家忙著走出去，人人都在盲茫忙，商周出版因此為忙碌的人們燉一鍋大補湯，用最活潑簡明的文句，把經典的精粹提煉出來，讓大家可以在「三上」（馬上、枕上、廁上）閱讀。在做完文字針砭、為語文把脈、把病痛治好後，讓我們來培元固本，增強功力，站在文化巨人的肩膀上，看得更高，飛得更遠！

（本文作者爲台灣師範大學國文系退休教授，現任玄奘大學中語系教授）

〈專文推薦〉

# 文明進化論的先驅——荀子

周德良

先秦諸子的歷史評價，鮮少有如荀子這般「每況愈下」。西漢《史記》將荀子與孟子列在同一位階，合為一傳；到了揚雄分荀子與孟子兩人是「同門而異戶」；而唐代韓愈評荀子是「大醇小疵」；如今，凡是討論先秦儒家時，均標榜孔孟儒學，而將荀子排除在儒門之外，視荀子為儒家之歧出，誤入歧途的異教徒。套用現代股票市場的術語，荀子的歷史地位就是「開高走低」。

荀子思想學說之所以未受世人青睞，主要有兩個原因：其一，是荀子主張「性惡」，與孔孟思想背道而馳；其二，是荀子主張「性惡」，與他所宣揚的人人可以為禹（聖人）的主張自相矛盾。所以說，荀子學說為人詬病的，就在於他主張「性惡」。然而，荀子所謂「性惡」是什麼意思？又為何主張「性惡」？這兩個問題關係著荀子思想體系的完整性，及其學說在儒家中的地位，如今都有必要再重新詮釋。

事實上，荀子學說富有極高的人文精神。《荀子・性惡篇》曰：

人之性惡，其善者僞也。今人之性，生而有好利焉，順是，故爭奪生而辭讓亡焉；生而有疾惡焉，順是，故殘賊生而忠信亡焉；生而有耳目之欲，有好聲色焉，順是，故淫亂生而禮義文理亡焉。然則從人之性，順人之情，必出於爭奪，合於犯分，亂理而歸於暴。故必將有師法之化，禮義之道，然後出於辭讓，合於文理，而歸於治。用此觀之，然則人之性惡明矣，其善者僞也。

荀子所說的「性」，是指人「生而有」的：「好利」、「疾惡」、「耳目之欲，有好聲色」等具體內容，就好像「君子愛財」，「君子惡惡」，「飢而欲飽，寒而欲煖，勞而欲休」，這些是普遍存在於每一個人的生理本能。至於荀子言「性惡」，乃是指人若一味順應生理本能的要求，而沒有「師法之化，禮義之道」的有效制約，則人類社會必然產生「爭奪」、「殘賊」、「淫亂」等暴亂現象，而此一危害社會的亂象，就是「惡」。因此，荀子言「性惡」之「惡」，乃是順從「性」之具體內容而言之結果，「性」是中性論述之因，非必然是「惡」；所謂「惡」，乃「順是」「性」易於產生流弊之果。所以，荀子言「人之性惡」，乃是指發生歷程之判斷，而非對人本質意義之界定，故不可「以惡釋性」，進而「以性釋人」。若將荀子所謂「人之性惡」理解成人之本質為惡，乃是犯了「倒果為因」的謬誤，世人曲解荀子學說，莫此為甚。

荀子主張「性惡」，目的不在宣揚人性的可憎，而是藉「性惡」來強調「辭讓」、「忠信」、「禮義文理」等道德行為對於人類社會的重要性；而這些維繫人類社會的道德行為，必有賴於人的「偽」。荀子所說的「偽」，不是虛假、偽造，而是指「人為」，也就是人異於禽獸的本質所在。（其義相當於孟子所謂的「性」）「偽」是指人在生理本能之外，尚有一種創造發明與教育學習的能力，具體的說，就是一切的人文化成，而人文化成的具體落實，便是禮義法度。因此，荀子主張：「其善者偽也」，肯定凡是人類社會一切善果行為，必來自人的「偽」。

荀子具有自我反省能力與強烈的問題意識，如果人性易為惡，則善之道德行為——「偽」，如何可能？《荀子．性惡篇》曰：

問者曰：人之性惡，則禮義惡生？應之曰：凡禮義者，是生於聖人之僞，非故生於人之性也。……聖人積思慮，習僞故，以生禮義而起法度。然則禮義法度者，是生於聖人之僞，非故生於人之性也。

荀子認為：創造禮義者，乃是生於聖人之「偽」。所謂「積思慮」，是指聖人內在主觀意識不斷思慮反省，從而建立一套自我主觀之價值準則；而「習偽故」，則是聖人效法學習古代聖人所制之禮義法度。荀子一方面肯定客觀之先王制作傳統禮義對於政治社會之重要性，故荀子特別強調勸人為學；另一方面，在繼承傳統禮義之過程中，仍需主觀之道德意識不斷反省思考客觀之禮義法度與現實之需求，以期創造一個「因革損益」的理想政治與社會形態。荀子理想中的禮義法度，必然愈趨完備，愈符合人心之要求。荀子在此要求每個人不僅要有學習的精神，同時要有自我思慮反省的能力，同時，荀子認為人類的文明，必須經過不斷的累積、學習，不斷的進化。如果禮義法度能有效制衡人性，將人性轉化為社會演化的動能，透過「養人之欲，給人之求」，逐漸改善物質條件，富裕民生經濟，提高社會生活品質，則將來的生活型態，必定朝理想的文明社會發展。

荀子一書，是理想與務實兼顧，理論與現實合一的學說。荀子學說不僅是「坐而言之」，而且是「起而可設，張而可施行」，可以發展落實為客觀的禮義法度。縱觀人類文明的發展軌跡，實與荀子的理論思想，不謀而合；因此，荀子學說在歷史上的評價，值得重新商榷。

荀子學說流傳至今已有二千多年了，《荀子》一書，其中當然不乏流傳至今的名言佳句，這些均可印證荀子洞悉人性、預言文明發展的智慧。商周出版「中文經典一〇〇句系列」，一直以輕鬆的方式解讀中國經典，兼具實用性與普及教育的功能，讀者反應頗為良好。如今出版第十七本「荀子」，有緣的讀者，透過本書精挑細選的一百句，不僅可以掌握荀子思想的輪廓，學習荀子的智慧，同時可以激勵個人的學習動機，做為人生的座右銘。

（本文作者爲淡江大學中文系助理教授）

## 《荀子》作品背景介紹

荀子，是儒家思想的代表人物之一，名況，戰國時期趙國人，生卒年歷來說法頗多，可以確定其比孟子約晚數十年出生，秦王政即位後的十年左右去世。集法家大成的韓非與秦王政的丞相李斯，皆出自荀子門下。除司馬遷《史記》稱荀子為荀卿之外，其他如韓非《韓非子》、桓寬《鹽鐵論》、劉向《戰國策》、班固《漢書》等，都稱其孫卿或孫子；一說「荀」與「孫」為同音假借字，一說是為避漢宣帝劉詢的名諱。

有關荀子的生平經歷，據《史記．孟子荀卿列傳》記載齊襄王在位期間，荀子前後三度擔任齊國官辦高等學府「稷下學宮」列大夫的最高領袖——祭酒，後來遭到讒言詆毀才離開；到了楚國，楚相春申君黃歇任命荀子為蘭陵令，直到春申君去世後即被罷職。從此荀子以蘭陵為家，著書立說，死後葬於蘭陵。

《戰國策．楚策》言荀子在楚國任職蘭陵令時，有人對春申君說：「湯在亳，周武王在鄗（通「鎬」字），地方都不到百里卻能成為天子。現在荀子是個賢人，你給他百里的土地，這樣不太好吧？」春申君便派人辭謝荀子；荀子去楚入趙，被趙王封為上卿。過了一陣子，有人又對春申君說：「從前伊尹去夏入殷，結果使得殷統一天下，夏朝滅亡；管仲去魯入齊，魯國衰弱而齊國轉強，可見有賢人的地方，君王沒有不顯貴的，國家沒有不榮耀的。現在荀子是天下的賢人，你怎能讓他離去呢？」春申君於是派人再去請荀子回到楚國。

《荀子》一書也提到荀子入秦面見秦昭襄王，並建議秦王重用儒士，實行王道；又寫其到趙國時，與趙孝成王一同談論用兵之道。此外，荀子的弟子韓非在《韓非子》指出荀子在燕國時，因反對燕王噲讓位給丞相子之，引來燕王的詰難。綜合以上各家所記，大致可以推論荀子一生的遊歷，除了自己的國家趙國之外，還曾遊走燕、秦、齊、楚四個國家，最後老死在楚國。

荀子雖以儒家宗師孔子的承繼者自居，極力推崇孔子乃「天不能死，地不能埋」的大儒，但他卻大力抨擊同為儒家後學孟子的性善（有價值自覺的向善心）論，提出相對的性惡（天生具有的動物性本能）之說；其不只對儒家的子思、孟子加以撻伐，針對當時各家流派，諸如墨家、名家、道家、法家的論述也有嚴厲的批判。

荀子的思想架構是建立在知識、實證、理性的基礎上，故其非常重視禮義法度，強調名實相符，提倡師法教化；他相信後天人為的努力，道德規範的約束，禮樂文化的陶冶，可以化解人生而喜好利欲、聲色的本能，進而引導人們改惡遷善，逐步邁往聖人之道。也因此化性起偽、人定勝天、強本節用、勤勉力學、青出於藍、積善成德、隆禮敬士，以及尚賢使能等語，全都成了《荀子》學說的重要代名詞。

## 青出於藍，化性起偽

Contents／目錄

## 謹言慎行，坐言起行

# Contents／目錄

荀子

# 青出於藍，化性起偽

# 青，取之於藍，而青於藍；冰，水爲之，而寒於水

## 名句的誕生

君子曰：學不可以已。青，取之於藍[1]，而青於藍；冰，水為之，而寒於水。木直中繩[2]，輮[3]以為輪，其曲中規[4]，雖有槁暴[5]，不復挺者，輮使之然也。故木受繩則直，金就礪[6]則利，君子博學而日參省乎己，則知明而行無過矣。

～〈勸學篇〉

## 完全讀懂名句

1. 藍：植物名，葉子可做藍色的染料。
2. 中繩：符合繩墨取直的標準。中：符合。繩：木匠用以取直的墨線。
3. 輮：使直的東西彎曲。
4. 規：量圓的工具。
5. 槁暴：曬乾而枯。暴：音ㄆㄨˋ，曬。
6. 礪：磨刀石。

語譯：有才德的人說過：學習是不可以停止的。青色，是從藍草提煉出來，但染出來的顏色比藍草還要深；冰，是從水凝固而成的，但比水更為寒冷。木材的直度，符合繩墨取直的標準，但加工彎曲卻可以使它成為車輪，其彎曲的程度符合圓規的標準，雖然經過曬乾，也不能恢復挺直，這是加工彎曲使它變成這樣的。所以木材經過繩墨就會變直，金屬器物經過磨刀石就會變鋒利，有才德的人廣博地學習知識，並且每日三度省察自己，那麼他的智慮就會清明，行為也不會犯錯了。

## 名句的故事

荀子舉「青，取之於藍，而青於藍」與「冰，水為之，而寒於水」兩個自然現象的事物來比喻學習的效果，意指任何人不論天資高低，只要後天肯下工夫，堅持不懈，日後必定學有所成。文中又以木材、金屬器物為喻，說明木材欲變直或彎曲，金屬器物欲變鋒利，都必須假借外物（繩、輮、礪）的輔助才能完成。

同樣地，在荀子看來，人也並非天生就明白事理，足以使人產生改變的有力外物，就是學習；好比東方的干、越與北方的夷、貊這四個地方的人，他們的孩子剛出生時的哭聲是一樣的，但長大後的生活習慣卻大不相同，這便是教化所造成的結果。也就是說，人雖無法生而知之，但透過後天的學習，人依然可以提升智識才能，改變思想行為，培養出更高的道德標準。

南朝梁代，昭明太子蕭統在〈文選序〉中寫道：「增冰為積水所成，積水曾微增冰之凜。」厚冰是由積水凝固而成，但積水卻沒有厚冰來得寒冷。一向愛好文學的蕭統，在此借用荀子「冰」、「水」之喻，表明事物經過日積月累的更新，不只改變了原本的狀態，更會發展出超越先前的嶄新形式；正如文學的歷來發展，亦是從上古質樸簡約的文風，逐步演變成後來注重對仗，極力鋪陳辭藻的瑰麗美文。

唐人白居易作〈賦賦〉一文，闡述辭賦的源流與變遷，其言：「冰生乎水，初變本於典墳；青出於藍，復增華於風雅。」冰是由水生成的，文體的轉變自三墳、五典這些遠古的典籍開始，此後青出於藍，遣詞華麗更超越周代《詩經》裡的詩文。白居易有感文章日新求變，文人下筆更趨字斟句酌，進而開展出比以往更繁複華美的體式，其說與前人蕭統可謂一致。

## 歷久彌新說名句

「青，取之於藍」其後衍生出成語「青出於

藍」，荀子原是用來比喻學習成效，後多引申為學生的表現勝過老師，或是晚輩的成就超過前輩，義近於「後來居上」、「後浪催前浪」等詞。

唐人韓愈在〈師說〉曾語：「弟子不必不如師，師不必賢於弟子。聞道有先後，術業有專攻。」學生不一定不如老師，老師不一定比學生賢能。理解知識、學問有早晚的差別，學術、技藝各人有其專門的研究。韓愈在文中一方面鼓吹振興師道，勉勵士大夫為學一定要從師，不可故步自封；另一方面，其深信學生經過拜師問學，奮勉精進，成就很有可能趕上老師。

南宋文人陳郁，字仲文，號藏一，著有《藏一話腴》，此書內容除了記載南北宋年間的雜事，也抒發作者對詩詞的審美觀。其中一段為：「太白云：『請君試問東流水，別意與之誰短長？』（〈金陵酒肆留別〉）江南李後主曰：『問君還有幾多愁？恰似一江春水向東流。』（〈虞美人〉）略加融點，已覺精彩。至寇萊公則謂：『愁情不斷如春水。』（〈夜度娘〉）少游云：『落紅萬點愁如海。』（〈千秋歲〉）青出於藍而勝於藍矣。」描寫離別的愁緒，以上四家作品各有千秋，自然成為眾人琅琅上口的名句；不過，陳郁依個人偏好，以為北宋才子秦觀的文句，意境高出北宋宰相寇準，寇準又勝過南唐後主李煜，李煜又優於唐人李白，故言「青出於藍而勝於藍」，以表後人的成就超越前人。

明人程登吉《幼學瓊林．師生》中云：「冰生於水而寒於水，比學生過於先生；青出於藍而勝於藍，謂弟子優於師傅。」這本書的主要閱讀對象是啟蒙中的兒童，所以作者以淺白的文字，詮釋學生與老師之間的關係，期待後進把前輩當作學習的榜樣，假以時日，必當能超越前輩所學。

# 蓬生麻中，不扶而直；白沙在涅，與之俱黑

## 名句的誕生

蓬[1]生麻[2]中，不扶而直；白沙在涅[3]，與之俱黑。蘭槐[4]之根是為芷，其漸[5]之滫[6]，君子不近，庶人不服[7]。其質非不美也，所漸者然也。故君子居必擇鄉，遊必就士，所以防邪僻而近中正也。

～〈勸學篇〉

## 完全讀懂名句

1. 蓬：植物名，風捲而飛，又叫飛蓬。
2. 麻：植物名，莖部的韌皮纖維長而堅韌。
3. 涅：音ㄋㄧㄝˋ，可做黑色染料的礦物。
4. 蘭槐：植物名，又名白芷，開白花，氣味芳香，其苗稱為蘭，其根稱為芷。
5. 漸：浸潤、漬染。
6. 滫：音ㄙㄨˋ，酸臭的淘米水；泛指骯髒、發臭的水。
7. 服：佩戴。

語譯：飛蓬生長在高挺的麻叢中，不用扶它也會長得筆直；白沙混在黑色的土石裡，就會與黑土石一起變黑。蘭槐的根叫作芷，把它浸濕在骯髒的臭水裡，君子不會去接近它，一般百姓也不會佩戴它。蘭槐的本質並沒有不好，而是把它浸入臭水的緣故。因此君子居住一定慎選好的鄉里，出外一定和有道德學問的人交朋友，就是為了防止受邪惡小人的影響，而能去接近正道。

## 名句的故事

「蓬生麻中，不扶而直」與「白沙在涅，與之俱黑」兩句互為反義。前者比喻人在良好的環境成長，行為也會趨向良善；後者比喻好人生活在不善的環境裡，行為也會逐漸變壞。

荀子深信外在環境對人的習性養成，具有極大的影響力，文中又援引一反一正兩個事例，提醒人們不可輕忽環境的選擇。其一為，南方有一種名叫蒙鳩的鳥，牠把鳥巢繫在蘆葦的花穗上，風一吹來，巢內的小鳥便跌落而死；荀子以為，這並非鳥巢做得不夠完好，而是被繫在不合適的地方所造成的結果。其二為，西方有一種名叫射干的小樹，莖長只有四寸，卻能生長在高山上，面臨百丈深淵；荀子有感而發地道出，這並非小樹本身高大的緣故，而是小樹生長的地方，奠定了它與其他小樹不一樣的高度。

商湯之孫太甲繼位為國君之後，成日耽於逸樂，不理國政。據《書經．太甲》記載，宰相伊尹不忍太甲把祖父一手創下的基業敗盡，於是對群臣說道：「茲乃不義，習與性成。」意指太甲做的盡是不義之事，長期下來形成習慣，就會培養出不義的性格。伊尹遂將太甲放逐到桐宮（位於商湯的墓地），命令士兵負責看守，並找來賢俊之士予以教導；太甲從此與以往奢靡無度的生活隔離，身邊相伴的盡是才德兼備的人。三年的時間過去，太甲終於知道悔過，矢志效法祖父勤修德政，伊尹才迎接其復位，國家百姓也因而得到安寧。

## 歷久彌新說名句

歷來強調環境的重要，除了荀子「蓬生麻中，不扶而直」、「白沙在涅，與之俱黑」之外，還有大家從小耳熟能詳的「孟母擇鄰」、「近朱者赤，近墨者黑」、「離了靛缸，染不著顏色」等句，在在都道出人的價值觀念、行為方式，不難受到周遭環境的影響而有所改變。

《孔子家語．六本》描述孔子對其門生曾子說：「我死了之後，子夏的道德修養將日益進步，子貢則會退步。」曾子不解地問道：「這是為什麼呢？」孔子說：「子夏喜歡與比自己賢能的人相處，子貢卻喜歡與不如自己賢能的人相處。與賢能的人在一起，如同進入栽種芝蘭香草的房間，久了也不覺得芳香，早被芝蘭的香氣同化了；與不賢能的人在一起，如同進入賣鹹魚的市場，久了也不覺得惡臭，早被鹹魚的臭味同化了。所以有才德的君子，一定會謹慎選擇他所居住的地方。」其中孔子說的「如入芝蘭之室，久而不聞其香」及「如入鮑魚之肆，久而不聞其臭」，正可說明環境對人的思想品行，深具潛移默化之效。

孔子雖言環境的重要，但他也不否認處在惡劣的環境下，人的品格依然可以高尚，不為逆境左右。《論語·陽貨》提到晉國趙簡子的叛臣佛肸（音ㄒㄧˋ）欲見孔子，孔子準備前往。子路很不以為然地問孔子：「記得老師以前說過『親身做壞事的人，君子不會進入其住所』，現在佛肸背叛自己的主子，老師為什麼還要去呢？」孔子告訴子路：「是的，我是說過那樣的話。不過，不是也有堅硬的東西，怎麼磨也不會變薄嗎？不是也有潔白的東西，怎麼染也不會變黑嗎？難道我是一個葫蘆嗎？怎能只是懸掛著而不讓人食用呢？」孔子四處宣揚仁道，即使面對的是一個叛臣，他也不改其志，不願像個被繫在半空中沒用的葫蘆一樣，期待能為社會貢獻一己之力。原文「不曰堅乎，磨而不磷」、「不曰白乎，涅而不緇」便是比喻本質好的人，不會受惡劣環境所影響。

對照孔子在《孔子家語》與《論語》的兩種說法，前後看來似乎有些矛盾，但仔細想想，兩說其實並沒有衝突。畢竟世上絕大多數的人，對於是非善惡的判斷力不夠，意志也比較薄弱，自然容易被環境所牽引；然而，對於篤行正道的人而言，無論身處任何環境，也都難以動搖其心志。

# 無冥冥之志者，無昭昭之明；無惛惛之事者，無赫赫之功

## 名句的誕生

螾[1]無爪牙之利，筋骨之強，上食埃土，下飲黃泉，用心一也；蟹六跪而二螯[2]，非蛇蟺[3]之穴，無可寄託者，用心躁也。是故無冥冥[4]之志者，無昭昭[5]之明；無惛惛[6]之事者，無赫赫[7]之功。

～〈勸學篇〉

## 完全讀懂名句

1. 螾：音ㄧㄣˇ，蚯蚓。
2. 蟹六跪而二螯：蟹有八足二螯，原文「六」為訛誤，應作「八」字。跪：指蟹腳。螯：音ㄠˊ，節足動物的第一對腳，像鉗子一樣能開能合。
3. 蛇蟺：音ㄕㄜˊ ㄕㄢˋ，蛇與鱔。
4. 冥冥：幽暗；此作專默精誠。
5. 昭昭：明白顯著。
6. 惛惛：晦暗；此作專默精誠。
7. 赫赫：顯盛。

語譯：蚯蚓雖然沒有銳利的爪牙、強勁的筋骨，但牠可以向上吃塵土，向下飲泉水，這是牠用心專一的緣故；螃蟹有八隻腳兩隻螯，但牠沒有蛇鱔的洞穴，就無處安身，這是牠用心浮躁的緣故。所以沒有專默精誠的志向，就沒有顯明的觀察；沒有專默精誠的行事，就沒有顯赫的功勛。

## 名句的故事

荀子所言「冥冥」、「惛惛」皆在強調學習

用心專一，意志堅定，才能有所成就。《論語・述而》記錄葉公（葉縣縣尹沈諸梁，字子高，楚國貴族）向子路問孔子的為人，子路不知如何回答，回來把這件事告訴孔子。孔子對子路說：「你怎麼不回答對方：『其為人也，發憤忘食，樂以忘憂，不知老之將至。』如此而已。」可見孔子發憤起來就忘記吃飯，高興起來即忘記憂愁，連自己快要老了都不知道，其專心致志的精神，堪稱後代學子的典範，也造就其成為儒學宗師。

《戰國策・秦策》描述策士蘇秦向秦惠王上奏十次，秦惠王都不願採納。由於原先帶在身上的旅費已經用盡，蘇秦只能衣衫襤褸地離開秦國，返回洛陽家中，家人見他如此狼狽，連正眼都不瞧他。面對家人的輕視，蘇秦歸咎於自己過去的努力不夠，無法光耀門楣，於是日以繼夜伏案苦讀，立志得到各國諸侯的重用；每當他讀到疲累想睡的時候，便拿起錐子刺大腿，鮮血直流腳上，提醒自己不可怠惰。一年之後，蘇秦自認學有所成，陸續轉往燕、趙、韓、魏、齊、楚游說六國結盟，共同抵制強大的秦國。這一回，他的意見終獲六國所用，促使六國訂定合縱聯盟，從此身佩六國相印，地位顯赫，與以往困頓之時不可同日而語。

## 歷久彌新說名句

《孟子・盡心下》云：「賢者以其昭昭，使人昭昭；今以其昏昏，使人昭昭。」意思是說，賢人以其對事理的明曉通達，想要指導他人明白；現在有人卻是以其對事理的愚昧無知，想要指導他人明白。孟子筆下的賢者，正可說是具備「昭昭之明」的能人志士，而其所指的好為人師者，明明什麼事情也不懂，卻又喜歡教導別人，可以說是「自以為是」的淺陋之人。

西漢時期，被景帝任命為博士的名儒董仲舒，專門研究《春秋》一書，他把全副心力都放在治學一事上，長達三年的時間，不曾窺視自家園子裡的菜。東漢學者王充便在《論衡・儒增》裡寫道：「董仲舒讀春秋，專精一思，志不在他，三年不窺園菜。」這也是成語「目不窺園」的典故由來，用來形容學習專注，不為外物所影響。

隋代文人王通在《文中子．魏相》有言：「不廣求，故得；不雜學，故明。」不要貪求學得多，必然能得到收穫；不要雜亂無章地學習，必然能明白其中的道理。另外，北宋科學家沈括，其在《長興集》云：「人之於學，不專則不能，雖百工其業至微，猶不可相兼而善，況君子之道也。」人在學習的過程中，無法專一就不能獲得成效，即便像各行各業的技藝這樣微小的事，也是很難熟稔地互相兼做幾項，更何況是致力為君子的重要大事呢？由此可知，從事任何領域的工作都必須培養專注力，若內心浮躁不定，思慮閒散，難免學無所成。

# 目不能兩視而明，耳不能兩聽而聰

## 名句的誕生

行衢道[1]者不至，事兩君者不容。目不能兩視而明，耳不能兩聽而聰。螣蛇無足而飛，梧鼠五技而窮[2]。《詩》曰：「尸鳩[3]在桑，其子七兮。淑人君子，其儀一兮。其儀一兮，心如結[4]兮。」故君子結於一也。

～〈勸學篇〉

## 完全讀懂名句

1. 衢道：歧路。
2. 五技而窮：指梧鼠擁有五種技能，都無一專精。一是能飛不能上屋，二是能攀爬不能上樹頂，三是能游泳不能過深谷，四是能打洞不能掩護身體，五是能跑卻不夠快。
3. 尸鳩：布穀鳥。
4. 結：如繩結一樣堅固不散。

語譯：在歧路上徘徊的人，永遠不會到達目的地；同時事奉兩個君主的人，是絕不為君主所接受的。眼睛不能同時看兩種東西而清晰，耳朵不能同時聽兩種聲音而敏銳。螣蛇沒有腳而能飛，梧鼠有五種技能而都不精。《詩經．曹風．尸鳩》中說：「布穀鳥築巢在桑樹上，專心如一地撫育七隻小鳥。善良的君子，行動要專一啊！行動專一，心才會像繩結一樣堅固不移。」所以君子要專心一意。

## 名句的故事

荀子以「目不能兩視而明，耳不能兩聽而聰」

之說，提醒人們心思不要同時放在兩件事情上，否則兩件事情都做不好，終究是得不償失。《東周列國志．第六十二回》描述了春秋晉國樂師師曠，練就一身精湛琴藝的歷程。從小喜好音樂的師曠，立志在音樂上有不凡作為，但礙於不專心的毛病，技藝總是難以突破，不時感嘆地說：「技之不精，由於多心；心之不一，由於多視。」於是用艾葉薰瞎雙眼，逼使自己不再為外界所干擾，一心致力於音樂更高境界的追求，終成為精通音律的大師，深獲晉平公的敬重。為了阻斷五光十色的迷惑，師曠選擇自瞎雙目的殘忍手段，固然不值得後人效法；不過，相信他對於人在學習當下，很容易受困於「多心」、「多視」而有所侷限，必然有其深刻的體會。

荀子的高徒韓非，其在《韓非子．功名》裡論述君臣之間的關係，他認為君主的地位崇高，並能駕馭忠誠的臣子，就是國家長治久安之道，如同名與實相待而成，形與影相應而立，君主與臣子的目標其實是一致的，只是彼此的任務不同。文中直指君臣各自的憂患為：「人主之患，在莫之應。故曰：『一手獨拍，雖疾無聲。』人臣之憂，在不得一。故曰：『右手畫圓，左手畫方，不能兩成。』」君主的憂患，出在沒有臣子的響應，好像只用一隻手用力拍打，也不會發出聲音；人臣的憂患，出在難以專心執守一事，好像右手畫圓，左手畫方，兩個都不能成功。其舉「右手畫圓，左手畫方，不能兩成」之事例，比喻做事必須專心一致，別無旁騖。

## 歷久彌新說名句

《列子．說符》記載戰國時期提倡「利己」思想的楊朱，他的鄰居走失了一隻羊，便發動所有親朋好友出去尋找。楊朱問鄰居說：「只是走失一隻羊，何必要找這麼多人幫忙呢？」鄰居回答：「因為岔路太多了，所以需要大家分頭去找啊！」過沒多久，找羊的人全部空手而歸，羊隻早已不知去向。楊朱又問鄰居：「你們有這麼多人，怎麼還會找不到呢？」鄰居說：「不只是岔路太多了，每條岔路又分出許多條岔路來，不知道羊隻到底跑到哪一條岔路，因此沒辦法找到，大家只好回來了。」楊朱聽了感觸很深，他並借此事教育其學生說：「我們做學問的道理不也和在歧路上找羊隻一樣嗎？如果沒有一個明確的方向，即便耗費了許多時間和精神，到頭來還是一無所獲。」這也是成語「歧路亡羊」的典故由來，除了可以比喻事理多變，人們誤入歧途，終無所成之外，也可用來比喻不肯專心學習的人，整日東翻翻西看看的，什麼事情都想學，最後當然是什麼也學不好。

《紅樓夢．第九回》描寫小說的主人翁賈寶玉一早準備入家塾讀書，其貼身丫鬟襲人侍候梳洗時一邊說道：「讀書是極好的事，不然就潦倒一輩子，終久怎麼樣呢！但只一件：只是念書的時節想著書，不念的時節想著家些。別和他們一處頑鬧，碰見老爺不是頑的。雖說是奮志要強，那工課寧可少些，一則貪多嚼不爛，二則身子也要保重。這就是我的意思，你可要體諒。」襲人的身分雖是賈寶玉的侍女，但她也是賈府公認將來配與寶玉做妾的人選，自然對賈寶玉的前途甚為關心；她深知家塾內盡是紈絝子弟，唯恐賈寶玉沾染壞習性，又擔心賈寶玉奮發讀起書來，忽略了身體健康，不免在賈寶玉出門前耳提面命一番。其中襲人叮囑賈寶玉這句「貪多嚼不爛」，原為貪婪多吃而不能消化之意，在此引申貪求書念得多，卻無法靈活運用。

# 水深而回，樹落則糞本，弟子通利則思師

## 名句的誕生

師術有四，而博習[1]不與焉。尊嚴而憚[2]，可以為師；耆艾[3]而信，可以為師；誦說[4]而不陵不犯[5]，可以為師；知微[6]而論[7]，可以為師；故師術有四，而博習不與焉。水深而回[8]，樹落則糞本[9]，弟子通利則思師。《詩》[10]曰：「無言不讎[11]，無德不報。」此之謂也。

～〈致士篇〉

## 完全讀懂名句

1. 博習：或作「傳習」。
2. 憚：怕。
3. 耆艾：老人的通稱，六十歲為耆，五十歲為艾。耆，音ㄑㄧˊ；艾，音ㄞˋ。
4. 誦說：誦讀解說。
5. 不陵不犯：不侵犯。
6. 知微：曉察隱微。
7. 論：道理，通「倫」。
8. 回：旋轉。指水深處多旋流。
9. 糞本：滋養樹根。糞：做動詞使用，意謂施肥於田。本：指樹木的根。
10. 詩：語出《詩經．大雅．抑》。
11. 讎：應答、對答。

語譯：為師之道有四，而傳受學習還不是其中之一。能夠有尊嚴而被敬畏的，可以為人師表；年長而值得信賴的，可以為人師表；誦讀解說而不被侵犯的，可以為人師表；曉察隱微而有倫理的，可以為人師表。所以為師之道有四，而傳受學習不在其中。水深處則多旋流，

樹木葉落後則能滋養樹根，學生精曉暢達後則能思念老師。《詩經》云：「沒有好的言語而得不到應答，沒有施恩於人而得不到回報。」說的就是這個道理。

## 名句的故事

土地需要滋養，才能夠生長作物。遠在戰國時期，人們就已普遍運用人或動物的糞便做為肥料來滋養土壤，從事耕種，如《孟子．滕文公上》「凶年糞其田而不足」、《韓非子．解老》「積力於田疇，必且糞溉」等等。而當樹葉落下腐爛後，同樣可以成為肥料滋養土地，故《禮記．月令》提到「是月也，土潤溽暑，大雨時行。燒薙（音ㄊㄧˋ，鋤草）行水，利以殺草，加以熱湯。可以糞田疇，可以美土疆」。所以荀子也說「樹落則糞本」，而清人龔自珍則有「落紅不是無情物，化作春泥更護花」（〈己亥雜詩〉第五首）的多情詩句，原來落花不是因為無情而離開枝頭，反而是在生命結束後仍繼續護持滋養化育它的根源啊！

東漢郭泰，字林宗，聰明博學，喜歡提攜後進，鼓勵向學，因而名震京師。當少年的魏昭遇見郭林宗時，深被其學養所折服，因此對他說：「教授典籍的經師容易遇到，而能夠以身作則教化學生的人師卻是千載難逢，我願意在您的身旁學習，並且服侍您。」有一次老師郭林宗生病，命魏昭煮粥，魏昭將煮好的粥端給老師吃。老師卻大聲喝斥魏昭說：「為長輩煮粥，卻不恭敬奉上，這樣會使得長輩吃不下啊！」說完便將碗丟在地上。魏昭於是重新煮粥，並恭敬地奉上，但老師仍是喝斥他。就這樣重複了三遍，而魏昭恭敬的神色卻絲毫沒改變。於是老師就對魏昭說：「我最初只看到你的表面，但從今以後，我已經了解你的心了。」從此，老師郭宗林便傾力教導魏昭。（《資治通鑑》卷五十五〈漢紀四十七〉）

其實，郭林宗是故意找機會挫折魏昭，目的是要鍛鍊他的心志，希望他能夠成大器，而魏昭果然也不負所望，不但讓老師刮目相待，更以不凡成就回報老師，成為東漢一代大儒。

## 歷久彌新說名句

有個山東人，拿著長長的竹竿想要進城。起初，那人將竹竿豎拿著走，卻因竹竿太長而無法走進城門；後來那人將竹竿橫拿著走，但竹竿仍是太長而無法走入城門。正當那人絞盡腦汁也想不出好辦法時，有個老先生走過來對他說：「我雖然不是聖人，但也經歷過許多事。我想，你何不將竹竿從中鋸斷？這樣竹竿就不會太長而可以走進城門了。」於是那人依照老先生的話，將竹竿鋸斷後走進城門。（邯鄲淳《笑林》）

拿著長竹竿卻想不出辦法走進城門的人，固然可笑。不過，那位自以為謙遜不是聖人的老先生，竟然提出將竹竿鋸斷的糊塗辦法卻還自鳴得意，更是令人不敢領教；而世上像這類自作聰明、好為人師，但其實是愚不可及的人，比比皆是。因此，荀子特別強調：光是傳道授業還不夠，一定要有尊嚴而被敬畏、或年長而值得信賴、或教學而不被侵犯、或曉察隱微而有倫理的人，才能夠為人師表。可見師道難得，而尊師重道也格外重要。

程顥、程頤兄弟是宋代著名的理學家，他們講授孔孟之學，廣受大家的推崇，許多人都拜他們為師。其中有位楊時，儘管考中進士，也做了高官，但仍立志求學，刻苦鑽研經史，當他到洛陽拜程頤為師時，已經四十歲了。有一天，楊時到程頤的住處，準備向老師請教學問。當時老師正閉目瞑坐，楊時與游酢兩人不想驚醒老師，於是恭敬地侍立一旁。等到程頤醒來，門外已積雪盈尺。（《宋史．楊時傳》）

楊時尊敬老師，誠懇求學的態度，成為後世尊師重道的典範。故《呂氏春秋》卷第四〈勸學〉一文中指出：「尊師則不論其貴賤貧富矣。若以此則名號顯矣，德行彰矣。故師之教也，不爭輕重尊卑貧富，而爭於道。」只要學生懂得尊師重道，那麼老師的名號、德行就會彰顯，所以老師教導學生，不應計較學生是否尊卑貧富，而是要注重學生能否接受道義，才能取得他人的尊敬。

# 坎井之鼃，不可與語東海之樂

## 名句的誕生

日祭月祀，時享歲貢，夫是之謂視形埶[1]而制械用[2]；稱遠近而等[3]貢獻，是王者之制也。彼楚越者，且時享歲貢，終王之屬也，必齊[4]之日祭月祀之屬，然後曰受制邪？是規磨之說[5]也。溝中之瘠[6]也，則未足與及王者之制也。語曰：「淺不足與測深，愚不足與謀知，坎井之鼃[7]，不可與語東海之樂。」此之謂也。

～〈正論篇〉

## 完全讀懂名句

1. 形埶：地理形勢。埶：音ㄕˋ，通「勢」字。
2. 械用：器物。
3. 等：等差。
4. 齊：齊等。
5. 規磨之說：有差錯的說法。規磨：畫正圓的器具磨久則產生偏差而不圓。
6. 溝中之瘠：原指窮困而餓死於溝壑中的人；此比喻知識缺乏的人。
7. 坎井之鼃：比喻見識淺薄的人。坎井：淺井。鼃：音ㄨㄚ，通「蛙」字。

語譯：提供天子每日、每月、四季的祭祀物品，還是每年進貢一次，這就叫作看地理形勢來制定提供的器物；依距離遠近來等差進貢的物品，這就是天子的制度。像楚國、越國是提供四季祭祀、每年進貢，以及終生朝拜天子的國家，難道要他們也像提供每日、每月祭祀物品的國家一樣，才算是服從制度嗎？這是錯誤的說法。知識貧乏的人，是不足以與他談論天子的制度。俗話說：「淺的不足以和他測量深的，愚昧的人不足以跟他謀求智能，淺井裡的青蛙，不可能與牠講述東海的樂趣。」說的就是這個道理。

## 名句的故事

在荀子活動的年代，經常聽到世俗的人說：「商湯、周武王不能使天下人服從他們制定的法令，因為楚國、越國不受他們法令的管制。」荀子針對這種說法提出辯駁。荀子認為商湯、周武王是天下最善於使人服從他們法令的人，以其居住在方圓只有百里的都城，卻能夠統一天下，使諸侯稱臣，連偏遠地區也畏懼他們而願意歸順，包括不在中原地區的楚國、越國也是一樣的。

不幸的是，世俗的人竟以提供祭祀與進貢物品的數量，來衡量天子的制度是否受到服從，卻忽略了貢獻物品的多寡，亦是按照地理形勢、距離遠近而有等差之別；好比離天子較近的國家，提供每日、每月祭祀的物品，距離較遠的國家，提供每年四次或一次的物品便可，世俗的人連如此淺簡的道理都不懂，還敢批評天子的制度，所以荀子借「坎井之鼃」不能體會「東海之樂」為喻，駁斥流傳於世俗的淺薄言論。

此一名句又可見《莊子．秋水》。一向以為全天下所有的美好都在自己身上的黃河之神河伯，在秋天順流到了北海，望著廣闊無際的海洋，才發現自己過去的想法很可笑，不禁向北海之神若感嘆自己的渺小。北海若對河伯說：「井蛙不可以語於海者，拘於虛也；夏蟲不可以語冰者，篤於時也；曲士不可以語於道也，束於教也。今爾出於崖涘，觀於大海，乃知耳醜，爾將可與語大理矣。」這段話的意思是，井底的青蛙不可與牠談論大海，因受於空間的拘束；夏天的蟲不可與牠談論寒冰，因受於時間的限制；見識鄙陋的人，不可跟他談論道理，因受於教化的縛束。現在你離開了河看見大海，知道自己的醜陋，我將可以與你談論大道的條理啊！北海若口中的「井蛙」和「夏蟲」，都是在比喻見識短淺的「曲士」，故不足以與其談論大道理；這裡又衍生「井蛙語海」這句成語，用來比喻不自量力。

## 歷久彌新說名句

西漢文人東方朔，為人風趣幽默，經常在漢武帝面前說笑話，被任命為侍郎，有時也會對時政提出建言，但武帝一直沒有在政事上重用他。某次朝中聚會，有人便責問東方朔說：「你讀了那麼多書，口才又好，可以說是博聞辯智了，卻只做到侍郎這樣的小官，一定有什麼不檢點的行為吧？」東方朔寫了一篇〈答客難〉，答覆這些人對他的不解與責難。文中陳述歷史上有機會一展長才的人，如蘇秦、張儀、樂毅、李斯等人都是生逢其時；然而自己處於太平盛世，天子的聖德流布，賢能之士自然沒有施展才能的機會，所以面對不同的時代，事情也不可等同看待之。文末東方朔援引俗語「以管窺天，以蠡測海，以筳撞鐘」反譏那些詰難他的人，就像是舉起竹管觀察天空，用葫蘆瓢測量海水，拿小竹枝撞擊大鐘一樣，不但對自己的愚蠢毫不自知，還一本正經地述說知人論世的道理。

《漢書．西南夷傳》記載西漢時期，西南邊境上有兩個小國，一個叫滇（今雲南滇池附近），一個叫夜郎（今貴州桐梓之東），由於地處偏遠，資訊不流通，使得這兩個國家的國王，一直以為自己統治的土地很大。當漢武帝派使者到滇國，國王問漢使說：「漢孰與我大？」表面是在問漢朝和我的國家哪一個疆域大，實際上是自認漢朝無法與自己的國家相比。使者到了夜郎，國王也問漢使說：「漢孰與我大？」有趣的是，明明兩個國王都問了同樣的話，卻只有「夜郎」這個小國成了妄自尊大的代名詞，此後人們便以「夜郎自大」比喻本身沒什麼能力，又總是自以為很了不起的人。

# 聲樂之入人也深，其化人也速

## 名句的誕生

夫聲樂之入[1]人也深，其化人也速，故先王謹為之文；樂中平則民和而不流[2]，樂肅莊則民齊而不亂。

～〈樂論篇〉

## 完全讀懂名句

1. 入：感動。
2. 和而不流：和樂而不淫亂。

語譯：聲樂感動人非常深刻，感化人非常快速，所以先王謹慎地為之制定內容。樂聲中正平和，人民就會和樂而不淫佚；樂聲嚴肅莊重，人民就會有紀律而不作亂。

## 名句的故事

有一回，衛靈公要到晉國去，經過濮水時，不知從何處傳來一陣悅耳的樂音。衛靈公召來樂師師涓，命他寫下樂譜。

到了晉國，衛靈公對晉平公提起這件事。晉平公請求聽這首樂歌，於是師涓開始演奏。演奏到一半，就被晉國的樂師師曠所阻止。師曠說：「這是紂王的樂師師延所作的靡靡之音，是所謂的亡國之音啊！」聽了師曠的話，晉平公不予理會，堅持聽完整首樂曲。

聽完師涓的演奏，晉平公問師曠說：「這是什麼樂曲?世上應該沒有比它更加動人的樂曲了吧？」師曠說：「這是《清商》，《清徵》比它更加感人，但是只有德行高的君主才能聽。」晉平公便要求師曠演奏《清徵》。樂音一起，有一群白鶴從遠方飛來，和著樂音開始跳舞。對此，晉平公大感詫異，問說：「這應該就是最感人的樂曲了吧？」師曠說：「不！《清角》更加感人。」晉平公說：「既然如此，就演奏來聽聽吧！」師曠搖了搖頭，說：「不可以，聽了這種音樂，會給國家帶來災禍。」

雖然師曠說演奏這支曲子會帶來災禍，但是晉平公堅持要聽，師曠迫於無奈，只好開始演奏。演奏才進行到一半，突然一陣飛砂走石，連宮殿的屋瓦都被風給掀翻了。晉平公嚇得趴在廊柱下，大喊：「不要再演奏下去了！」

這件事被記錄在《史記》中，筆法雖然誇張，但生動地描述了音樂的感人力量。其實，音樂哪裡會引起狂風呢？但晉平公不顧師曠的建言，寧可冒著國家發生災禍的危險，也要滿足個人聽音樂的欲望，這才是真正的災禍。荀子說：「聲樂之入人也深，其化人也速，故先王謹為之文。」先王對於制定音樂一事，格外謹慎，怕的就是後世會有紂王或晉平公這類只顧個人享受的君主啊！

## 歷久彌新說名句

傳說中，有一首樂曲聽了會使人自殺！那是法國作曲家魯蘭斯．查理斯所創作的《黑色星期天》管弦樂曲。

第一場悲劇發生於比利時的某間酒吧。有個匈牙利青年聽完樂曲，就大喊一聲：「我實在受不了啦！」接著掏出手槍朝自己的太陽穴開了一槍。

一名女警在接辦這個案件後不久，也自殺了，還留下遺書，說：「兇手就是《黑色星期天》這首樂曲。」

在美國華盛頓，有位鋼琴演奏家應邀為來賓演奏。席間一位來賓突然接到她母親車禍身亡的長途電話，他便請鋼琴家為此演奏《黑色星期天》以表示哀悼。演奏一完畢，鋼琴演奏家便因過度悲傷，心臟病發作而死。

在義大利米蘭，一個音樂家並不相信這些故

事，便在自己客廳用鋼琴彈奏一曲，竟然也死在鋼琴旁，並在《黑色星期天》的樂譜上寫下遺言：「這樂曲的旋律太殘酷了，這不是人類所能忍受的曲子，毀掉它吧，不然會有更多的人因受刺激而喪命。」

這首樂曲在當時被人們稱為「魔鬼的邀請書」，據說至少有一百個人因為聽了它而自殺，它也因此被禁了長達十三年之久。

音樂其實不會使人自殺，但會使原本有這個念頭的人付諸實現。《黑色星期天》的曲調悲涼，歌詞則呈現了對死去愛人的思念，並感嘆著死亡。因此，它成了使人自殺的死亡樂章。

曾經有一首歌曲，歌名叫《只要我喜歡，有什麼不可以》，這首歌沒有造成自殺的風潮，卻助長了當時年輕人極端自私的心理。誰說歌曲不會改變人心呢？所以荀子才會在強調音樂的感人力量之餘，又補上一句：「謹為之文。」怕的就是這些情形。

# 樂行而志清，禮脩而行成

## 名句的誕生

君子以鐘鼓道[1]志，以琴瑟樂心。動以干戚，飾以羽旄，從[2]以磬管，故其清明象天，其廣大象地，其俯仰周旋有似於四時。故樂行而志清，禮脩而行成，耳目聰明，血氣平和，移風易俗，天下皆寧，美善相樂。

～〈樂論篇〉

## 完全讀懂名句

1. 道：引導，通「導」。
2. 從：伴隨。

語譯：君子以鐘鼓聲來引導意志，用琴瑟聲來愉悅心情。以干戚等武器來活動筋骨，以羽旄等飾品來裝飾外表，伴隨著磬管聲，所以樂音清明象徵上天，廣大象徵大地，俯仰周旋等動作就像四時的變遷。所以樂教施行，意志就會清明，禮教修明，德行就有成就，使耳聰目明，使血氣平和，改變風俗，天下都能得到安寧，百姓都能美善而安樂。

## 名句的故事

音樂的起源為何？歷史上第一首樂歌又是何種樣貌？有人說，第一首樂歌是「邪許」。「邪許」不是個有意義的詞語，只是人們在勞動用力時，口裡發出的無意義音節，藉以調整動作、減輕疲勞並加強工作效率。據說齊國宰相管仲在輔佐公子糾爭位失敗後，逃到魯國。齊桓公小白要魯君把曾經差點一箭射死小白的重犯管仲送回齊國，表面上是齊桓公要親自報仇，其實是齊桓公聽了鮑叔牙的推薦，要重用管仲。管仲知道齊桓公的心意，他嫌推囚車的人走太慢，於是教他們唱歌。這些獄卒一面唱一面走，竟然忘了疲勞，很快地就把管仲送到了齊國。

上古的人民，為了取水與耕作的方便，大多住在水邊。然而，由於水邊的濕氣較重，於是人們普遍患有關節方面的疾病。到了陰康氏的時候，人們模仿飛禽走獸的動作，將之編成各種舞蹈動作，以活動筋骨，增進健康。有人以為這是舞蹈的起源。舞蹈與音樂有著密不可分的關係，所以增進身體健康也是音樂的功效之一。

《詩經．大序》說：「情動於中而形於言，言之不足，故嗟歎之；嗟歎之不足，故永歌之；永歌之不足，不知手之舞之足之蹈之也。」心中有所感動就會發為言語，言語不足以表達心中感受，就會拉長聲音來詠嘆、歌唱。詠嘆、歌唱不足以表達心中感受，就會不知不覺地手舞足蹈起來。從這裡來看，抒發心中感受不但是音樂的起源，也是音樂的功效。

音樂的功效如此之多，又與禮的儀式密切相關，所以荀子在〈樂論〉中將兩者相提並論，他說：「樂行而志清，禮脩而行成，耳目聰明，血氣平和，移風易俗，天下皆寧，美善相樂。」

## 歷久彌新說名句

《詩經．大序》中曾論及音樂的功能：「上以風化下，下以風刺上，主文而譎諫。言之者無罪，聞之者足以戒，故曰風。」意思是說，在上位者可以用音樂來教化百姓，在下位者可以用音樂來諷諫統治者。此外，由於音樂的表達方式較為委婉，所以勸諫的人不會因此得罪上位者，而上位者卻能從中明白勸誡的內容，《詩經》中稱之為「風」。誠如《論語》所說的：「風行而草偃。」風過草上，草會自然傾倒。音樂的教化功能就像風一樣柔和而自然。

有一次，孔子來到學生子游治理的武城，聽到城中隨處都充滿著音樂聲，很開心地說：

「割雞焉用牛刀？」意指音樂是治理天下的重要法寶，治理武城這種小地方也需要用到音樂嗎？聽了老師的話，子游覺得與平時所學不同，立刻引孔子說過的話來回應：「我聽老師說過：『在上位者學了音樂，就會愛護百姓；在下位者學了音樂，就會服從政令。』」孔子原本只是跟子游開開玩笑，因為子游的表現太好了，他才會用「牛刀」來比喻「大材小用」。但子游的話是正確的，於是孔子立刻承認：「同學們！子游的話是對的，我先前只是開開玩笑而已。」

孔子原是個溫和而嚴肅的人，見到子游以音樂教化百姓，竟也開心得跟子游開起了玩笑，由此可見他對樂教的重視。不只是音樂，所有的藝術活動都有教化的功能，所以國家要強大，可以只靠經濟及武力；但是國家要安定而和平，絕對少不了藝術文化。就個人而言，藝術可以培養健全的身心，有些人稱之為「精神食糧」，這是很有道理的。

# 類不可兩也，故知者擇一而壹焉

## 名句的誕生

心枝[1]則無知，傾則不精[2]，貳則疑惑。以贊稽[3]之，萬物可兼知也。身盡其故則美，類不可兩也，故知者擇一而壹焉。

～〈解蔽篇〉

## 完全讀懂名句

1. 心枝：思慮分散。
2. 傾則不精：心有所偏就無法專精。
3. 贊稽：考察。

語譯：思慮分散就不能得到知識，心有所偏就無法專精，有二心就會疑惑不定。以專一的道來考察事物，就可以普遍認識萬事萬物。親自透徹了解事理是好的，但事情不能同時做兩種，所以有智慧者會擇其一，專心去做。

## 名句的故事

荀子強調專一才能專精，不過世上卻仍有著專精多項才藝的人，像孔子就是。

孔子自述：「吾少也賤，故多能鄙事。」又說：「吾不試，故藝。」都謙虛地表示出他自己會的才藝其實不少。不過孔子每學一項才藝，都會全心投入。舉例而言，他曾向師襄子學琴，才學沒多久，師襄子就覺得孔子學得很好，可以學下一首曲子。但孔子說：「我雖然已經學會了曲調，但對節奏的掌握還不夠好。」過了幾天，師襄子又說：「你的節奏已經掌握得很好了，可以學下一首曲子了。」孔子還是說：「不！我還沒學到這首曲子的精神。」再過幾天，師襄子說：「你已經掌握這首曲子的精神了，可以學下一首曲子了嗎？」孔子說：「還不行，我還不了解作曲者的特質。」終於，孔子在彈奏這首曲子時有了領悟：「這首曲子表現出救助天下的偉大志向，除了周文王以外，又有誰能達到這個境界呢？」師襄子一聽，立刻從座位上跳起來說：「這首曲子正是《文王操》。」

孔子連學一首曲子都如此用心，一定要掌握到它的根本精神才肯學下一首曲子，學習其他才藝更不用說了。由此可知，孔子在學習的當下，是絕對專一，非五技而窮的梧鼠可比，所以他能專精各項技藝。

## 歷久彌新說名句

帕華洛帝是二十世紀最受歡迎和最具代表性的男高音，大家讚美他有著「被上帝親吻過的嗓子」。有人認為他的成就來自於父親的遺傳，因為他的父親也有一副好歌喉。有人則認為他的成功來自父親的教育，因為他父親是一個典型的歌劇迷，一有機會就參加地方上的合唱團，參與歌劇演出，甚至還湊錢收集許多當代偉大歌唱家的唱片，並推薦他到「羅西尼」合唱團，讓他隨合唱團在各地舉行音樂會。有人則歸功於第一位發現帕華洛帝擁有自然、完美音準，也是為他進行聲樂基礎訓練的義大利聲樂教師波拉。也有人認為他的合作夥伴功不可沒。

有優良的遺傳、良好的教育及傑出的合作夥伴，帕華洛帝的成功看似理所當然，但是他也曾徹底失敗過。他大學畢業後，便在摩德拿一所小學做了兩年的代課老師。對於這段教學生活，他覺得像是一場噩夢，他承認：「我無法在學生面前顯示出自己必要的權威。」

後來父親告訴他：「如果你想同時坐在兩張椅子上，一定會從椅子中間掉下去，生命只允許你選擇一張椅子。」聽了父親的話，帕華洛帝下定決心，選擇了「聲樂家」這張椅子。他拜師學習、參加比賽，舉辦演唱會。終於，無數聽眾的掌聲把他推向旁人難以企及的高峰。

# 精於物者以物物，精於道者兼物物

## 名句的誕生

精於物者以物物[1]，精於道者兼物物[2]。故君子壹於道，而以贊稽[3]物。壹於道則正，以贊稽物則察[4]；以正志行察論，則萬物官矣。

～〈解蔽篇〉

## 完全讀懂名句

1. 物物：第一個「物」是動詞，第二個「物」是名詞。意指通曉一事一物。
2. 兼物物：兼通萬事萬物的道理。
3. 贊稽：考核。
4. 察：明察。

語譯：精於一技的人，可以處理好一種事物；精於大道的人，可以兼通各種事物的道理。所以君子謹守大道，以考核萬事萬物。謹守大道就能端正，以之考核事物就能明察；意志端正，言論明察，則萬事萬物都能夠管理得很好了。

## 名句的故事

孔子是春秋時代的禮學權威，但是當他進入太廟時，卻是每個細節都要問。有人輕蔑地說：「誰說孔子懂得禮？他進入太廟時，每件事都要問。」孔子聽了這話之後說：「這就是禮啊！」

孔子以知禮而聞名於世，但是所謂的知禮，並不是知道每個儀式的細節，而是懂得禮的根本原理。他也期許學生能探究禮的根本道理。所以當學生林放向他請教禮的根本道理時，他很高興地嘉勉林放：「大哉問！」意思就是說，這個問題問得太好了。對於林放的問題，孔子的回答是：「禮，與其奢也，寧儉；喪，與其易也，寧戚。」簡單來說，禮的根本就是節制與誠意。

各地的禮儀風俗不同，有的地方打招呼是以握手的方式進行，有的地方是擁抱，有的地方甚至是用吐舌頭來打招呼。所以入境一定要問俗，才不會出錯。但是無論禮儀風俗的規定如何，都以誠意為根本，也都要求節制自己，不為他人帶來困擾。

孔子曾說：「殷因於夏禮，所損益可知也；周因於殷禮，所損益可知也。其或繼周者，雖百世可知也。」後代對前代的禮儀，往往有所傳承，也往往有所改變。孔子通曉禮的根本道理，所以百代以後的事，也能推知。有些人以為孔子只是食古不化的迂儒。但其實孔子所好的古，是能夠「兼物物」的「道」。「道」恆常不變，所以古代的「道」，就是現代的「道」，也就是未來的「道」。在孔子的時代，「道」已經不被重視了，而未來又是渺不可知，所以孔子才會說自己「述而不作，信而好古」。至於那些專注在法制內容的學者，其實也就只是「精於物者」，他們所精的「物」，就是法制。

## 歷久彌新說名句

民初的張驤伍將軍原是太極名家宋德厚的得意弟子，劍術極高，他的師兄李景林更有「天下第一劍」之譽。後來張驤伍拜入武學大師李書文的門下，學習八極拳。李書文曾被李景林聘為武術教師，後來因比武時擊斃了李景林請來的幾名拳師，而被辭退。

有一天，李書文見到張驤伍在練劍，心知他和李景林學的是同一套劍法「昆吾劍」，就要求比試。才一交手，張驤伍的劍就被打落在地。張驤伍原以為是自己一時失誤，可是連試幾次，劍都脫手飛出，這才拜服，請教李書文學的是哪一套劍法。李書文說：「我沒學過劍術！」

李書文確實沒學過劍術，他只是懂得武術的根本原理，因此對他而言，使用任何武器都不是難事。他後來把張驤伍的劍法加入了運勁的技巧，改稱「八極劍」，傳給了他的得意學生劉雲樵。而劉雲樵後來到了臺灣，不但開創了武壇一派，自身也擔任總統府侍衛隊的總教練，負責傳授保護元首的功夫。

李書文生平最重視的是武術的基本功，他學槍法，只學「攔」、「拿」、「扎」三個手法，他擊敗張驤伍時的劍術，其實就來自槍法的基本手法。不只是武術，世上的各種學問技藝，都該掌握其根本精神，並加以融會貫通，這就和荀子所說的「精於道者兼物物」，道理是一樣的。

# 人之性惡，其善者偽也

## 名句的誕生

人之性惡，其善者偽也。今人之性，生而有好利焉，順是，故爭奪生而辭讓亡焉；生而有疾[1]惡焉，順是，故殘賊生而忠信亡焉；生而有耳目之欲，有好聲色焉，順是，故淫亂生而禮義文理亡焉。

～〈性惡篇〉

## 完全讀懂名句

1. 疾：憎恨，用法同「嫉」字。

語譯：人的本性是惡劣的，那表現善良的，是出於人為的矯揉、造作。人從誕生到這個世界，便具備喜愛財富利益的本性，順著這種本性發展，就會發生爭奪的情事，而謙虛退讓的行為便消失了；又，人也天生具備嫉恨、憎惡的本性，順著這種本性發展，就會出現殘害的行為，而忠信的行為就會消失；人還有天生具備的耳目的私欲，就是喜歡聲色的本性，順著這種本性發展，必然會出現淫亂的行為，而禮義、倫理就消失了。

## 名句的故事

這篇是荀子有名的性惡論。

他認為人天生本性就是「惡」的，要透過教育才能將人導向「善」的一面。他說，人必須要有教導、感化，要有禮義的引導，才會有謙虛退讓的行為，才會有符合文化理智的行為，最後才能天下都歸於統理。

荀子還舉例，古代的明君，因為理解到人的

本性是惡劣的，所以就振興禮義、創建法度，用來改造、糾正人的行為，用來馴服、感化人的性情，並且引導人的本性以符合道義。一般人只要受到教育，累積了智識，通達禮義的道理，就會成為君子；如果放縱性情，安於胡作非為、違背禮義，就會變成小人。

由於人的本性缺乏禮義，所以要經過學習、思考，才能懂得禮義。人不講求禮義，就會造成社會秩序的紊亂、就會做出違背事理的行為。所以荀子最後下結論，人性本惡的道理是非常確定的，人之所以表現良善，都是出自於教育和學習呀。

## 歷久彌新說名句

賈誼是漢文帝時代的經學家，漢文帝請他指導自己最喜歡的兒子梁王，因為漢文帝希望梁王多讀書，未來好繼承他的皇位。賈誼告訴漢文帝，教導皇子讀書很重要，但更重要的是教他如何做一個正直的人。

賈誼舉了一個例子，秦朝的二世皇帝胡亥，他的導師是趙高。趙高傳授給胡亥的是嚴刑酷獄、滿門抄斬，所以胡亥一當上皇帝，就亂開殺戒，殺人就好像是割茅草一樣。賈誼說：「豈惟胡亥之性惡哉?彼其所以道之者非其理故也。」胡亥難道生來本性就很壞嗎?他之所以變成這樣，都是因為教導他的人沒有引導他走上正道，這才是問題真正的原因呀。（《漢書．賈誼傳》）

范文瀾在注釋《文心雕龍》一書中指出，孟子與荀子都是戰國時代的大儒學家，都是受教於孔子門下，這兩個人到底誰才是孔門的接棒人，是很難分出勝負的。荀子的「性惡說」之所以遭受許多非議，是因為大多數的人看到這篇文章的頭兩句，便嚇了一跳，根本沒有將全文讀完，就開始抨擊荀子的觀點。事實上，荀子在〈性惡篇〉要傳達的是「教育」可以發揮的力量。

在此告誡所有讀書人，學習千萬不能以偏概全，否則會導致智識上的盲點喲。

# 歲不寒，無以知松柏；事不難，無以知君子無日不在是

## 名句的誕生

君子隘窮[1]而不失，勞倦而不苟[2]，臨患難而不忘細席之言[3]。歲不寒，無以知松柏；事不難，無以知君子無日不在是。

～〈大略篇〉

## 完全讀懂名句

1. 隘窮：困阨窮困。
2. 不苟：不輕易、不草率。
3. 細席之言：「細席」，為「茵席」之誤。茵席之言即指昔日之言、平生之言。

語譯：君子遇到阨窮之時，不會墮落迷失，勞倦時也不草率、隨便，臨患難時不忘記平生之言。歲時不寒冷，不知道松柏的強韌；事情不困難時，無法知道君子沒有一天不懷道。

## 名句的故事

在王莽末年，劉秀揭竿起兵反抗暴政。在他經過穎川時，王霸和幾個朋友一起加入他的陣容。一剛開始，戰役進行順利，可是在軍隊進入河北後陸續慘遭挫敗。當時和王霸一起加入的朋友，一個一個離營而去，只剩下王霸。劉秀感嘆地對王霸說：「從穎川開始跟隨我的人都離去了，只有你留著，你真是不簡單！我從你身上了解到何謂『疾風知勁草』的道理。」

唐太宗詩曰：「疾風知勁草，板蕩識忠臣。」感嘆著唯有經歷過暴風的吹襲，才能真正找到挺立不倒、堅韌的草；也唯有在艱難困苦的環境下，才能考驗出人的堅強和情操。文天祥在

〈正氣歌〉裡也提到：「時窮節乃見。」時勢愈艱難，愈是能看出君子堅定不移的節操。

不管是「疾風知勁草」或是「時窮節乃見」，都與「歲不寒，無以知松柏；事不難，無以知君子無日不在是」的道理相通，不經患難，是看不出一個人真正的品德。

## 歷久彌新說名句

《元曲．爭報恩》裡有一句話：「路遙知馬力，日久見人心。」意思是指人和人之間的交往，必須經歷時間與考驗，才能辨別交情深淺。

民間有個故事：路遙和馬力兩人是好朋友，路遙父親是富商，馬力的父親是路遙家的僕人。這兩人雖是主僕關係，但交情良好。到了論婚嫁的年紀時，路遙有錢有勢，不愁娶不到美嬌娘，馬力家境貧困，一直沒人提親。

有一天有媒人給馬力提親，馬力心中大喜，但卻苦惱錢從哪來？於是向路遙請求幫助，沒想到路遙提出一個條件：要借錢可以，但是洞房前三天由我代替你陪伴新娘。馬力怒氣衝天，但苦於窮困，只好忍痛答應，擇日成親。

馬力煎熬過痛苦的前三天，第四天夜裡他因心中懊惱，天一黑就拉被蒙頭睡覺。一旁的新娘疑惑地問：「夫君，為何您前三夜都是通宵讀書，今天卻蒙頭大睡？」這時馬力這才知道路遙給他開了個大玩笑，既喜又惱，發誓好好讀書，果然考上狀元，在京城做官。而好友路遙性情豪放，俠肝義膽，最後坐吃山空，無法度日。於是想起好友馬力，便進京尋求幫助。馬力見到路遙熱情款待，當路遙說明來意後，馬力顧左右而言他，根本沒有幫助路遙的意思。

過了幾天，馬力頻頻催促路遙回家，路遙只得氣憤沮喪地離開，還沒進家門就聽見裡面哭成一片，只見妻兒守著一口棺材痛哭，他們看見路遙，又驚又喜。原來是馬力派人送來棺材說：路遙到京城後，生重病去世了！路遙惱怒馬力怎可如此開玩笑？但當他打開棺材一看，裡面全是金銀財物，還有一張紙條上寫：「你讓我妻守三天空房，我讓你妻痛哭一場。」這對赤膽忠心的好友終以喜劇收場。

# 學者非必爲仕，而仕者必如學

## 名句的誕生

君子進[1]則能益[2]上之譽，而損下之憂。不能而居之，誣也；無益而厚受之，竊也。學者非必為仕，而仕者必如學[3]。

～〈大略篇〉

## 完全讀懂名句

1. 進：進仕。
2. 益：增益。
3. 仕者必如學：如，依照。意思是擔任官職時，要與為學時態度相同。

語譯：君子擔任官職要能為上位者增添聲譽，並且為在下者減少憂苦。如果不能做到還擔任這個官職，就是欺騙；沒有任何的增益而受領豐厚的俸祿，簡直是盜竊的行為。做學問不一定是為了謀取官職，但是擔任官職的人，他的態度必須和為學時相同。

## 名句的故事

子貢有次跟孔子抱怨，他感到疲憊，想要休息事君之事。孔子回答：「《詩經》裡曾提到『朝夕都需要溫文恭敬，執行事情要恪然有禮』，事君的事情雖然很難，可是事君的事怎能休息呢？」子貢接著說：「那我想休息事親之事。」孔子又引了《詩經》的話告誡：「孝子的奉養是沒有竭盡之時，事親也是不能休息的。」

子貢可能真的累壞了，說道：「那我休息對待妻子的事，總行了吧？」孔子依舊搖搖頭，說：「《詩經》說先立典型於其嫡妻，以至於兄弟，然後至於家邦。」總之對妻子的事情也是不能休息的。

子貢好奇了，追問：「如果休息對待朋友的事呢？」孔子還是說不可以，「《詩經》說朋友要互相佐助，佐助以威儀。因此對待朋友的事也不能休息。」

既然和人相關的事情都不能休息，子貢決定休息耕種之事。沒想到孔子還是不同意，仍是引《詩經》的話說：「『白天要治理茅草，晚上要搓製繩索，動作要快，把茅草覆蓋在屋頂後，就要忙著播種百穀了』。耕種的事這麼重要，怎能休息啊！」

「唉！」子貢嘆了口氣，說：「那我不就不能休息了。」孔子回答：「還是有的！當人進了墳墓，這時就可以休息了。」

子貢說：「死真是重大啊！這時候，君子可以休息，小人也可以休息了！」

君子，無時無刻為業修德，為仕時更要戰戰兢兢，不負所學，若是尸位素餐，領取的奉祿視同竊盜，為政者要引以為戒啊！

## 歷久彌新說名句

對於好讀書的人，如果他當的官就是負責讀書，而且能夠在交通不便的古代，瀏覽群書，閱遍珍藏古籍，該是多麼幸福的一件事啊！這位幸運兒首推紀曉嵐。

紀曉嵐領修四庫，遍讀天下群籍，同代人大概無人可及，也因修四庫的機會，他成了中國歷史上少有的通儒。

紀曉嵐也頗為自負，曾自豪地誇耀自己稱得上「無書不讀」。這話傳到乾隆皇耳裡，一日乾隆問道：「紀愛卿，你學問淵博，舉世無雙，還有什麼書沒讀過？」

紀曉嵐聽了，知道「無書不讀」一事已傳到皇上耳裡，不再故作謙虛，說：「臣似乎無書不讀。」乾隆心中頗為不悅，故意說道：「那好，明日朕讓愛卿背一部書。」一聽這話，紀曉嵐可緊張了，書海浩瀚，萬一皇上挑了本他沒讀過的，不就捅婁子了？況且以前讀的書，縱使記憶力再好，還是難免會出差錯。紀曉嵐愈想愈煩，不知如何是好，回到家後，將此事說給愛妾杏仁聽。

杏仁也替他著急，想到一部書就問一部，與紀曉嵐比起來，杏仁讀的書畢竟有限。忽然她看見書架上那部《皇曆》，這部書杏仁常翻，而紀曉嵐似乎沒動過，便問道：「老爺，您讀過這部《皇曆》否？」

一下子把紀曉嵐問愣了，笑笑說：「我又不卜卦占命，也不挑什麼良辰吉日，念那東西做什麼？」

「《皇曆》也是書，您常說無書不讀，如果皇上要您背這一部，您能說它不是書嗎？」

紀曉嵐聽杏仁說的有理，就把《皇曆》拿來翻了一遍。

宮中有個太監曾被紀曉嵐捉弄，一心想讓他出醜，趁這機會跟乾隆建議何不讓紀曉嵐背背《皇曆》？第二天早朝，乾隆請紀曉嵐留下來背書，幾位大學士也想看好戲，看看紀曉嵐能否通過這次的「殿試」。殿內悄然無聲，乾隆久久不語，更增添緊張氣氛。終於乾隆開口了：「紀愛卿，若你將朕提的書背誦下來，朕便賜你『無書不讀』。」紀曉嵐一顆心如十五個吊桶，七上八下，忐忑不安。乾隆捻鬚一笑：「那就背背《皇曆》吧！」

一聽到《皇曆》紀曉嵐如吃定心丸，心中感激杏仁，多虧她的提醒，讓這場「殿試」順利通過！乾隆皇看這回又沒能難倒紀曉嵐，心中倒也開心！

這紀曉嵐背誦《皇曆》的趣事，在他仕途裡成一美事，也不負他總纂四庫全書的職務，更是增添了乾隆的聲譽，成就中國圖書亙古未有之偉業。

# 均薪施火，火就燥；平地注水，水流濕

## 名句的誕生

道不同，何以相有[1]也？均薪[2]施火，火就[3]燥；平地注[4]水，水流濕。夫類之相從也，如此之箸[5]也，以友觀人焉[6]所疑。取友善人，不可不慎，是德之基也。

～〈大略篇〉

## 完全讀懂名句

1. 有：借作「佑」，相互幫助之意。
2. 均：皆、全部之意。薪：柴火。
3. 就：趨近、靠近。如孟浩然〈過故人莊〉詩：「待到重陽日，還來就菊花。」
4. 注：灌入、傾瀉。
5. 箸：同「著」，顯著之意。
6. 焉：豈、如何。《論語．先進》：「未能事人，焉能事鬼。」

語譯：假使遵循的理念、想法不同，如何去互相幫助扶持呢？同樣是薪柴，在點燃時，火會往乾燥的地方燃燒；同樣是在平地上倒水，水會往濕的地方流去。同類的東西會互相跟從，這種現象是如此地顯著。用交往的朋友來觀察為人，這種方式有什麼好感到懷疑？因此交好的朋友將能教導人向善，所以交友不可不慎重，這是修養道德的基礎啊！

## 名句的故事

孔子說：「益者三友，損者三友，友直、友諒、友多聞，益矣；友便辟，友善柔，友便佞，損矣。」好朋友為我們的品德、學識都帶來更寬廣的視野；然而壞朋友卻只是為了利益結合。所以交友自然是要交益友，否則在潛移默化中逐漸被染黑了，身處墨缸裡，恐怕也不自覺。所謂「近朱者赤、近墨者黑」，交友豈可不慎？

荀子說：「君人者不可以不慎取臣，匹夫不可以不慎取友。」不僅是一般人要重視交友，身為君主者更不可不慎重。君主若能拔擢良臣，國家將更興盛，唐太宗因身旁有諫諍出名的魏徵，締造貞觀盛世；反之，君主身旁若全是阿諛奉承之人，國家怎可能茁壯？秦始皇統一天下，成一霸主，但二世胡亥寵信趙高，還惹來指鹿為馬的荒謬劇，秦朝在庸君佞臣的荒唐中，帝國迅速瓦解，這一切恐怕是始皇帝始料未及。

《易經．繫辭上》：「天尊地卑，乾坤定矣。卑高以陳，貴賤位矣。動靜有常，剛柔斷矣。方以類聚，物以群分，吉凶生矣。在天成象，在地成形，變化見矣。」談的就是「物以類聚」。台灣俗諺云：「龍交龍、鳳交鳳、穩龜交洞憨，三八交叮咚。」臭味相投，話不投機半句多，自己是個什麼樣的人，你的朋友是面鏡子，可以投射出你的模樣啊！

## 歷久彌新說名句

若說唐太宗幸運地碰到魏徵，不如該說魏徵何其有幸，遇上難得的聖君。

唐太宗和魏徵是史上有名的君臣，魏徵輔佐太宗十七年，史書稱他：「有志膽，每犯顏進諫，雖逢帝甚怒，神色不徙，而天子亦為之霽威。」他對太宗進諫時，就算太宗震怒，他還是能神色堅定，絲毫無懼，而太宗也能漸漸息怒，聆聽諫言。他們兩人，一個從善如流，一個直言敢諫，留下不少事蹟，成為千秋佳話。

魏徵對於太宗，不管是公事還是私事，只要他認為不恰當，他就會毫不客氣地提出規勸。有一回太宗迷上逗玩「鷂鷹」，他正把一隻小鷂鷹放在手上逗著玩時，忽然看見魏徵走過來，他心想如果被魏徵看見，免不了又要遭到勸誡！便趕緊把小鷂鷹藏入懷中。這魏徵早就看見了，故意把話題拉長，講個不停，好不容易才說完。魏徵一離開，太宗急忙把懷中的小鷂鷹取出，一看，唉！小鷂鷹早已悶死了！太宗也了解到魏徵的用意，從此不再玩鷂鷹。

又有一次，太宗想要去終南山打獵，魏徵知道了，跑到宮門口去等候，想要勸阻。可是等了半天，都沒消沒息。魏徵感到奇怪，進宮看看，只見太宗全副獵裝打扮端坐著，卻沒有要出門的模樣。魏徵疑惑問道：「聽說皇上要去終南山打獵，怎麼還沒出發呢？」太宗笑著回答：「是啊！我本來是要出門的，但我一知道你在宮門口守候，就想你一定是要來阻止我的，所以我乾脆不去了，你放心吧！」魏徵聽了，有些不好意思，但也為能有這樣的明君感到欣慰，笑瞇瞇地回家去了。

魏徵不給太宗留情面，也差點惹來殺身之禍。一日太宗退朝回宮後，怒氣沖沖地對長孫皇后說：「遲早我要殺了這個鄉巴佬！」皇后一問，知道太宗是為了魏徵犯顏直諫而發怒，立即換上大禮服出來祝賀太宗，說道：「君明則臣直，魏徵敢這麼放肆，正因為皇上的聖明，真是為我們的大唐感到可喜可賀啊！」長孫皇后的智慧，讓太宗怒氣漸消，更讓太宗懂得欣賞魏徵，他說：「人言魏徵舉動疏慢，我但見嫵媚耳。」

魏徵病逝時，太宗痛哭並罷朝舉哀五日，後來太宗對群臣說：「以銅為鏡，可以正衣冠。以古為鏡，可以知興替。以人為鏡，可以明得失。朕嘗常保此三鏡，以防己過。今魏徵殂逝，朕遂亡一鏡矣！」在太宗心中，魏徵這面鏡子是多麼難得啊！多虧太宗對待臣子的態度，他在位時，人才輩出，幾乎網羅了歷史上的名相，譜就波瀾壯闊、泱泱大風的「貞觀盛世」。火就燥、水流濕，因有太宗雅量，才有魏徵這位「千秋金鑑」。千里馬常見，伯樂難覓，良臣也需要明君，才能大放異彩。

# 芷蘭生於深林，非以無人而不芳

## 名句的誕生

且夫芷蘭生於深林，非以無人而不芳。君子之學，非為通[1]也，為窮而不困，憂而意不衰也，知禍福終始而心不惑也。

～〈宥坐篇〉

## 完全讀懂名句

1. 通：通達。

語譯：芷蘭生長在蓊蓊鬱鬱的森林之中，並不會因為那裡沒有人，就不散發出香氣；君子的學習並不是為了求取顯達官赫，而是遇到窮困時，不會感到困厄；遭到憂患時，意志也不衰退；能夠了解禍福依循的道理，而內心不會迷惑呀。

## 名句的故事

孔子周遊列國，難免也會有進退維谷的窘境，這次受到楚昭王的邀請前去楚國，便是一例。孔子在陳國、蔡國待了一段日子，沒有什麼成績，因此決定接受楚國的邀請。孔子從陳國再往南到楚國的途中，會經過蔡國，恰巧遇到一場正在發生的國際戰爭，所以被困在陳國與蔡國之間。

孔子很無奈，因為陳、楚、蔡等三國，都與這場戰爭有關，而陳國、蔡國的貴族們，害怕孔子會為楚國所用，因此決定牽制孔子的去向。孔子不是只有自己一個人，還有跟隨他的弟子們，大家整整七天都沒有吃到熟食，個個都餓昏了。

子路首先發難，他問孔子說：「我聽說，做善事的人上天會回報他幸福；作惡多端的人上天就回報給他禍害。老師積德行義已經很久了，為什麼會遇到這樣的窘境呢？」

孔子很坦蕩地告訴子路，比干是個賢臣被挖心而死，關龍逢是個忠臣也還是被殺，忠諫之臣伍子胥也是曝屍在姑蘇城外，能不能飛黃騰達純粹是與機會有關，懷才不遇的人太多了，不是只有他一個。孔子並用「芷蘭」恆久的香氣來比喻自己，認為君子不斷地學習是為了要培養智慧謀慮、端正身心，等待好的機會來臨。

## 歷久彌新說名句

「芝蘭」其實比「芷蘭」更常被使用。例如我們常聽到的「與善人居，如入芝蘭之室」（《孔子家語》），「芝蘭之室」就是指良好的環境，意思是說，與好人來往就如同住在好的環境，會受到好的薰陶；相反地，「與惡人居，如入鮑魚之肆」，鮑魚在古代是指醃漬過的鹹魚，「鮑魚之肆」是指賣醃魚的店鋪，比喻惡臭的環境，又衍生出指小人聚集的場所。因此，和惡人來往就好像居住在惡臭的環境，久而久之，也不會覺得臭了；換句話說，自己的性格也變得跟惡人一樣了。

《晉書．謝安傳》記載，謝玄是宰相謝安的侄子，從小便聰明過人，與堂兄謝朗，都被謝安所器重。謝安常常給子侄機會教育，例如他曾經問：「子弟亦何預人事，而正欲使其佳？」意即，你們會用什麼方法教育弟子，讓弟子更好呢？眾人都默不作聲，只有謝玄回答：「譬如芝蘭玉樹，欲使其生於庭階耳。」謝玄要把弟子當作芝蘭玉樹一般地栽培，讓他們能在好的環境中生長，生生不息。謝安聽了非常高興。後人便用「芝蘭玉樹」來比喻優秀的子弟。

# 父有爭子，不行無禮；士有爭友，不爲不義

## 名句的誕生

魯哀公問於孔子曰：「子從父命，孝乎？臣從君命，貞乎？」三問，孔子不對。孔子趨出，以語子貢曰：「鄉[1]者，君問丘也，曰：『子從父命，孝乎？臣從君命，貞乎？』三問而丘不對，賜以為何如？」子貢曰：「子從父命，孝矣；臣從君命，貞矣；夫子有奚[2]對焉。」孔子曰：「小人哉。賜不識也。昔萬乘之國有爭[3]臣四人，則封疆不削；千乘之國有爭臣三人，則社稷不危；百乘之家有爭臣二人，則宗廟不毀。父有爭子，不行無禮；士有爭友，不為不義。故子從父，奚子孝？臣從君，奚臣貞？審其所以從之之謂孝之謂貞也。」

～〈子道篇〉

## 完全讀懂名句

1. 鄉：音ㄒㄧㄤˋ，過去，通「曩」。也作「向」、「嚮」。
2. 奚：為什麼。
3. 爭：音ㄓㄥˋ，諫止、規諫，同「諍」。

語譯：魯哀公問孔子說：「兒子服從父命，這是孝嗎？臣子服從君命，這是貞嗎？」三度發問，孔子都沒有回答。孔子走出後，告訴子貢說：「剛才君主問我說：『兒子服從父命，這是孝嗎？臣子服從君命，這是貞嗎？』三度發問，我都沒有回答。賜，你以為如何呢？」子貢回答說：「兒子服從父命，這就是孝了；臣子服從君命，這就是貞了。老師您又有什麼可回答的呢！」孔子說：「真是見識小的人

啊！賜，你不了解。古時萬乘之國有敢直言進諫的諍臣四人，國家的疆土就不會被侵削；千乘之國有敢直言進諫的諍臣三人，社稷就不會危亡；百乘之國有敢直言進諫的諍臣二人，宗廟就不會被毀滅。父親有敢直言進諫的諍子，就不會做出無禮的事情；讀書人有敢直言進諫的諍友，就不會做出不義的行為。所以兒子服從父命，怎麼能算是子孝呢？臣子服從君命，怎麼能算是臣貞呢？必須審度他所服從的情形是否適當，才叫作孝、才叫作貞啊！」

## 名句的故事

魯國大夫孟懿子曾經向孔子請教孝道，孔子回答：「無違。」樊遲不明白無違的意思，所以孔子進一步說明：「生，事之以禮；死，葬之以禮、祭之以禮。」（《論語．為政》）原來無違二字是指孝順父母必須不違背禮節，而不是指不違背父母之命而已。

然而，如果當父母有過失的時候呢？孔子說：「事父母幾諫，見志不從，又敬不違，勞而不怨。」（《論語．里仁》）所以當父母有過失時，做子女的人不能視而不見，必須婉言規勸，即使父母不肯接受，子女的態度仍要保持恭敬，就算心裡擔憂，也不怨恨。因此，當魯哀公問了孔子三次：「子從父命，孝乎？」孔子便無法回答，因為光是服從，又怎能是孝呢？必須審度所服從的情形是否適當才行呀！

## 歷久彌新說名句

齊景公對晏子說：「我想要改善齊國的政治，以獲得在諸侯中稱霸的地位。」晏子很認真地回答說：「官員還不具備呀！」

景公變了臉色，很不高興地說：「齊國雖然小，但怎麼能說沒有具備官員呢？」晏子回答：「我指的不是這個意思。從前我國祖先桓公，當身體懈怠於朝政時，有隰朋在旁幫忙處理；當身邊的人多有過失、刑罰不公時，有弦章在旁協助匡正；當農業荒廢、人民不得安寧時，有甯戚在旁幫助治理；當軍吏惰慢、戰士偷安時，有王子成甫在旁加以管治；當行為放縱、無人勸阻時，有東郭牙在旁犯顏直諫；當德義不合規範，信譽敗壞時，有管仲予以糾正。桓公能夠利用別人的長處來補正自己的缺失，利用別人的優點來補足自己的弱點，所以政令傳到遠方而無人違犯，武力討伐有罪而不受阻礙，所以各國諸侯都臣服他的仁德，而周天子也給予他崇高的禮遇，送他祭祀宗廟的祭肉。現在您的過失很多，卻沒有一個士人告訴您，所以說官員還不具備啊！」景公說：「你說得有道理。」（《晏子春秋．內篇問上》）

晏子所指的官員還不具備，是指齊景公還不具備有能夠敢直言進諫的臣子，因此很替景公想稱霸諸侯的企圖擔心，尤其景公自己也尚未覺悟，因此，恐怕更難以達到稱霸的目的。

楚莊王登上君位，三年不理朝政，還對國內下令說：「我討厭做臣子的人囉囉嗦嗦地勸諫國君。現在我享有國家，掌管江山社稷，如果有人來勸諫我，我一定要處死他而絕不饒恕。」蘇從說：「擔任國君的高官，享受國君的厚祿，如果怕死而不勸諫國君的話，那就不是國君的忠臣。」於是進宮勸諫。莊王正站在鐘鼓樂器之間，左手抱著楊姬，右手摟著越姬，左邊靠的是被褥，右邊放的是朝服，看見蘇從進來勸諫，便說：「我聽音樂的時間都不夠，哪還能聽你什麼勸諫？」蘇從說：「我聽說喜歡正道的人資財多，喜歡玩樂的人迷惑多；喜歡正道的人糧食多，喜歡玩樂的人危亡多。我想，楚國再過不了多久就要滅亡了，所以就冒死大膽地來告訴您。」莊王說：「說得好。」於是左手拉著蘇從的手，右手抽出暗藏的刀，割斷懸掛鐘鼓的繩，第二天拜蘇從為宰相，從此認真治理朝政。（《說苑．正諫》）

楚莊王的三年不理朝政，事實上是藉機在觀察百官的言行及忠貞程度，而蘇從果然敢冒死不諱，直言進諫，可見並不是貪生怕死而一味服從國君的唯諾臣子，因此才得到莊王的肯定。

# 君子入則篤行，出則友賢，何爲而無孝之名也

## 名句的誕生

子路問於孔子曰：「有人於此，夙興夜寐[1]，耕耘樹藝[2]，手足胼胝[3]以養其親，然而無孝之名，何也？」孔子曰：「意者身不敬與？辭不遜與？色不順與？古之人有言曰：『衣與繆[4]與不女[5]聊[6]。』今夙興夜寐，耕耘樹藝，手足胼胝以養其親，無此三者，則何以為而無孝之名也？」孔子曰：「由志之，吾語女。雖有國士之力不能自舉其身；非無力也，勢不可也。故入而行不脩，身之罪也；出而名不章，友之過也。故君子入則篤行，出則友賢，何為而無孝之名也？」

～〈子道篇〉

## 完全讀懂名句

1. 夙興夜寐：早起晚睡。
2. 樹藝：種植。指栽種果木、穀物、菜蔬等。
3. 手足胼胝：因勞動過度，手腳皮膚久受摩擦而生出厚繭，在手是胼，在腳是胝。比喻不辭勞苦，努力工作。胼：音ㄆㄢ。胝：音ㄓ。
4. 繆：應為「醪」字的訛誤。醪：音ㄌㄠˊ，濁酒。
5. 女：音ㄖㄨˇ，你。
6. 聊：依賴、憑藉。

語譯：子路問孔子說：「這裡有人早起晚睡，耕耘種植，不辭辛苦地努力工作來奉養雙

親，然而卻沒有孝順的名聲，這是為什麼呢？」孔子回答：「我猜想也許是因為他的態度不恭敬吧？或是他的言辭不謙遜吧？或是他的容色不和順吧？古人說：『衣服和飲食都不依賴你。』如今有人早起晚睡，耕耘種植，不辭辛苦地努力工作來奉養雙親，如果沒有這三個缺點，那麼為何會沒有孝順的名聲呢？」孔子說：「由，你記住，我告訴你：雖然具有國士般的大力氣，也不能舉起自己的身體呀！這並不是力氣不夠，而是形勢不可能的緣故。所以在家若行為不涵養，這是自己的罪過；出門在外若名聲不彰顯，這是朋友的過失。因此，君子在家就要篤志修行，出門在外就結交賢良朋友，這樣又怎麼會沒有孝順的名聲呢？」

## 名句的故事

子夏曾經向孔子請問如何才是孝道，孔子回答說：「最難的是在於子女能夠以和顏悅色的態度侍奉雙親。假如僅僅做到：家裡有事，由子女代勞；有了酒飯，讓父母飲用，難道這樣就算是孝道了嗎？」（《論語．為政》）而子游向孔子請問孝道時，孔子也說：「現在所謂孝順的人，是指在飲食方面能夠供養父母。至於狗和馬也都能夠得到飲食的飼養呀，如果對父母沒有心存敬意的話，那麼跟飼養狗和馬又有什麼分別呢？」（《論語．為政》）所以當子路疑惑：一個努力工作奉養父母的人，為什麼竟然沒有得到孝順的好名聲？孔子便告訴他可能是那個人奉養父母時態度不夠恭敬，或言辭不謙遜，或容色不和順的緣故啊！少了懷抱父母養育之恩的敬意，即使物質供給再豐富，也只是徒具形式，與飼養家畜或寵物是一樣的，自然不是孝道了。

## 歷久彌新說名句

戰國時期齊國宰相田稷子，有一次私下接受部屬行賄的黃金，並將它送給自己的母親。母親驚訝地問：「你擔任宰相已經三年了，俸祿從未像今天這麼多，難道這是別人進獻的錢財？」田稷子老實地回答：「這是部屬送來的財禮。」母親非常生氣地說：「我聽說士大夫應該修養自身，操守純潔，不應該追求不正當的財物；應該竭盡真誠去辦事，不應該做欺詐虛假或不義的事情；不是正當來源的利益，就不應該拿進家門。言行須一致，內心和外表要相稱。現在國王授予你高官，供給你厚祿，你的言行也要能夠報答國君才行。做臣子的侍奉國君，如同做兒子的侍奉父親一般，必須竭盡心力，忠實誠信而不虛假，一定要效忠國君，誓死奉命，做事廉潔公正，這樣才能心胸通達而沒有憂患。但是，現在你卻不是這樣！做人臣不忠，就是做人子不孝。不義之財，並不是我應有的；不孝的兒子，也不是我的兒子。你，走吧！」

田稷子很慚愧地走出家門，把黃金退還給部屬，並自動向齊宣王投案請罪，請求處死自己。齊宣王知道後，非常讚賞他母親的節義，於是赦免田稷子的罪責，恢復他的相位，還用國庫賞賜他的母親。（《列女傳》卷一〈母儀傳〉）

田稷子雖然犯了錯，不過在母親嚴切教誨之後，他立即改過，不但主動向齊宣王請罪，還要求處死自己，可見是個「入則篤行」、孝母至誠的人，因此，才能得到齊宣王的再次肯定，也留下孝順的美名。

# 良醫之門多病人，檃栝之側多枉木，是以雜也

## 名句的誕生

子貢曰：「君子正身以俟[1]，欲來者不距[2]，欲去者不止。且夫良醫之門多病人，檃栝[3]之側多枉木，是以雜也。」

～〈法行篇〉

## 完全讀懂名句

1. 俟：等待。
2. 距：通「拒」，拒絕。
3. 檃栝：矯正彎木頭的器具，引申為矯正的意思。

語譯：子貢說：「君子端正自己來等待求學的人，不拒絕想要來學習的人，不會阻止想要離開的人。例如好醫生的門前會有很多病人，整形器具旁邊會放著很多彎木頭，所以孔子的門下有不同程度的學生呀。」

## 名句的故事

荀子相信「人性本惡」，因此非常重視禮教與法治的力量，如在〈法行篇〉中提到：「禮者，眾人法而不知，聖人法而知之。」意即，禮制這種東西，一般人遵循它，卻不知其所以然，但是聖人遵循它、而且能夠知其所以然。所以，要讓一般人了解什麼是禮制，就要透過教育的力量，孔子的「有教無類」，正是此一理念的執行。不論是什麼樣的學生，只要有學習的意願，聖人孔子都願意教化他。

話說曾子生病了，他的兒子曾元便抱著他的腳，傷心落淚。曾子趁機說：「元呀，你要記

住！那些魚以為淵池還太淺，所以在那裡面打洞安身；鷹鳶以為山嶺還太低，所以在那上面築巢棲息；如果牠們被人抓到了，一定是受到釣餌的引誘。所以君子如果不因錢財利益而背棄道義，那麼恥辱也就無從到來了。」

淵池當然深，山嶺也當然高，除非受到引誘，否則魚怎麼可能被抓、老鷹怎麼可能被補？荀子在本質上是承襲儒家的基本思想，雖然他是從「人性本惡」為出發點，但是也相信教育的力量，可以把「枉木」變成「直木」。

## 歷久彌新說名句

范雎是戰國時代魏國人，跟當時的人一樣，范雎也周遊列國，希望能獲得某一個國君的重用。後來范雎有機會上書秦昭襄王，便積極爭取要親自面見大王、闡述抱負。范雎在信上說：「良醫知病人之死生，而聖主明於成敗之事，利則行之，害則舍之，疑則少嘗之，雖舜禹復生，弗能改已。」亦即，高明的醫生能知道病人的生死，聖明的君主能洞察國事的成敗，認為有利國家的就實行，有害的就捨棄，有疑惑的就稍加試驗，即使舜和禹死而復生，也不能改變這種方略。（《史記．范雎傳》）范雎用良醫來比喻秦昭襄王，從另一方面看，他也用良醫來比喻自己，突顯自己的價值，後來果真受到秦昭襄王的重用。

用良醫來比喻聖君的還不只范雎一人，還有唐朝的賢臣魏徵。面對「貞觀之治」的盛世，諸多公卿大臣都鼓勵唐太宗封禪，只有魏徵持反對意見，他舉例說：「有一個人病了十年後治好了，但這個人的身體應該還是很虛弱，如果要他背著一石的米、一天走上百里路程，是不可能的；隋朝末年的亂象不只有十年，雖然已經被唐太宗這位良醫所治好，但是人民休養生息的時間是還不夠的，現在要昭告天地說太平盛世到來，並不恰當。」唐太宗最後接納魏徵的諫言。（《舊唐書．魏徵傳》）

# 荀子

# 復禮克己，制名指實

# 人無禮則不生，事無禮則不成，國家無禮則不寧

## 名句的誕生

凡用血氣、志意、知慮，由禮則治通，不由禮則勃[1]亂提僈[2]；食飲、衣服、居處、動靜，由禮則和節，不由禮則觸陷生疾；容貌、態度、進退、趨行，由禮則雅，不由禮則夷固僻違[3]、庸眾而野[4]。故人無禮則不生[5]，事無禮則不成[6]，國家無禮則不寧[7]。《詩》曰：「禮儀卒度，笑語卒獲。」[8]此之謂也。

～〈修身篇〉

## 完全讀懂名句

1. 勃：同「悖」，音ㄅㄟˋ，做事不合情理。
2. 僈：音ㄇㄢˋ，怠慢。
3. 夷固僻違：倨傲僻邪。
4. 庸眾而野：平庸而粗鄙。
5. 生：生存。
6. 成：成功。
7. 寧：安寧。
8. 禮儀卒度，笑語卒獲：語見《詩經・小雅・楚茨》。卒：盡。度：法度。獲：同「矱」，音ㄏㄨㄛˋ，即矩矱，意指規矩法度。

語譯：凡是運用血氣、心志意念、智慧思慮，只要順著禮就能順利通達，不順著禮就會悖亂怠慢；吃飯飲水、穿衣戴帽、居處動靜，只要順著禮就能合於節度，不順著禮就會遭遇陷阻發生毛病；容貌態度、進退處世，只要順著禮就能優雅，不順著禮就會倨傲僻邪、平庸而粗鄙。所以人沒有禮就不能生存，事情沒有禮就不能成功，國家沒有禮就不能安寧。《詩

經》上說：「禮節威儀合法度，言談笑語有規矩。」說的就是這個道理。

## 名句的故事

荀子主張用禮來矯治人性本惡的劣根性，所以無論在個人的修養或社會國家的治理上，都特別重視禮，因此，禮的涵攝範圍極廣，包括治國安邦、立身處世、日常生活細節，甚至思想言論等等，無一不以禮做為準繩，故曰：「禮者，人道之極也。」（《荀子．禮論》）

西周初，周公輔佐成王，因而制禮作樂，使禮樂成為治國的標準：「按照禮樂來觀察人的德行，德行是用來辦理事情的，事情辦好了就用來衡量功勞，立了功勞就可以封賞邑田。」又說：「毀棄禮義就是賊，掩護賊人就是窩贓。偷竊財物就是盜，盜竊寶玉就是姦。有窩贓的罪名，貪得姦人的寶物，這是最壞的行為，要按照國家規定的刑法來處罰，不能赦免。這記載在九刑之中，可依情節輕重適當量刑。」（《左傳．文公十八年》）

等到周天子權力逐漸勢微，諸侯僭禮越權卻日益猖獗時，禮樂形同虛設，《詩經．鄘風．相鼠》裡便強烈地諷刺失儀無禮者的腐敗不堪，甚至極度地鄙夷與憎惡：「相鼠有皮，人而無儀；人而無儀，不死何為？相鼠有齒，人而無止；人而無止，不死何俟？相鼠有體，人而無禮；人而無禮，胡不遄死？」意謂老鼠雖然齷齪卑下，且偷竊成性，人皆厭惡喊打，然而比起行為舉止不端、品德性格惡劣、無禮而荒淫無度的偽君子，教人恨之咒罵「不死何為」、「不死何俟」、「胡不遄死」，又顯然好太多了。

## 歷久彌新說名句

周惠王十六年（西元前六六一年），魯莊公去世後，其子子般繼位，卻不到兩個月，就被莊公的弟弟慶父所弒，於是改立莊公妾叔姜之子啟，是為閔公。因叔姜是齊國人，所以閔公即位後，齊國便派仲孫湫（音ㄐㄧㄠˇ）來魯國視察，仲孫回國後預言：「不去慶父，魯難未已。」意指魯國如果不除掉慶父，那麼魯國的災難就不會結束。齊桓公聽了，以為可以趁機攻打魯國，於是試探地問仲孫：「魯國可以攻取嗎？」仲孫回答：「不可以。魯國還秉持著周朝的禮法，而周朝的禮法是立國的根本。因此，魯國只要不拋棄周朝的禮法，就不能動搖它。您反而應該協助安定魯國並親近它。因為親近有禮儀的國家，依靠根本穩固的國家，離間內部叛離的國家，滅亡昏昧暴亂的國家，這才是完成霸王盛業的方法啊！」雖然齊桓公因此打消攻打魯國的念頭，不過，魯國卻正如仲孫所預言，閔公即位不到兩年，就又被慶父所弒，直到魯人逼慶父自縊身亡，改立莊公妾成風之子申，即僖公，魯國才得以安定。（《左傳・閔公十八年》）

魯僖公三十三年春天，秦穆公得到留守鄭國的秦國大夫杞子的密報，決定出兵攻占鄭國。當大軍來到周天子都城北門時，戰車上除了中間的駕駛之外，左右士兵都脫去頭盔跳下車，隨即又跳上車，並沒有遵守行經王城應「卷甲束兵而趨」（即脫下戰甲、束其兵器而步行）的禮法，這樣的戰車共有三百輛。當時周襄王的孫子姬滿，雖然年紀還小，但看到這種情形後，便對周襄王說：「秦軍輕狂無禮，一定會打敗仗。因為輕狂不敬，就會缺少謀略；沒有禮法就會輕忽大意、沒有紀律約束。進入險地而輕狂，不謹慎行事，又沒有約束、謀略，這樣能不打敗仗嗎？」果然鄭國早有防備，秦軍無功而返的途中，卻又在崤山遭遇晉軍的突襲，大軍幾乎全軍覆沒地逃回秦國。（《左傳・僖公三十三年》）

# 五寸之矩，盡天下之方

## 名句的誕生

推[1]禮義之統，分[2]是非之分[3]，總[4]天下之要[5]，治海內之眾[6]，若使[7]一人。故操[8]彌約[9]，而事彌大。五寸之矩[10]，盡天下之方也。

～〈不苟篇〉

## 完全讀懂名句

1. 推：推廣。
2. 分：辨別、辨明。
3. 分：音ㄈㄣˋ，分際。
4. 總：統括。
5. 要：要道，最重要的道理。
6. 眾：民眾。
7. 使：使喚、指使。
8. 操：操持、把守。
9. 約：簡約。
10. 矩：畫方形的器具。

語譯：推廣禮義的道統，辨別是非的分際，統括天下的要道，治理海內的民眾，就像指使一個人一樣簡單。所以操持得愈簡要，所能做的事就愈重大。五寸的矩，就能畫天下所有的方形。

## 名句的故事

孔子說自己「七十而從心所欲，不逾矩」。對資質平常的人而言，「從心所欲」是再簡單不過的了，凡事順著自己的心意去做，又有什麼做不到的呢？對資質較好的人而言，「不逾矩」也非難事，曾子說：「如臨深淵，如履薄冰。」抱持著這種心情來做人做事，縱使不能全然合乎規矩，也不會有太大的差池。然而，凡事順著心意去做，卻能完全合乎規矩，這就不是常人所能做到的了，也正是孔子之所以被稱為聖人的原因。

凡事順著心意去做，卻不會逾越規矩，這代表連起心動念都是符合規矩的。人的行為容易掌握，心意卻不容易控制。常言道：「心猿意馬。」猴兒好動，馬兒愛跑，這是牠們的天性，而人的心意卻比猴兒還好動，比馬兒還愛跑。如若不信，靜坐半晌就知道了，要讓腦中完全空白一時片刻，不經長久訓練，幾乎是不可能的。所以賢聖一如孔子，也要到七十歲時，才能馴服自己的心念。

所謂「不逾矩」還牽涉到另一個問題：不同的地方有不同的規矩。既然如此，孔子所「不逾」的，又是哪個地方的規矩呢？

子張曾經問孔子做事的準則，孔子告訴他：「言忠信，行篤敬。雖蠻貊之邦行矣！」意思是，說話要堅守誠信，做事要竭盡心力，這是連最偏遠的地方也相通的道理。由此看來，孔子心中的規矩，實在是放諸四海皆準的根本道理，也就是荀子所說的，能夠「盡天下之方」的「五寸之矩」。

## 歷久彌新說名句

孟子說：「離婁之明，公輸子之巧，不以規、矩，不能成方、圓。」《淮南子》也說：「非規矩，不能定方圓；非準繩，不能定平直。」意思是再高明的工匠，少了必要的工具，還是做不好工作。

社會的安定也有賴於特定的工具。在荀子眼中，安定社會的工具就是「禮制」。

自周公制禮作樂以來，「禮制」就是安定社會的基礎。到了春秋戰國時代，禮崩樂壞，社會便開始陷入動亂。孔子有感於此，便開創儒家一派，積極宣揚「禮制」的意義與作用，以期達到天下太平的理想。

荀子繼承了孔子的理想，崇尚「禮制」，不過他也發現了「禮制」的限制，即——過去的禮樂制度已不盡符合時代。於是，他強調取法於「後王」，尊崇近世的王道，而與孟子的效法堯舜等「先王」的主張，形成分庭抗禮的兩大主張。

到了荀子的學生，如李斯、韓非之流，以取法「後王」、崇尚「禮制」等主張為不足，而以尊崇「時君」、推行「法制」為學說內容。至此，荀子的儒家理論，轉而為法家理論所取代，而荀子的學生韓非，也成了法家的集大成者。

不過，「禮制」和「法制」在根本上是不同的。「禮制」是內在的規範，「法制」是外在的規定。孔子早就說過，以「禮制」來教化人民，會使他們重道德、知羞恥，而以「法制」來規範人民，則他們心中就只求免除刑罰。免除刑罰的辦法有很多，欺瞞當權執法者的耳目就是其一，於是社會就陷入政府和人民鬥智的混亂情況之中。

儒家其實可以不必轉變為法家。孔子、孟子哪裡會不知道禮制已不盡符合時代？不過，他們的作法不只是針對禮制的內容進行改革，而是要直探禮制的精神。禮制的內容可以因時而變，但禮制的精神則是永恆的。禮制的精神是什麼？孔子拈出的「仁」字，才是儒家歷久彌新的真正傳統。

# 先義而後利者榮，先利而後義者辱

## 名句的誕生

榮辱之大分，安危利害之常體：先義而後利者榮，先利而後義者辱；榮者常通，辱者常窮；通者常制人，窮者常制於人；是榮辱之大分也。材愨[1]者常安利，蕩悍者常危害；安利者常樂易[2]，危害者常憂險；樂易者常壽長，憂險者常夭折；是安危利害之常體也。

～〈榮辱篇〉

## 完全讀懂名句

1. 愨：謹慎，音ㄑㄩㄝˋ，「慤」之俗字。
2. 樂易：歡樂平易。

語譯：榮辱的大分別，安危利害的常理：先講義而後求利的為榮，先求利而後講義的是辱；榮的人常亨通，辱的人常困窮；亨通的人常去制人，困窮的人常被人所制；這就是榮辱的大分別。樸實謹慎的人常安逸多利，放蕩暴悍的人常危險多害；安逸多利的人常歡樂平易，危險多害的人常憂慮險阻；歡樂平易的人常長壽，憂慮險阻的人常夭折，這就是安險利害的常理。

## 名句的故事

子路問怎樣才算人格完備的人。孔子回答：「見利思義，見危授命，只要不忘平生之言，亦可以為成人矣！」只要看到利益，能夠顧到義理；遇到危險，可以慷慨捨命；與人有舊約，不要忘了平日所許下的諾言；這樣也可以算是人格完備的人了。

然而，一旦利與義只能擇其一時，君子與小人的取捨卻大不同，誠如孔子所說：「君子喻於義，小人喻於利。」（《論語．里仁》）因此，當孟子來到魏國，梁惠王第一句話就是問他：「老先生，您不辭千里而來，是有什麼妙計可以讓我國獲利的嗎？」孟子卻回答說：「請您談仁義就好了，何必要說利呢？」（《孟子．梁惠王上》）可見真正的君子是「義以為質」（《論語．衛靈公》），不論為人處事，均以義為原則；如果「不義而富且貴」，則「於我如浮雲」（《論語．述而》），寧可粗衣淡食，也不要用不合理的方法得到富貴。

先義而後利，即先公而後私，孔子說：「君子之仕也，行其義也。」（《論語．微子》）君子出來做事，是為了行義，因此，宋代范仲淹曾說：「在朝廷做官的時候，憂慮的是人民的生活；如果不做官，就擔心國君施政的得失。像這樣，做官的時候也憂慮，不做官的時候也憂慮，要到什麼時候才能快樂呢？他們一定會說『先天下之憂而憂，後天下之樂而樂』啊！」（〈岳陽樓記〉）孟子也說：「樂民之樂者，民亦樂其樂；憂民之憂者，民亦憂其憂。」（《孟子．梁惠王下》）所以真正以天下為己任的人，必然是「樂以天下，憂以天下」。

## 歷久彌新說名句

當曹操圍攻下邳時，關羽視死如歸，不料曹將張遼卻大笑對他說：「你這麼做，不是會叫天下人恥笑你嗎？」關羽不解地說：「我仗義而死，怎麼會被天下人笑呢？」張遼說：「你與劉備結義為兄弟時，誓言同生共死，現在劉備戰敗，而你卻戰死，如果將來劉備東山再起，想要得到你的幫助卻不能夠，那你不是辜負了當時結義的誓約？況且，劉備將家眷託付給你，如果你戰死，劉備的家眷就無所依賴，那你不是辜負了劉備對你的託付？更何況，你文武雙全，不想著幫劉備匡扶漢室，卻一心只想戰死，逞匹夫之勇，又哪裡仗義呢？倒不如投降曹操，一可保全兩位夫人，二則不違背桃園結義，三留有用之身，打聽劉備的下落。」

關羽聽了則說：「好，只要曹操答應三件事，我就投降：第一，我只降漢帝，不降曹操；第二，請贍養兩位夫人；第三，一得知劉備的消息，我就要離開。」曹操答應後，故意安排關羽與劉備的兩位夫人在驛館安歇時共處一室，不料關羽卻秉燭立於戶外，一直守衛到天亮，毫無倦容。曹操十分敬重佩服，從此對關羽十分禮遇，三日一小宴，五日一大宴，又贈綾錦金銀美女，關羽則通通交給兩位夫人，並每隔三天必向兩位夫人問安。

有一次，曹操見關羽的戰袍舊了，特意做了新戰袍相贈，關羽雖然穿上新袍，卻仍將舊袍披在外：「不敢以丞相之新賜而忘兄長之舊賜。」曹操讚歎地說：「真義士也！」便將呂布的赤兔馬送給關羽，關羽再三拜謝：「這匹馬能夠日行千里，將來我就可以在一日之內與劉備相見。」曹操感歎地說：「事主不忘其本，乃天下之義士也。」關羽為曹操立下不少戰功後，得知劉備在袁紹軍中，立刻將曹操所贈的金銀一一封置庫中，懸帥印於堂上，護送兩位夫人離去。曹操想要用禮遇之恩打動他，關羽卻不為所動，即使過五關斬六將，仍執意離去。後孫權、劉備與曹操三軍戰於赤壁，曹操敗走華容道，關羽基於情義，干犯軍法，最後還是放走了曹操。（《三國演義》）

關羽重義輕利，不論對劉備的結義之情，還是曹操的禮遇之恩，他都能守義為先，絕不以自身利益為考量，因此才能名留青史，傳為美談佳話。

呂布則不然。呂布原是荊州刺史丁原的義子，但當李肅帶著董卓所贈的赤兔馬及黃金一千兩、明珠數十顆、玉帶一條勸降呂布時，呂布即殺了丁原，並拿著丁原的首級投降，改拜董卓為義父。後司徒王允以連環計，命貂蟬色誘離間董卓與呂布兩人，呂布果然憤而與王允、李肅合謀殺了董卓。董卓死後，舊部李確、郭汜攻入京城，呂布戰敗，於是倉皇出逃投靠袁術，不料袁術怪呂布反覆不定，拒而不納。呂布改而投靠袁紹，後因立了戰功而傲慢袁紹的其他將士，氣得袁紹想殺他。呂布便去投靠張楊，但李傕和郭汜卻寫信要張楊殺了呂布。呂布只好投靠張邈，並與曹操數次交戰，最後被曹操大敗於定陶。呂布則投奔徐州的劉備，由於張飛反對，故劉備讓呂布屯於小沛。不久，張飛因醉鞭打呂布的丈人曹豹，曹豹懷恨在心，密信要呂布趁機引兵襲奪徐州，果然一舉成功，但呂布接受陳宮的建議，與劉備修好，改劉備屯於小沛。袁術假意要娶呂布之女為媳，意在離間劉備與呂氏，呂布識破後拒絕婚盟，卻又因以為劉備在小沛招兵買馬又盜劫其馬，所以率兵攻小沛，劉備棄城投靠曹操。不久，呂布聽信陳珪、陳登父子反遭出賣而讓曹兵攻陷徐州，呂布退回下邳。不久，呂布部眾各生異心，宋憲、魏續與侯成合謀，先盜赤兔馬獻曹操求和，再趁機縛呂布給曹操，最後呂布被曹操縊死於白門樓。（《三國演義》）

呂布重利輕義，雖然勇猛無比，武藝超凡，卻因見異思遷、行為反覆、數易其主，故同鄉人李肅批評他是個「勇而無謀，見利忘義」的人，而張飛每與臨陣對敵時，總先痛罵他是「三姓家奴」，可見他的人格為世人所不齒。

# 度己以繩，接人用抴

## 名句的誕生

故君子之度己則以繩，接人則用抴[1]。度己以繩，故足以為天下法則矣；接人用抴，故能寬容，因求以成天下之大事矣。

～〈非相篇〉

## 完全讀懂名句

1. 抴：音一ㄝ丶，牽引。

語譯：君子用直繩來度量自己，對待別人則用引導。用直繩度量自己，所以可以為天下人所效法；對待別人用引導，所以能夠待人寬容，並透過他人的協助完成天下的大事。

## 名句的故事

「非相」是不要以貌取人，另一個意義就是要善用每一個人的能力。荀子說，君子因為賢明所以能容納懦弱的人，因為有智慧所以能容納愚昧的人，因為博學多聞所以能容納見識淺薄的人，因為德行純正所以能容納品性駁雜的人，這就是君子超越別人的方法。而一個國家的君王可以感化其他國家的百姓，也就是依靠這種能力。

「度己以繩」是後人常用的成語，是指用一定的道德標準要求自己，使行為合乎法度。一個人的行為如果不合乎法度，就是危險的開始。

荀子在本篇中舉了一些例子。如果出現以下的狀況，人就會有三種不祥的徵兆：「幼而不肯事長，賤而不肯事貴，不肖而不肯事賢。」身為晚輩卻不願意侍奉長輩，身為卑下的人卻不肯侍奉尊貴的人，身為無能的人卻不願意追隨賢能的人。

荀子又舉出一個人必然會出現的三種窮困狀況。第一是位居上位卻不愛護百姓、身為下屬卻喜歡非議上級；第二是當面不這樣做、背後又欺騙誹謗；第三是知識和行為都很淺薄，是非對錯難以辨別，無法推舉仁愛的人，對有智慧的人也無法明察。荀子認為，一個人如果出現這三種行為，讓他擔任上位必然危險，讓他做平民百姓有可能遭到毀滅。

簡單來說，一個人如果不肯做符合自己身分的事情，就會遭到「不祥」與「窮困」。這就是荀子的吉凶觀，而且沒有一點宗教意味。

## 歷久彌新說名句

俗語說「寬以待人，嚴以律己」，用寬容的態度來對待別人，用嚴格的態度來要求自己，這與「度己以繩，接人用抴」的道理不謀而合。例如《清史稿．姚鼐傳》記述：「鼐清約寡欲，接人極和藹，無貴賤皆樂與盡懽。」姚鼐這個人清廉簡約、物欲很少，與人交遊非常和藹可親，不論是尊貴或卑下之人，都很喜歡與他結交。

唐朝韓愈在〈原毀〉一文中說：「古之君子，其責己也重以周，其待人也輕以約；今之君子則不然。其責人也詳，其待己也廉。」古時候的君子全面嚴格地要求自己，對待別人則是寬厚、簡約；現代的君子則是要求別人很周詳，對待自己很疏略。這是韓愈對唐朝當代社會的觀點。

宋朝朱熹說：「且看論語，如鄉黨等處，待人接物，千頭萬狀，是多少般！聖人只是這一個道理做出去。」（《朱子語類．里仁篇》）朱熹推崇孔子在《論語》中，對小人物點點滴滴的往來送迎，有深刻的描繪、評論與指正，並藉此傳達自己的信念。聖人對於處理人際關係與事務，之所以非常看重的原故，是因為它會影響整個社會的價值與觀念呀。

# 公平者，職之衡也；中和者，聽之繩也

## 名句的誕生

故公平者，職之衡[1]也；中和者，聽之繩[2]也。其有法者以法行，無法者以類舉[3]，聽之盡也。偏黨而無經[4]，聽之辟[5]也。故有良法而亂者，有之矣；有君子而亂者，自古及今，未嘗聞也。

～〈王制篇〉

## 完全讀懂名句

1. 衡：衡量的標準。
2. 繩：準繩，指權衡事情的法度。
3. 以類舉：由一個道理推衍至其他同類的道理，此指推究法律的精神。
4. 偏黨而無經：有所偏私而不依循一定的道理。偏黨：偏私。
5. 辟：通「僻」。邪辟，指不合正道。

語譯：公平是聽政的準則；中和是聽政的準繩。有法律的依據法律來實行，沒有法律的就要探究法律的精神，這是聽政的最高道理。偏私而沒有定法，這是最不當的聽政方法。所以法律良好而政治混亂，這是有可能的；執政者有道德而政治混亂，從過去到現在，從來沒有聽說過。

## 名句的故事

魯宣公二年，鄭國派兵攻打宋國。宋國由華元擔任主將來抵禦鄭國。出戰前一天，華元殺羊犒賞士兵，可是他自己的車伕連一點羊肉也沒有分到。等到華元上了戰場，他的車伕說：

「昨天分肉時，是由你作主；可是今天駕車時，是由我作主。」車伕不聽命令，就駕著華元的車，一直衝到敵營，華元因而被俘虜，而宋國也打了敗仗。

為了一點羊肉就出賣主帥、背叛國家，華元的車伕做得是太過分了，可是當華元面對著四周滿滿的敵軍，應該也沒有心思去責罵車伕了。更何況，到了這時候，罵得再大聲，又有什麼用？

對於不公平的對待，仍能心平氣和地接受，這是聖賢才有的道德修養。而所謂道德修養，是拿來要求自己，而不是拿來要求別人的。自己不公在先，還要求別人接受在後，這怎麼說都不是一個優秀領導者所應該有的處事方式。

公平是處事的基本原則，而要能夠做到公平，就非得抱持著平和的心境不可。當漢文帝的馬被路人所驚嚇，險些出意外時，憤怒的他想到的不是法律的規定如何，而是自己差點丟掉性命。幸虧執法的張釋之不受漢文帝所左右，堅持依法判決，否則刀下就會多了一條枉送的性命。所以唐代的魏徵說：「恩所加，則思無因喜以謬賞；罰所及，則思無因怒而濫刑。」推究這句話的意義，還是與荀子的「公平者，職之衡也；中和者，聽之繩也」同一根源。

## 歷久彌新說名句

墨家領導者腹䵍的兒子殺了人，依法應當判處死刑。當時的國君秦惠王因為同情他已經年紀很大了，又沒有其他的兒子，於是決定赦免他兒子的死罪。不過腹䵍說：「依照規定，殺人者死，傷人者刑。」斷然拒絕秦惠王的赦免，而殺了自己的兒子。

對於這件事，前人大多稱讚腹䵍的大義滅親，偶爾也有人批評他的不近人情，不過，卻沒有人同情他的處境。自己的兒子殺了人，這是無法逃避的事實。殺人者死，這也是既定的法律。秦惠王不顧法律，想要為賢能的腹䵍留下後代，他自以為是出於善意。不過腹䵍沒有接受秦惠王的善意。誠如張釋之所說的：「法者，天子所與天下公共也。」「一傾天下用法皆為輕重，民安所錯其手足？」今天他的兒子只因為父親的賢能，就能夠不受法律的制裁，他日，別人又豈不會因為其他什麼特殊的緣故，而不去理會法律？一旦如此，國家社會又豈有不亂的道理？

所以腹䵍必須親自執行兒子的死刑，唯有如此，才能告訴世人，法律就是法律，不能夠因為對象不同，而有不同的標準。他並不是犧牲兒子來成全自己的美名。當他的兒子犯法殺人時，就已經注定判處死刑的命運了。

秦惠王或許出於好意，而想赦免腹䵍的兒子，不過他那藐視法律的作法，卻是不正確的。而且，為了他那自以為是的好意，逼得腹䵍必須親手殺了自己的獨生子以建立法的尊嚴，這對一個堅守道德的年老父親而言，又是何等殘忍的事。哀哉！腹䵍！

# 以類行雜，以一行萬

## 名句的誕生

以類行雜[1]，以一行萬[2]；始則終，終則始，若環之無端也，舍[3]是[4]而天下以衰矣。

～〈王制篇〉

## 完全讀懂名句

1. 以類行雜：以其統類可以察知雜博。
類：統類。行：察知。雜：雜博。
2. 以一行萬：用一個道理可以察知萬物。
3. 舍：同「捨」，捨棄。
4. 是：此，指終始的道理。

語譯：用統類的歸屬可以察知雜博的事物，用一個最高的道理可以察知萬物的變化。開始就是結束，結束就是開始，好像圓環一樣沒有開端，捨棄掉這個道理，天下就會衰亡了。

## 名句的故事

有一回，孔子對他的學生子貢說：「你認為我是多方學習而加以記憶的嗎？」子貢不清楚孔子話中的含意，回答說：「是啊！難道不是這樣的嗎？」孔子說：「不是，我是以一個道理來貫串所有的道理。」

又有一回，孔子對他的學生曾子說：「曾參啊！我的道統是用一個道理來貫串所有的道理（吾道一以貫之）。」曾子很恭敬地回答說：「是的！」曾子回答得如此自然，以至於其他學生懷疑曾子是不是真的懂孔子在說什麼。於是等到孔子上完課後，他們私下請問曾子：「剛才老師所說的是什麼意思？」曾子回答：

「老師所說的道理，不過就是『忠』『恕』兩個字而已。」

「忠」就是堅守本分，「恕」就是善待他人。曾子畢竟是個老實人，用了兩個字才能概括老師的意思，不過這兩個字確是二而一，一而二的。

曾子所說的，到底是不是孔子的本意？我們可以從《論語》記載的另一個故事來找出答案。

子貢問孔子說：「有沒有任何一個字可以讓人一輩子受用的？」孔子心想：「真不愧是會做生意的子貢，一個字就要受用一輩子，投資報酬率可真高啊！」不過孔子也不是省油的燈，他立刻回答：「大概就是『恕』吧！你不希望別人怎麼對待你，你就不要那樣去對待別人（己所不欲，勿施於人）。」孔子的話，直透一切道德觀念的根源，真能掌握這個字，其他瑣碎的細節，反而都是次要的了。

自孔子以來，儒家的傳人似乎都偏愛將自己的學說「一以貫之」，無論是孟子的「義」，荀子的「禮」，乃至宋儒的「理」，明儒的「心」，無一不具這種傾向。天下諸般道理，都如百川入海，殊途而同歸。世事瞬間千變，掌握了最關鍵的道理，才足以應付人間萬事。荀子說：「以類行雜，以一行萬。」道盡了個中的道理。

## 歷久彌新說名句

《易經》上說：「易有太極，是生兩儀，兩儀生四象，四象生八卦。」由「一」太極，化為「二」陰陽，而後為「四」象、「八」卦，乃至「萬」物，這是古人所建立的宇宙生成圖象。姑且不論這套理論是否真實，但古人確實用這套理論來理解萬事萬物，無論是先秦的陰陽家、漢代的儒家、宋代的理學家，甚至傳統的中醫、武術、命相等，無不如此。

這套理論的優點在於能夠讓人了解不同事物間互相依存、消長和轉化的關係。舉例來說，天氣燥熱屬陽，就該吃些性寒屬陰的東西，如西瓜，這樣才能夠使陰陽協調。

不過這套理論也經常有失準誤用的地方。舉例來說，從前認為君為陽為尊，臣為陰為卑，所以「君要臣死，臣不得不死」。男為陽為尊，女為陰為卑，所以男人可以三妻四妾，女人必須從一而終。除去尊卑觀念不論，人們也大多認為男性屬陽，應該剛強一些，女性屬陰，應該柔順一些，如若不然，就認為這是陰陽顛倒，這是性別錯亂，不合乎男剛女柔的人就是反常。

其實，陰陽理論來自對宇宙現象的觀察與歸納，用這套理論來理解宇宙現象是可以的，但是遇到現象與理論不合的情形時，應該檢討的是理論本身而不是現象。明白這個道理，才不會犯了偏執的毛病。以偏概全固然不對，以全概偏又豈是當然？常言道：「天下烏鴉一般黑。」不過，當人們發現了白色的烏鴉時，也該用開放的胸襟去接納牠。同樣地，人們也該接納那些在外表或行為上，與其他人不盡相同的人，因為宇宙間永遠有各種可能，人世間也該如此。

# 國者，天下之制利用也；人主者，天下之利埶也

## 名句的誕生

國者，天下之制利用也[1]；人主者，天下之利埶[2]也。得道以持之，則大安也，大榮也，積美[3]之源也；不得道以持之，則大危也，大累也，有之不如無之。及其綦[4]也，索為匹夫不可得也，齊湣、宋獻[5]是也。

～〈王霸篇〉

## 完全讀懂名句

1. 國者，天下之制利用也：意指國家掌握世間最多的資源。據楊倞《注》：「『制』字衍。」
2. 人主者，天下之利埶也：君主掌握世間最高的權勢。埶：權勢。
3. 積美：積聚美善。
4. 綦：極。
5. 齊湣：齊湣王為淖齒所殺。宋獻：《呂氏春秋》說是宋康王，即宋君偃，為齊湣王所滅。

語譯：國家掌握世間最多的資源，君主掌握世間最高的權勢。以正道而加以持守，可以得到大安定、大榮耀，是積聚美善的根源。不以正道加以持守，就會遭到大危險、大害累，有它還不如沒有。等到最危困的時候，就連想做個一般人也沒辦法，像齊湣王、宋君偃就是。

## 名句的故事

齊湣王貪婪驕橫，倚仗國力強盛，無故侵犯鄰國，終於引來燕、趙、秦、韓、魏等五國聯

軍的攻擊。齊湣王倉皇逃到衛國。他在衛國的日子原本過得還不錯，但因為態度驕縱，引起衛國人的不滿，逼得齊湣王再次出逃，但鄒國、魯國都不願接納他，最後逃回齊國莒縣。他向楚國求救，前來的楚將淖齒意圖和燕國瓜分齊國的土地，所以虐殺了齊湣王，死狀甚慘。

宋君偃殘暴自大，曾經把血裝在皮革做成的袋子裡，懸掛起來，用箭去射它，誇稱為「射天」。曾出兵攻打齊國、楚國、魏國等地，而和各國諸侯結下梁子，又奴役全國百姓，世人稱之為「桀宋」，意思是說他的行事作風像夏朝的暴君——桀。後來，齊湣王與魏國、楚國聯手消滅了宋君偃，並瓜分了宋國的土地。

荀子看到齊湣王、宋君偃這些人，掌握國家的資源，擁有君主的權勢，卻仍然不滿足。非但不好好經營國家，反而一意擴充領土，終於招致禍端。當他們在面臨死亡時，恐怕心裡想的就是荀子所說的「有之不如無之」、「索為匹夫不可得也」。相反地，堯、舜等賢君，妥善運用國家資源，為人民謀福利，使後世傳頌不絕，所以國家之用、君主之勢，可以「大安」、「大榮」，也可能「大危」、「大累」，端看是否能持守正道。

## 歷久彌新說名句

清朝的黃宗羲寫過一篇文章〈原君〉，旨在討論君主制度的源起。他說：「有人者出，不以一己之利為利，而使天下受其利，不以一己之害為害，而使天下釋其害。」意指國君本當以為天下興利除害為己任。後來的國君反而以「天下之利盡歸於己，以天下之害盡歸於人」，不僅不能興利除害，反而以天下之大害，成就一人之大利。

事實上，君主應是國家資源的分配者，而非國家資源的擁有者。君主應放下個人私利的考量，而謀求國家資源的合理分配及有效利用。誠如孫中山先生所說的：「人能盡其才，地能盡其利，物能盡其用，貨能暢其流。」否則人民只需「日出而作，日入而息」，又何必擁立君主來剝奪他們的資源?可惜世人見不及此，一旦成為國君，就以為自己是國家的主人，以為國家的資源都應該為己所用。一味壓榨百姓，以供個人享樂，終而使忍無可忍的百姓起而反抗。縱使百姓願意忍受國君的剝削，也難免會引起有心人士眼紅，進而奪取其權位。無論是哪一種情況，或報在自身，或報在子孫，幾乎都逃不過身死族滅的下場。

在民主社會中，國家資源的分配已經法制化，而統治者的輪替也已是常態，不過把國家資源當成個人財產的統治者，還是屢見不鮮。很多時候，統治者的輪替只是換個不同的壓榨者而已。這是因為面對龐大的國家資源，單靠統治者的個人操守是不可信的，只有確立司法的獨立性，使其成為監督統治者的力量，才能使統治者不敢再為非作歹，也才能使人民得到最大的利益。

# 無國而不有美俗，無國而不有惡俗

## 名句的誕生

無國而不有治法，無國而不有亂法；無國而不有賢士，無國而不有罷士[1]；無國而不有愿民[2]，無國而不有悍民[3]；無國而不有美俗，無國而不有惡俗。兩者竝行而國在，上偏[4]而國安，在下偏而國危；上一而王，下一而亡。

～〈王霸篇〉

## 完全讀懂名句

1. 罷士：道德低下的士人。
2. 愿民：恭謹的人民。
3. 悍民：蠻橫的人民。
4. 上偏：偏重上等，即治法、賢士、愿民、美俗等。下偏則是亂法、罷士、悍民、惡俗等。

語譯：沒有一個國家完全沒有合於事理的法律制度，也沒有一個國家完全沒有悖亂事理的法律制度；沒有一個國家完全沒有才能傑出的士人，也沒有一個國家完全沒有道德低下的士人；沒有一個國家完全沒有恭謹的人民，也沒有一個國家完全沒有蠻橫的人民；沒有一個國家完全沒有好的風俗習慣，也沒有一個國家完全沒有不好的風俗習慣。好壞兩類並行的國家可以存在，偏重上等的國家可以安定，偏行下等國家就會危殆；完全是上等的國家可以稱王，完全是下等的國家就會滅亡。

## 名句的故事

以活人殉葬被視為野蠻的行為，但在號稱文

明已開的春秋戰國時代仍有這類事情發生。近年出土的戰國曾侯乙墓就發現多名殉葬的少女，年齡大約是在十三歲到二十五歲之間，除此之外，連小狗也成了殉葬的犧牲品。

曾侯乙並不是特例，春秋時，秦穆公死後也曾以一百七十七個活人殉葬。其中還包括了三個賢良的臣子——車奄息、車仲行、車針虎。車奄息、車仲行、車針虎是百里孟明所推薦的賢士，人稱「車家三良」。秦穆公生前和三位賢士共飲，酒酣耳熱之際，秦穆公說：「生共此樂，死共此哀。」意思是彼此生死與共。三人原以為這不過是秦穆公真情的流露，也就答應了他。沒想到秦穆公一死，他的後人竟要三人兌現這個諾言，一同殉葬。據見到這次事件的人描述，當時的情形是「臨其穴，惴惴其栗」，儘管三人嚇得渾身發抖，仍被殘忍地丟入墓穴中。

歷史上不曾記載曾侯乙的生平，以活人殉葬一事，或許也沒有引起太大的波瀾。不過秦穆公以活人殉葬一事，卻引發國人的憤慨。他們作了《黃鳥》一詩，哀悼三位慘死的賢士，並批判秦王的殘暴。他們說：「彼蒼者天，殲我良人；如可贖兮，人百其身！」意思是，上天啊，為什麼把這麼善良的人給殉葬了？如果可以贖命，我們寧願出一百條命將他們換回來！由此可見，秦國人並不認同此種作法。換言之，秦國國君雖然為惡，卻未因此而成「惡俗」。可以肯定的是，所有的秦國國君若是全部學習這種以賢士殉葬的作法，秦國絕不可能有日後的富強。

## 歷久彌新說名句

《左傳》上說：「國之大事，在祀與戎。」莊子也說：「死生亦大矣！」國人一向把死亡看成大事，因此相當重視喪葬的禮制。曾子說：「慎終追遠，民德歸厚矣！」重視喪葬的禮制，源於對先人恩德的感念，代表著不忘本的精神，所以有其正面的意義。

活人殉葬或許源自葬禮中的「陪葬」風俗。人們相信死後有另一個世界，於是把各種器物放入墓室中，以供死者在另一個世界使用。不過人們認為死者在另一個世界也需要有人服侍，於是把「俑」或「活人」也當作陪葬品。「俑」是一種木製或陶製的人形塑像。在握有權力者的眼中，「俑」只是「人」的「代替品」，而「代替品」終究不如「真品」，因此，即使「俑」可以隨葬，但還是不時有活人殉葬的情形發生。例如明成祖朱棣死時，便挑了三十多名後宮嬪妃殉葬。儘管這些年輕女孩萬般哭求，但還是被繼位的明仁宗朱高熾活活吊死，扔進朱棣埋骨的「定陵」中。

孔子曾說：「始作俑者，其無後乎！」詛咒第一個發明「俑」的人將沒有後代。仁聖的孔子很少以這麼激烈的言語批評他人，但他知道，只要有「俑」，就一定會有活人殉葬的事發生，因為握有權力者往往會用他人的死亡來展現自己足以支配生死的最高權力。孔子就是看到這一點，於是大加撻伐，並以強烈的詛咒希望這類事情不要再發生。

人們因為不甘白白死去，而試圖從人世帶走支配物品乃至生命的權力，於是有了陪葬的風俗。然而，生命的價值不在於「帶走」什麼，而在於「留下」什麼。許多君王以大量珠寶陪葬，因而成了盜墓者覬覦的對象。相反地，有些藝術家及收藏家死前捐出大量的藝術品，反而使他們的名聲永垂不朽，他們才真正是「雖死猶生」。

# 取人之道，參之以禮；用人之法，禁之以等

## 名句的誕生

故古之人為之不然，其取人有道，其用人有法。取人之道，參之以禮；用人之法，禁之以等[1]。行義動靜[2]，度之以禮；知慮取舍，稽之以成[3]；日月積久，校之以功[4]。故卑不得以臨尊，輕不得以縣重[5]，愚不得以謀知，是以萬舉不過[6]也。

～〈君道篇〉

## 完全讀懂名句

1. 禁之以等：用等級來加以限制。
2. 行義動靜：指一切舉動。義：通「儀」。
3. 稽之以成：用成果來加以稽查。
4. 校之以功：用功效來加以考核。
5. 卑不得以臨尊，輕不得以縣重：卑賤的人無法凌駕尊貴的人，輕的東西不能懸繫重的東西。
6. 萬舉：諸多措施。

語譯：古人卻不如此，他們選取人才會依循道理，任用人才會遵守法度。選取人才的道理，是用禮法來加以參驗；任用人才的方法，是用等級來加以限制。一切舉止行動，都用禮制來加以規範；一切智慮取捨，都用成效來加以稽查；累積時日，用功效來加以考核。所以卑賤的人無法凌駕尊貴的人，輕的東西不能懸繫重的東西，愚笨的人不能代替聰敏的人出謀畫策，所以諸多措施都不會有失誤。

## 名句的故事

許多統治者知道任用賢才，甚至願意把治理國家的重責大任交給心中的賢才，但結果卻是身死國亡。燕王噲就是一例。

燕王噲任用子之為燕國丞相，因為子之做事果斷，又善於監督部屬，所以得到燕王的賞識。但子之仍感不足，一心想要篡奪王位。燕王噲即位後第三年，子之派人告訴燕王說：「從前堯帝把天下讓給賢人許由，許由不肯接受。堯帝並未失去王位，但是卻享有讓賢的美名。現在的丞相子之也是賢人，您若是把王位讓給他，他一定不會接受。如此一來，您不是也能夠像堯帝一樣享有美名嗎？」燕王聽信了這些話，於是就宣布把王位讓給子之。沒想到子之竟然厚著臉皮接受了，燕王就這麼糊里糊塗地失掉了王位。太子姬平對此大感不滿，發動政變，兵敗被殺。燕國的內亂削弱了國力，也引來齊國的大舉進攻，燕王噲和子之被殺。同時，中山國也趁機占領燕國的部分領土。幸虧燕國軍民奮力抵抗，再加上其他諸侯國的干涉，燕國才不致滅亡。

子之確實是個有能力的人才，而燕王噲也確實能夠重用他，不過燕國並未因此富強，反而發生了動亂。這不僅是因為燕王噲未能確實考核子之的品行，也是因為他不能依照禮制而違背常情以求取名聲。如果燕王能夠了解荀子「取人之道，參之以禮；用人之法，禁之以等」的道理，相信就不會犯下那種天大的錯誤了。

## 歷久彌新說名句

選拔人才是門學問。才德兼備的大賢人畢竟是少數，更常見的是才高德薄的「能人」，或是德高才薄的「好人」。德高才薄的人成不了大事，所以許多人不喜歡「好人」，而喜歡「能人」。

三國時的曹操在掌握大權之後，深感人才不足，於是在建安十五年、十九年、二十二年分別頒布了三次〈求賢令〉，強調自己任用人才的標準是依個人的能力而非個人的操守。他列舉了許多道德不佳卻對國家有極大貢獻的人，來佐證自己的論點，例如奢侈的管仲、和嫂子通姦的陳平、不守信用的蘇秦等。

頒布〈求賢令〉以後，曹操確實招攬了不少人才，他曾列舉手下能人：「荀彧、荀攸、郭嘉、程昱，機深智遠，雖蕭何、陳平不及也。張遼、許褚、李典、樂進，勇不可當，雖岑彭、馬武不及也。呂虔、滿寵為從事，于禁、徐晃為先鋒；夏侯惇天下奇才，曹子孝世間福將。」

曹操的能人名單裡並未提到司馬懿，但司馬懿卻是曹操手下中能力最強的。他的才智不僅能與蜀漢的諸葛亮相抗衡，甚至勝過整個曹氏家族，所以到最後司馬氏取代了曹氏，吞併了整個天下。

曹操那不計操守、只問才能的作法造成的結果，不只是丟掉了曹家的江山，更敗壞了後世的社會風氣。殘暴、淫亂等事件層出不窮，充斥在魏晉南北朝三百多年的歷史之中，受害的人不計其數。

「能人」的能力固然可以成大事，但也可以成大惡，反不如「好人」一切依法制行事，尚能維持相當程度的秩序。荀子說：「取人之道，參之以禮。」合禮的不見得是「能人」，但往往是「好人」。從這句話裡可以看出荀子的用人哲學。

# 通忠之順，權險之平，禍亂之從聲

## 名句的誕生

通忠之順，權險之平，禍亂之從聲，三者非明主莫之能知也。

～〈臣道篇〉

## 完全讀懂名句

語譯：實踐忠誠，而達到順從事理；衡量險阻，而達到如履坦途；禍亂國家，而達到聲勢浩大；這三者，不是明主就不可能曉得。

## 名句的故事

荀子從另一個角度提出四個為臣之道。一是「諫」，即規勸，如商朝的伊尹、箕子；二是「爭」，即力爭，如比干、伍子胥對紂王的諍言；三是「輔」，即輔佐，如平原君輔佐趙惠文王和趙孝成王；四是「拂」，即矯正，如信陵君矯正自己的哥哥魏安釐王的過失。諫、爭、輔、拂等四類的臣屬，是國家的重臣、君王的寶物，是聖明的君王所尊崇與厚待的。因為這四類的臣屬是秉持「遵從道義，不遵從君上」的道理行事。

就做為一個臣子而言，事奉聖明的君王，只有聽從，沒有爭辯；事奉中等的君王，要能規勸，不可阿諛諂媚；事奉暴戾的君王，要能補足其削奪之處，卻不要去糾正他。因此「順從」是做為一個臣子很重要的人格特質。

荀子又認為，恭敬而不順從者，這種人沒有忠誠可言；忠誠卻不順從者，這種人無法為國建功；有功勳卻不順從者，這種人必定缺少德行。所以「忠誠」是臣子另一個重要的人格特質。

忠誠亦可分為四種：「大忠」就是讓君王實施德政，例如周公之於周成王；「次忠」就是用道德輔佐君王，例如管仲之於齊桓公；「下忠」就是用諍言來鼓勵君王，例如伍子胥之於夫差；「國賊」就是樹黨營私、不顧君王榮辱與國家安危，例如曹觸龍之於紂王。可見「忠誠」、「順從」是用來化解治理國家的阻礙。

## 歷久彌新說名句

西漢劉向在其《說苑》中對觸龍有另一個記載，指觸龍是夏桀的寵臣，為人「諂諛不止」。有次，魯哀公問孔子：「聽說以前有個健忘的人，搬家時竟忘了自己的妻子，有這麼一件事情嗎？」孔子回答道：「這不算什麼，最健忘的人是連自己都給忘記了。從前夏朝的最後一個國君名叫桀，整天沉溺於酒色中，不理國家大事。夏桀的身邊有個佞臣叫作觸龍，只會逢迎諂媚，不知勸諫君王。所以夏桀最後被殺死時，觸龍也被處死。觸龍才是最健忘的人，連自己都忘記了。」魯哀公聽完後，一時間滿臉通紅。劉向透過孔子講故事，觸龍這個「國賊」的角色更加鮮明了。

我們再看另一個被喻為中國歷史上第一個因直言極諫而死的名臣，就是夏桀的大臣關龍逢。大多數對關龍逢的記載，都是指他因為規諫夏桀而死，比較有稍多一點說法的是《尚書》的記載：「關龍逢引皇圖而諫，桀殺之。」

所謂的「皇圖」是夏桀剛即位時，有滿腔勵精圖治的熱血，請人畫出歷代聖明君主的圖像，用來勉勵自己。創建夏朝的是大禹的兒子啟，也就是夏朝的第一任皇帝，傳到桀，是夏朝第十七任君王。也就是說，夏桀登基前，國家已經有好幾百年穩固的基礎，在政權穩定之下，夏桀也逐漸怠於吏治，沉溺於酒色。

關龍逢是夏朝大臣，對夏桀的荒唐行徑，實在看不下去。因此，他捧著畫有夏朝歷代明君的「皇圖」，向夏桀進諫。對暴君進諫，根本就是玩火，關龍逢果真就被夏桀給殺掉了。

# 知莫大乎棄疑，行莫大乎無過，事莫大乎無悔

## 名句的誕生

孝成王[1]、臨武君[2]曰：「善！請問為將？」孫卿子曰：「知莫大乎棄疑，行莫大乎無過，事莫大乎無悔。事至無悔而止矣，成不可必也。」

～〈議兵篇〉

## 完全讀懂名句

1. 孝成王：晉大夫趙夙之後，趙簡子十世孫，惠文王之子，名丹。在位二十一年。
2. 臨武君：楚將，不知其名。

語譯：孝成王和臨武君說：「很好！請問為將的道理？」孫卿子說：「智慧最重要在於拋棄疑惑，行為最重要在於沒有過錯，事情最重要在於沒有悔恨。事情能做到沒有悔恨就是最好的了，至於成功，倒是不一定可以得到的。」

## 名句的故事

怎麼樣才算是好的將軍，荀子認為不一定要打勝仗才是好將軍，好的將軍要做到六術、五權、三至，還要能夠恭敬而不懈怠，這就是所謂的將才了。

什麼是六術？發布號令要嚴明而有威嚴，施行賞罰要分明而公正，營地財務要周全而堅固，進軍退兵要安穩而快速，窺伺敵情要清晰而深入，發動決戰時要肯定而不能疑惑。

什麼是五權？將領不要為了想要權位而厭惡

被罷黜，不要為了急於求勝而忘了失敗的可能，不要對內嚴厲而對外輕慢，不要只見其利不見其害，處理事情要精細而用度要寬裕。

什麼是三至？不處於不穩固的地位，不攻擊不能得勝的敵人，不欺詐百姓，這是三種寧死也要堅守的至道。

什麼是恭敬而不懈怠？在用計時要謹慎，在做事時要謹慎，在用人時要謹慎，在蒞眾時要謹慎，在對敵時要謹慎。

荀子提出的將領條件中並沒有「每戰必勝」這一項。因為戰場瞬息萬變，就算是最高明的將領往往也不敢保證戰事的勝利與否。世人常說：「知己知彼，百戰百勝。」其實《孫子兵法》裡的原文是：「知己知彼，百戰不殆。」「不殆」只是不致陷入危險而已，並不一定是勝利。善於作戰的將領除了要懂得進攻的道理，也要懂得撤退的方法，唯有如此，才能做到荀子「事至無悔而止」的境界。

## 歷久彌新說名句

荀子說：「知莫大乎棄疑。」拋棄疑惑並不是對可能發生的難題視而不見，而是在詳細分析敵我軍情後的必然結果。孫子說：「善戰者，先立于不敗之地，而不失敵之敗也。」又說：「勝兵先勝，而後求戰。」既然己方已經先立於不敗之地了，又有什麼好疑惑的呢？

從前漢高祖劉邦要攻打魏國，先問魏國的大將是誰。聽說是柏直，他笑說：「他只是個乳臭未乾的小子罷了，怎麼能夠抵擋我軍的大將韓信呢？」又問騎將是誰。聽說是馮敬，他想了一想，說：「他雖然還算賢能，但是不能抵擋我軍的灌嬰。」又問步將是誰。聽說是項它，他說：「他抵擋不了我軍的曹參。」經此分析，劉邦已知己方必勝，於是一舉擊敗魏國，生擒魏王豹。

雖有疑惑，而仍然堅持出兵的情況不是沒有，且往往會落得比戰敗更慘的下場，像美國打越戰時就是如此。

美國前白宮國家安全顧問季辛吉曾經評論越戰：「美國於越戰自始至終沒有清楚地界定自己的目的，也沒有確定該用何種手段達到目的。」之所以如此，是因為美國連宣戰的對象都不肯定。

美國以遏止共黨勢力在全球擴散為藉口，進軍越南，以協助南越軍在十七度線以南地區剿共。但美國表明了不願摧毀北越政權的立場，所以並未向北越宣戰。又不承認南越的共黨組織與軍隊，所以也不能算是向南越的越共宣戰。甚至於為了防止核子大戰的發生，美國也盡量避免激怒中共及蘇聯。越戰就在不知敵人是誰的情況下開打了，而其實連越南本身也不歡迎美軍。

在這場戰爭裡，美國軍方總共投入九百萬以上的人力，耗費美國政府兩千五百億美元以上的金錢，美軍與盟軍共有五萬八千多人喪生。越戰加劇了美國國內的種族問題、民權問題，使國家處於極度的分裂狀態，使人民心裡的傷口久久不能癒合。荀子說：「事莫大於無悔。」對參與越戰的美軍而言，則是：「過莫大於悔之已晚。」

# 人之命在天，國之命在禮

## 名句的誕生

彼國者亦有砥厲[1]，禮義節奏是也。故人之命在天，國之命在禮。人君者，隆禮尊賢而王，重法愛民而霸，好利多詐而危，權謀傾覆幽險[2]而亡。

～〈彊國篇〉

## 完全讀懂名句

1. 砥厲：砥、礪，都指磨刀石。厲：通「礪」。
2. 幽險：陰險難測。

語譯：一個國家也要有磨刀石一樣的東西，那就是禮義的規律。個人的壽命在於自然，國家的壽命在於禮義。君主能夠尊崇禮義、尊重賢人就能稱王，重視法制、愛惜人民就能稱霸，愛好利益、多行詐術就會危險，好用權謀、陰險難測的就會傾覆滅亡。

## 名句的故事

儒家是重視「禮」的學派，尤以荀子為最。荀子論禮，不只是日常生活上的種種規範，舉凡治理國家、修養身心等，無一不包括在禮的意義中。簡單來說，禮就是一切準則的統稱。

「禮」的作用有三：一是分辨，二是供應，三是節制。

雖說人人生而平等，但非生而相同。按照每個人的才能與特性，把不同的人安排在適當的位置，才能讓每個人都發揮所長。分辨每個人的不同，這是禮的第一個作用。

人人都有需求，但世間資源有限，合理的分配才能使眾人的需求得到滿足，而不會流於爭奪。同時，把較多的資源分配給那些對社會有貢獻的人，也足以提供社會進步的動力。供應每個人的需求，這是禮的第二個作用。

人有七情六欲，適當地抒發，這是人之常情，但是過度就會招致災禍。如周人皋魚喪母，因過度哀痛而死。其情可憫，其事不可學。喪禮的存在可抒發人心的悲傷而不致過度。節制每個人的情感或欲望，這是禮的第三個作用。

儀節本身不是禮的全部。儀節是為了讓禮的作用得到充分的發揮。少了分辨的作用，道德就無法實踐；少了供應的作用，經濟就無法發展；少了節制的作用，秩序就無法建立。所以禮的作用得不到發揮，國家就會危殆，甚至滅亡，所以荀子說：「國之命在禮。」

## 歷久彌新說名句

人們往往將不可知的命運歸之於天，稱為「天命」。對於天，古代的學者有兩類看法。第一類看法認為天是有意志的，可以施行賞罰的，如《尚書》說「皇天無親，惟德是輔」，孔子也說「獲罪於天，無所禱也」，這類論點都把天看成是有意志的。第二類看法認為天是沒有意志的，人的吉凶並非來自天的賞罰，荀子抱持的就是這種看法。

荀子說：「天能生物，不能辨物；地能載人，不能治人也。」天地會提供人們生活之所需，但不會因為人們的作為而降下禍福。

不過，荀子又說：「人之命在天。」這種看法並不會和前一種看法產生矛盾，因為天地固然不會因為人們的作為而降下禍福，但是人們的作為是否順應天地，卻是禍福吉凶的關鍵。

冬天播種，是逆天行事，再怎麼樣也不會有好的收成，順天的話，就應該「春耕夏耘秋收冬藏」。

齊國有一個姓國的富商，他曾經說過他的致富之道在於：「吾善為盜。」他盜的是天時，是地利，所以能夠創造財富。在荀子的學說裡，這就叫作制天用天。

荀子說：「大天而思之，孰與物畜而制之；從天而頌之，孰與制天命而用之。」意思是說，與其歌頌上天的偉大，倒不如去思考如何運用上天所賦予的資源。反過來說，遭遇逆境時，也無須埋怨上天，只須思考如何從逆境中突圍而出。

明白了「人之命在天」的道理，就可以更加明瞭「國之命在禮」的意義。個人的命運在於制天用天是否得宜，國家的命運則在於制禮用禮是否恰當。禮包含了法。當國家惡法林立，國中上下都把禮法視如無物，國家的命運豈不是很危險嗎？

# 天有常道矣，地有常數矣，君子有常體矣

## 名句的誕生

天不為人之惡寒也輟冬，地不為人之惡遼遠也輟廣，君子不為小人匈匈[1]也輟行。天有常道矣，地有常數[2]矣，君子有常體[3]矣。君子道[4]其常，而小人計其功。《詩》曰：「何恤人之言兮。」[5]此之謂也。

～〈天論篇〉

## 完全讀懂名句

1. 匈匈：喧擾、喧嘩的聲音。也作「詾詾」。
2. 常數：不變的法則。
3. 常體：不變的準則。通常指行為而言。
4. 道：遵從。
5. 何恤人之言兮：所引為《詩經》的逸詩。意謂遵從自己的行為準則，就不必畏人之言。

語譯：天不因為人厭惡寒冷就停止冬天，地不因為人厭惡遼遠就停止廣大，君子不因為小人喧擾不休就停止行事。天有它不變的運行，地有它不變的法則，君子有他不變的行為準則。君子遵從不變的行為準則，而小人則計較一時的功利。《詩經》云：「何必在乎別人說什麼呢？」說的就是這個道理。

## 名句的故事

孔子曾經盛讚弟子顏回說：「賢哉回也！一簞食，一瓢飲，在陋巷，人不堪其憂，回也不改其樂。賢哉回也！」（《論語．雍也》）認為顏回雖然居住在陋巷裡，生活清苦，可是仍然

不改變行事的原則，樂在其中，志節十分高尚，與孔子「飯疏食飲水，曲肱而枕之，樂亦在其中矣。不義而富且貴，於我如浮雲」（《論語．述而》）的處世原則相符，因此，格外受到孔子的欣賞。孔子認為：「富與貴，是人之所欲也，不以其道得之，不處也。貧與賤，是人之所惡也，不以其道得之，不去也。君子去仁，惡乎成名？君子無終食之間違仁，造次必於是，顛沛必於是。」（《論語．里仁》）可見君子行事秉持不變的原則，絕不因外在環境而有所改變；但小人則不同，小人所計較的是個人的利害得失、禍福存亡，故孔子說：「君子懷德，小人懷土。君子懷刑，小人懷惠。」（《論語．里仁》）因為君子想著的是如何增進道德、遵行法度，而小人想著的卻是如何置產、獲利，因此君子總是坦蕩蕩，而小人卻是惶憂不安。

東晉陶淵明雖然幾度因為親老家貧而先後出任州祭酒、鎮軍參軍、建威參軍等小官，不過，最後都因與志趣不合而離職。東晉安帝義熙元年（西元四〇五年），陶淵明再次因為家貧，而出任彭澤縣令，有一次，郡太守派了一名督郵到彭澤縣督察，這名督郵品位雖低，卻有些權勢，為人粗俗而又傲慢，當他抵達彭澤縣時，便命縣吏去叫縣令陶淵明來見他，陶淵明正要動身時，縣吏卻又說：「參見督郵要穿官服，並且束上大帶，不然有失體統。」陶淵明聽了，嘆聲說道：「我不能為五斗米折腰，拳拳事鄉里小人。」說罷毅然辭官，僅在職八十多日，此後二十多年隱居山林，躬耕田園，即使貧病交迫，也不曾再出仕為官了。

## 歷久彌新說名句

楚莊王宰相孫叔敖，年少時外出遊玩，碰見了兩頭蛇，就把牠打死並掩埋。回家後看到母親便哭了起來，母親問他哭泣的原因，他回答說：「傳說兩頭蛇是不祥之物，人見到牠便會死於非命。我今天遊玩時不巧見到了牠。」他母親問：「現在蛇在哪裡？」他回答道：「我恐怕別人再碰見這個不祥之物，與我遭遇相同的不幸，所以將牠殺死並埋葬了。」他母親聽了就安慰他：「你不會死的，因為積陰德的人一定會得到善報的。德行可以戰勝不祥，仁義可以免除百禍，《尚書》上說：『上天對人無親疏可言，唯對有德行的人才加以輔助。』你不用擔心，將來你一定會振興楚國的。」（《列女傳》卷三〈仁智傳〉）

人對天象茫昧無知時，總是心存畏敬，尤其在信巫的年代裡，更是凡事必占必卜於神祇。年幼的孫叔敖遇見不祥的兩頭蛇，以為必死無疑，可見民間傳說深入民心，影響巨大，幸好孫叔敖的母親十分明理，不但安慰了他，同時也鼓勵了他的善行。

齊景公三十二年，有慧星出現。景公坐在柏寢臺上，嘆息道：「有慧星出現，必定會有國家滅亡。我恐怕德薄，不能久享齊國呀！」群臣聽了，都哀傷得哭了起來，只有晏子笑了，景公非常生氣。晏子說：「我是笑大家未免太過阿諛奉承了。」景公說：「慧星在天空的東北方出現，那正是齊國的地方，我很擔心這件事啊！」晏子說：「您身居高臺深池內，只要不加重賦稅，刑罰就不會降臨。慧星又有什麼好害怕的呢？」景公問：「能透過祈禱來消除災禍嗎？」晏子回答：「如果祈禱可以把神招來，那麼祈禱當然也可以把神趕走。心懷怨恨的百姓數以萬計，就憑您一個人的祈禱，怎麼能勝過那麼多人的詛咒呢？」當時，景公喜好修建宮殿，聲色犬馬，生活極其奢侈，而對百姓則是賦稅繁重、刑法苛刻，因此晏子就利用這件事來勸諫景公。（《史記》卷三十二〈齊太公世家〉）

慧星出現，齊景公擔心國祚不久，已是十分不智；而群臣的一致附和，更是愚不可及。然而晏子一句「慧星又有什麼好害怕的」，是不是就真能點醒齊景公，讓他明白「天有常道，地有常數」的道理呢？其實是不能夠的，因為齊景公還以為透過祭祀祈禱就可以消除災禍，最後晏子只好順著齊景公的心思，藉機進行勸諫，為百姓請命了。

# 在物者莫明於珠玉，在人者莫明於禮義

## 名句的誕生

在天者莫明於日月，在地者莫明於水火，在物者莫明於珠玉，在人者莫明於禮義。故日月不高，則光暉[1]不赫[2]；水火不積，則暉潤不博；珠玉不睹[3]乎外，則王公不以為寶；禮義不加於國家，則功名不白[4]。故人之命在天，國之命在禮。君人者，隆禮尊賢而王[5]，重法愛民而霸，好利多詐而危，權謀傾覆[6]幽險[7]而盡亡矣。

～〈天論篇〉

## 完全讀懂名句

1. 暉：明也，光彩照耀，同「輝」、「煇」。
2. 赫：音ㄏㄜˋ，火紅的樣子。
3. 睹：見、視，同「覩」。
4. 白：彰顯。
5. 王：音ㄨㄤˋ，成就王業。
6. 傾覆：覆滅。
7. 幽險：深沉難測。

語譯：在天上的沒有比日月更光明的，在地上的沒有比水火更光明的，事物沒有比珠玉更光明的，而人沒有比遵守禮義更光明的。所以，日月如果不高懸，光輝就不明亮；水火如果不蘊積，光輝潤澤就不夠博大；珠玉如果不顯著於外，王公就不以為寶貴；國家如果沒有禮義，功業名聲就不彰顯。因此，人的壽命在於自然的天命，國家的壽命則在禮義是否奉行。身為國君，只要能夠尊崇禮義、敬重賢人，就可以成就王業；重視法制、愛護人民，就可以完成霸業；如果喜好利益、多行狡詐就會危險；權謀覆滅，深沉難測，就會滅亡。

## 名句的故事

楚國人和氏在楚山中找到一塊璞玉，將它奉獻給楚厲王，厲王命雕琢玉石的工匠來鑑定，玉匠卻說：「這是一塊石頭。」厲王認為和氏欺騙，便判他刖（音ㄩㄝˋ）刑，將他的左腳砍斷。等到厲王去世，武王繼位後，和氏又將那塊璞玉獻給武王，武王命玉匠鑑定，玉匠又說：「只是一塊石頭。」武王也認為和氏欺騙，仍判處刖刑，命人將他的右腳砍斷。武王去世，文王繼位後，和氏抱著那塊璞玉在楚山下痛哭，哭了三天三夜，眼淚流完了，接著流出血來。文王知道了以後，派人問他說：「天下被判處刖刑而砍斷腳的人很多，你為什麼哭得那麼悲傷呢？」和氏回答：「我不是因為腳被砍斷而悲傷，是因為寶玉被看成石頭而悲傷。誠信的君子卻被說成是騙子，這是我悲傷痛哭的緣故呀！」文王於是命玉匠鑿開璞玉，果然是一塊美玉，經過細心雕琢後，就取名為「和氏之璧」。（《韓非子》卷四〈和氏〉）

和氏發現璞玉，卻被當成普通的石頭，一再受到嚴厲的處罰，所受的冤屈實在很大；然而明明是塊美玉，只因未經雕琢，世人就不知道它的價值，果然「珠玉不睹乎外，則王公不以為寶」，可見世上真正具有價值的事物，往往不是世俗眼光可以評斷的。

## 歷久彌新說名句

荀子說：「國之命在禮。」認為國祚的長短在於國家是否奉行禮義，而孟子也說：「上無禮，下無學，賊民興，喪無日矣。」（《孟子．離婁上》）更明白指出：國君如果不明白禮義，臣子不學習法度，那麼亂民就會趁機興起，而國家滅亡也就近在眼前了。由於可見，國家是否遵禮行義，對於政事的施為，人民的教化，有很深刻的影響力。如果不能遵禮行義，凡事沒有法度、道義，那麼民心自然傾向狡詐好利，以致權謀覆亡了。

有一次，齊景公與眾臣飲酒，喝得正高興的時候，景公對大家說：「今天想和大家盡情暢飲，請不要拘束君臣的禮節。」晏子一聽變了臉色，嚴肅地對景公說：「您這話就不對了。眾臣本來就希望您最好不拘尊卑禮節，這樣強壯的人就可以憑力氣來克制長輩，膽大妄為的人就可以藉機殺害君王；如果遵照禮教就不會這麼做了。所謂禽獸就是憑武力來稱霸，勢力強的侵略勢力弱的，所以時常更換首領。現在您摒棄禮義，就是想依循禽獸的作法了。如果做臣子可以憑武力取得政權、勢力大的隨時可以侵略勢力小的，時常更換國君，那麼您又如何能做君王呢？人之所以比禽獸高貴，就是因為人奉行禮義，所以《詩經》上說：『人而無禮，胡不遄死？』可見禮義是不可廢棄呀！」但是景公卻背轉身子，不願聽從晏子的勸告。過了一會兒，景公起身出去，晏子不按禮起立躬送；等景公進來時，也不按禮起立躬迎；舉杯相互敬酒時，晏子又違禮先喝。景公非常生氣，變了臉色，兩手撐按几桌，怒目而視地對晏子說：「剛才你對我說，不講禮義不行，可是你卻處處違背應有的禮節，這樣對嗎？」晏子於是站起來，離開座位，向景公行稽首大禮，然後說：「現在您知道如果不要禮義，剛才我的舉動就是實例了。」景公悔悟地說：「確實是我的不對啊！」（《晏子春秋》卷一〈內篇諫上第一〉）

齊景公與眾臣盡情喝酒之際而得意忘形，以為拋棄禮義的束縛，會讓君臣更和樂，殊不知禮義一廢，君臣之間無分際，君若無法御臣，臣則敢犯上作亂，國家便不安寧，因此，禮義不可須臾廢離。晏子明白景公單純逸樂的想法，所以大膽做出無禮的舉動來點醒景公，果然使景公覺悟而認錯，從此不敢輕易廢棄禮義。

# 有後而無先，則群衆無門；有詘而無信，則貴賤不分

## 名句的誕生

萬物為道一偏[1]，一物為萬物一偏，愚者為一物一偏，而自以為知道，無知也。慎子[2]有見於後，無見於先。老子有見於詘[3]，無見於信[4]。墨子有見於齊，無見於畸[5]。宋子[6]有見於少，無見於多。有後而無先，則群眾無門；有詘而無信，則貴賤不分。有齊而無畸，則政令不施；有少而無多，則群眾不化。《書》[7]曰：「無有作好，遵王之道。無有作惡，遵王之路。」此之謂也。

～〈天論篇〉

## 完全讀懂名句

1. 一偏：一隅、一部分。
2. 慎子：戰國時期趙國人，主張「賢不足以服不肖，而勢位足以屈賢矣。」（《慎子・威德》）
3. 詘：音ㄑㄩ，同「屈」，屈抑。
4. 信：假借為「伸」，伸展。
5. 畸：音ㄐㄧ，不整齊。
6. 宋子：即宋鈃，戰國齊宣王時人，主張欲寡。
7. 書：指《尚書・洪範》。

語譯：萬物是道的一部分，一物又是萬物的一部分，愚笨的人又是一物的一部分，而他卻自以為了解道，這真是無知啊！慎到的主張有見於在後的威勢，卻不見於在先的尚賢；老子的主張有見於柔弱的屈抑，卻不見於剛強的伸展；墨子的主張有見於由上而下的統一，卻不

見於天生不平等的不統一；宋鈃的主張有見於欲少，卻不見於欲多。只有在後的威勢卻不重視在先的尚賢，那麼一般民眾就會失去行事的準則；只強調屈抑卻不知伸展，那麼貴賤就沒有分別。只見齊同卻不見不齊，那麼政令就無所施設而制裁；以為欲少卻無欲多，就無法激勵、勸誘人民為善而實施教化。《尚書》云：「不要有偏好，遵循王者之道。不要有偏惡，遵循王者之路。」說的就是這個道理。

## 名句的故事

戰國時期，百家爭鳴，各種學說紛起，燦然可觀，然而各家因立場論述各異，彼此互相批評的情形也十分普遍。

趙國人慎到認為國君能夠任勢，就可以治理天下，他用飛龍乘雲，來比喻勢的重要，「飛龍乘雲，騰蛇遊霧，雲罷，霧霽，而龍蛇與螾螘同矣，則失其所乘也」（《韓非子．難勢》）。君王如果能乘勢，就可以輕鬆統治國家，因為「賢智未足以服眾，而勢位足以屈賢者也」（《韓非子．難勢》）。由於慎到的思想本於黃老之術，但是他卻反對尚賢，因此莊子批評他：「不需要聖賢，連土塊也不會失去大道，哪裡是一般人能夠做到的呢？」（《莊子．天下》）所以荀子才說他「有見於後，無見於先」。

楚國人李耳主張柔弱勝剛強；但荀子以為過於偏頗，因為剛強也有它的好處。墨翟主張「兼愛」，以為「天下兼相愛則治，交相惡則亂」（《墨子．兼愛上》），又主張「尚同」，即推崇上自天子，下至鄉長，都應是由選舉產生出來的賢者，全體百姓須以他們為楷模，統一在他們的是非標準之下，只要天下人都能兼愛、尚同，就能治好天下；但儒家主張愛是有差等的，孟子說：「親親而仁民，仁民而愛物。」（《孟子．盡心上》）「老吾老，以及人之老；幼吾幼，以及人之幼。」（《孟子．梁惠王上》）因此，荀子以為墨子的思想是「有見於齊，無見於畸」。

宋國人宋鈃對外主張禁止攻伐，對內修養則要求情欲淡薄，莊子說他：「見侮不辱，救民之門；禁攻寢兵，救世之戰。以此周行天下，上說下教，雖天下不取，強聒而不舍者也。」（《莊子．天下》）可見他對自己個人的需求欲望幾乎為零，卻付出所有的精力心血為天下人奔走，雖然很可貴，但卻不是一般人所能做到的，因此荀子認為他忽略了人情也有欲多的。

## 歷久彌新說名句

周襄公十五年（西元前六三八年）夏，宋襄公發兵進攻鄭國，楚成王出兵救援，宋襄公準備迎戰，大司馬公孫固勸阻不聽，兩軍於泓水交戰。起初，宋軍已經部署好了，而楚軍則還沒有全部渡過泓水，大司馬建議：「楚軍兵力多，我軍兵力少，趁他們還沒有全部渡河的時候，請您趕快下令襲擊他們以取勝。」宋襄公卻說：「不行。」等到楚軍全部渡過泓水，尚未擺開戰陣時，大司馬又請求宋襄公趁機進攻，宋襄公仍說：「還不到時候。」等到楚軍排好戰陣後，宋襄公才下令開戰，結果被打得大敗，宋襄公大腿也受了箭傷。都城的臣民都怪罪宋襄公，宋襄公卻辯解說：「仁義的君子作戰時不殺死已經受傷的敵人，不擒捉頭髮花白的老年士兵。古時用兵之道，是不靠逼迫敵人陷入險境而取勝的。我雖然是已亡的商朝後代，仍然不忍心去攻打還沒有擺好戰陣的軍隊。」（《左傳．僖公二十二年》）

宋襄公如此迂腐不通，卻還想接替齊桓公成為諸侯霸主，恐怕太難了吧？後人評論宋襄公是徒有婦人之仁，而不能成就大業。當兩軍交戰時，如果未能一鼓作氣，卻等待敵軍渡河、擺陣整齊後才迎敵，那麼我軍士氣早已餒，又如何能戰勝？宋襄公的作法，豈不是有詘而無信，好壞不分了嗎？

秦孝公任用商鞅，實施變法。商鞅則厲行新政，起初百姓不適應新法，抗議新法的人，數以千計；正當此時，太子觸犯了新法，商鞅說：「新法不能順利推行，是因為在上位的人觸犯它。」將依新法處罰太子，但太子是國君的繼承人，不能施以刑罰，於是就處罰了他的老師公子虔及公孫賈。從此，秦國人都奉行新法。

商鞅出任秦相十年，很多皇親國戚都怨恨他。秦孝公去世，太子秦惠王即位，公子虔等人誣告商鞅要造反，商鞅逃到邊境，想住旅店，店主不知道他就是商鞅，對他說：「商鞅有令，住店的人如果沒有證件，店主要連帶判罪。」商鞅長長地嘆息說：「唉，制定新法的弊害竟然到了這種情形！」他離開秦國潛逃到魏國，魏國人怨恨他欺騙公子卬而打敗魏軍，拒絕收留他。商鞅打算逃到別的國家，魏國人說：「商鞅，是秦國的逃犯，秦國重要的逃犯跑到魏國來，不送還秦國是不行的。」於是就把商鞅送回秦國。商鞅回到秦國，發動封地商邑的士兵，向北攻擊鄭國以謀求生路，秦國則出兵攻打商鞅，在鄭國黽池將他殺死。當秦惠王將商鞅五馬分屍示眾時說：「不要像商鞅那樣謀反。」（《史記．商君列傳第八》）

商鞅執法苛刻寡恩而少教化，過於偏執而使百姓積怨已深，最終還是死在自己的嚴刑峻法中，《尚書》中說：「無有作好，遵王之道。無有作惡，遵王之路。」唯有不偏好也不偏惡，行事中庸才是王者之道呀。

# 禮者，人道之極也

## 名句的誕生

故繩者，直之至；衡者，平之至；規矩者，方圓之至；禮者，人道[1]之極也。然而不法[2]禮、不足[3]禮，謂之無方之民[4]；法禮、足禮，謂之有方之士。禮之中焉能思索，謂之能慮；禮之中焉能勿易，謂之能固。能慮能固，加好者焉，斯聖人矣。

～〈禮論篇〉

## 完全讀懂名句

1. 人道：為人與治國的準則。
2. 法：遵從。
3. 足：重視。
4. 無方之民：無道之人；不知禮或不遵守社會道德標準的人。

語譯：繩墨是取直的最高標準，秤器是取平的最高標準，規矩是取方圓的最高標準，禮是為人與治國的最高標準。若是不遵從禮、不重視禮，就是無道的人民；遵從禮、重視禮，就是有道的士人。在禮的範圍內能思索，叫作能謀慮；在禮的範圍內能不變，叫作能堅固。能謀慮又能堅固，將禮達到最完善地步的就是聖人了。

## 名句的故事

「禮」，是荀子思想中的重要內容，其言「禮者，人道之極」直指為人和治國的最高原則，就是遵從禮節儀式與道德規範。一個國家若無法落實禮儀制度，必然上下一片混亂，甚至導致敗亡的命運。所以不管在政治法度、社會倫理、人心道德上，都必須制定禮儀來加以規範，這與取直離不開繩墨，衡量輕重離不開秤器，畫方圓離不開規矩的道理是一樣的。

荀子在文中提到，將禮達到完善境界的堪稱「聖人」，能夠遵從禮、重視禮的是有道之「士」，反之則是無道之「民」。很顯然地，荀子以人們是否致力於禮，視禮為人生學習的目標，判別其日後成為聖人、士、民三種不同等級名分的標準。因此，他在文末寫道：「聖人者，道之極也。故學者，固學為聖人也，非特學為無方之民也。」聖人是道的至高展現。所以做學問的人，就是要學做聖人的，不是要學無道的人。又荀子在〈勸學篇〉說過：「禮，法之大分，類之綱紀。故學至乎禮而止矣。夫是之謂道德之極。」禮是典法的總綱，也是以典法類推各種律例的綱要，所以學習到了禮才算完成，這就是道德的最高體驗。

足見荀子心目中的禮，儼然已與國家政策、法律制度密切連接，其深信透過禮義法度的實行，便能使所有的人、事、物得到井然有序的處理；同時表明縱使是一個普通人，只要肯立志學禮，通往聖人之路，成就最高道德，也絕非不可能之事。

## 歷久彌新說名句

早在荀子之前，孔子已提出遵行禮制與治國成效的關聯。《論語‧憲問》中孔子曾言：「上好禮，則民易使也。」居於上位的人喜歡依禮行事，尊崇道德規範，百姓就容易聽從指揮。也就是從上位的人重視禮的多寡程度，便可知悉其統治國家、管理百姓的優劣能力。

《禮記》是孔子弟子及其後學對禮的相關紀錄，後經西漢學者戴德、戴聖先後彙輯成書。其中〈經解〉有云：「隆禮由禮，謂之有方之士；不隆禮不由禮，謂之無方之民。敬讓之道也。故以奉宗廟則敬，以入朝廷則貴賤有位，以處室家則父子親兄弟和，以處鄉里則長幼有序。孔子曰：『安上治民，莫善於禮。』此之謂也。」意思是說，隆盛行禮可說是有道之士，不隆盛不行禮的則是無道之民。何謂敬讓之道呢？就是祭祀祖先要謹慎恭敬，入朝為官身分地位有尊卑之別，在家庭裡父子兄弟親愛和樂，在鄉里間依年齡大小禮讓有序。這正是孔子所說的——「在上位的人能安於其位治理人民，最好的作法就是依禮而行了」。換言之，禮的作用，就是敬讓之道，任何人都要恪守長幼、尊卑的人倫規範，尤其是治理國家的君主，更要以禮做為審度輕重的準則。

《左傳．昭公二十五年》記載，春秋晉國執政上卿趙簡子（趙鞅）和各國大夫當年夏天在黃父一地會盟，共同商討安定周王室內亂一事。趙簡子命令各諸侯的大夫們給周王室運輸糧食，準備戍守的軍士，並提出隔年送周天子返回王城洛陽。鄭國大夫子大叔（游吉）進見趙簡子，趙簡子向子大叔請教揖讓進退的禮節。子大叔說：「您說的是儀式，不是禮。」趙簡子不解地問說：「那麼何謂禮呢？」子大叔回答：「我聽本國先大夫子產曾經說過：『夫禮，天之經也，地之義也，民之行也。』禮是上天的規範，大地的法則，人民的行事依據。既然是天地的規範法則，人民就該遵從依循。

子產是鄭國上卿，也是春秋著名的政治家，其過世後，將執政權交給子大叔；子大叔謹記子產生前的教導，對趙簡子闡述禮本是效法天地而制訂的，所以人們奉禮履行，自然也是「天經地義」的道理。文中「天之經也，地之義也」即是成語「天經地義」的由來，意指天地間不容改變的至理。

# 君子敬始而慎終，終始如一，是君子之道，禮義之文也

## 名句的誕生

禮者，謹於治生死者也。生，人之始也；死，人之終也。終始俱善，人道畢矣。故君子敬始而慎終，終始如一，是君子之道，禮義之文[1]也。

～〈禮論篇〉

## 完全讀懂名句

1. 文：儀式、形式。

語譯：禮是謹慎處理人的生死的。生是生命的開始，死是生命的終了。對待生和死都處理得十分妥當，就是盡人倫之道。所以君子開始時恭敬，終了時戒慎小心，自始至終都沒有改變，這就是君子之道，也是禮義的儀式。

## 名句的故事

荀子主張喪禮應該謹慎隆重，畢竟死喪之事，每個人一生只會遇到一次，不可能再有第二次，如果只有對活著的人豐厚，對死去的人隨之薄減，就是「敬其有知而慢其無知」，僅尊敬其有知覺的時候，卻怠慢其沒有知覺之時，荀子直指此乃「姦人」的作為，全然違背君子待人始終如一的原則。

他在文中又寫道：「事生不忠厚、不敬文，謂之野；送死不忠厚、不敬文，謂之瘠。君子賤野而羞瘠。」意指生時對尊親的事奉不忠厚、不重禮節的，叫作鄙野；送死時不忠厚、不重禮節的，叫作瘠薄，這些都是君子所輕賤羞恥的行止。也就是說，從治辦喪事的禮儀，

可以看出為人臣子或子女，對其尊上至親是否符合人之常理與常情。

孔子弟子之中，以孝行著稱的曾參，其在《論語・學而》說過：「慎終追遠，民德歸厚矣。」遵從禮節慎重地辦理父母的喪事，虔誠地祭祀追懷祖先，這樣就可以使老百姓的德行歸於淳厚了！

可見這些儒家聖賢們，無不強調敬始慎終，便是禮儀最完備的展現。

## 歷久彌新說名句

荀子雖言死喪是人生一件大事，但他認為葬禮有貴賤之分、長幼之別，貧富尊卑的身分都要相稱得宜，才算合乎禮制的規範；上自天子、諸侯、大夫、士人到平民百姓，不同階級的喪禮也有等差分別，絕不是鼓勵每個人都得努力擺出盛大的排場。

不過，同為儒家代表人物的孟子，卻是「厚葬」的擁護者，他在《孟子・離婁》裡說過：「養生者不足以當大事，惟送死可以當大事。」意指奉養父母不足以算是大事，只有給父母喪亡送終才算是大事。

另見《孟子・公孫丑》描述孟子帶著母親的上等靈柩從齊國回到魯國安葬，事情完成後又準備回到齊國。孟子的學生充虞問孟子說：「前些日子老師派我監督木匠做棺木的事，因為時間匆促，我一直不敢請教老師，如今想私下問說，那棺木好像做的太好了？」

孟子回答：「上古時期，棺槨沒有一定的尺寸，到了中古才規定內棺七寸，外槨的厚薄和內棺相稱，從天子到庶人都是一樣的；這並不是為了看起來美觀，而是這樣做才能盡人子的孝心。如果法治不允許，人心不會感到高興；如果財力不允許，人心也不會感到高興。既然合乎法治，財力上又足夠，古人都已採用這種棺木了，為何獨我不能這樣做呢？再說，把棺木做厚一點，不讓泥土附著在皮膚上，人子的心難道不會快慰嗎？我聽說過，君子不會把天下人都會使用的東西，節儉到自己父母的身上。」在孟子看來，只要經濟能力許可，理當以厚葬為父母送終，亦是人子竭盡孝心的表現。

由此不禁令人聯想，當時的貧窮百姓又該如何處理喪事呢？《禮記．檀弓》裡記載子路曾對孔子說：「沒有錢的人真是可憐啊！父母活著的時候無法好好地奉養他們，父母去世又無法依禮辦理喪事。」孔子說：「即使是吃粥喝水，只要能使父母親歡樂，就是盡孝道了。父母去世，只要衣裳可以遮蔽形體，即便下葬沒有外槨，但能符合自己的財力辦喪事，也算是合乎禮了！」可見孔子雖然重視禮，然而他對禮的這番詮釋，還是讓一般平民感覺比較富有人情味！

# 天能生物，不能辨物也；地能載人，不能治人也

## 名句的誕生

天能生物，不能辨物也；地能載人，不能治人也。宇中萬物、生人[1]之屬[2]，待聖人然後分也。《詩》曰：「懷柔[3]百神，及河喬嶽。」此之謂也。

～〈禮論篇〉

## 完全讀懂名句

1. 生人：人類。
2. 屬：類別。
3. 懷柔：以溫和的手段使遠方的人來歸附。

語譯：天能生養萬物，但不能辨別萬物；地能承載人，但不能治理人。天地間的萬物與人類，都必須憑靠聖人制定禮法，然後各得其分。《詩經．周頌．時邁》裡寫道：「安撫慰勉百神，以及河川高山。」說的就是聖人能治理萬物的道理。

## 名句的故事

荀子雖肯定人與萬物皆為天地所生，但他認為天地並沒有辨識或治理萬物的能力，一切現象都是順應自然而生；人們事奉天地，是因為天地乃生命的起源，不該凡事都消極地仰望天地而毫不作為。荀子在文中提到：「天地合而萬物生，陰陽接而變化起，性偽合而天下治。」人的本性雖由天地所生，但本性需要經過後天人為的力量來教化，唯有天生本性與人為禮法相互結合，天下才能夠得到完善的治

理。「禮」一直被荀子視為治理萬物的最高原則，而古代聖人制定的禮儀法度，便是後人衡量一切事物的準則。其中「偽」指的是人為的意思。

《左傳．昭公十七年》記載春秋鄭國大夫裨竈觀天象，預言鄭與宋、衛、陳四國將同日發生火災，建議執政大夫子產用三種珍貴玉器祭神，可使鄭國躲過災難，但遭到子產拒絕。接著在《左傳．昭公十八年》提到當年夏天，鄭與宋、衛、陳四國果真發生大火，裨竈又進言用玉器祭神一事，大臣們唯恐鄭國再度發生火事，全都力挺裨竈的建言，這回子產還是不肯答應。子大叔（游吉）勸告子產說：「拿這些寶物去祭神可以保護人民，若再發生大火，國家說不定就滅亡了！」子產回答：「天道遠，人道邇。天道的吉凶非我們能力所及，裨竈哪裡知道什麼是天道呢？多預言幾次，偶爾也有正好猜中的時候。」之後鄭國並沒有發生火災，這也證明了裨竈的預言是不足採信的。

當時人們深信上天是人事禍福的主宰，子產為破除大眾對天的迷思，提出「天道遠，人道邇」的人本觀念，直指天意幽微難測，天道遙不可及，還不如在人道上盡力而為，其與後出的荀子同樣重視人為的力量。

## 歷久彌新說名句

荀子主張天地運行有其自然規律，不因人事變動而有所改易，此一觀點實與道家思想相近。《老子．第七章》云：「天長地久，天地所以能長且久者，以其不自生，故能長生。」天地從來不為自己求生，反而能夠長恆久遠地生存下去，不同於萬物皆難逃生滅的命運。

另見《莊子．大宗師》描述子輿和子桑兩人為好友，在連下了十天大雨之後，子輿擔心子桑餓到生病，便帶飯過去給子桑吃。到了門口，子輿聽到子桑鼓琴唱著：「父親啊！母親啊！天啊！地啊！」子輿問說：「你唱歌的內容怎麼是這樣子？」子桑答道：「我在想是誰造成我今日的下場，但我一直想不出來。父母哪裡會希望我貧困呢？天無私覆，地無私載，天地哪裡會偏要我貧困呢？既然我找不到原因，就當一切都是命吧！」道家認為天地不可能針對個人興作福禍吉凶，人們理當效法天地無私、無我的精神，順應生命自然的變化。相較於道家崇尚自然無為，荀子重視的是人的積極作為，不認同道家消極命定的論述。

戰國楚人宋玉在〈風賦〉提及其與楚頃襄王在蘭臺遊玩，迎面吹來一陣涼風，楚王對宋玉說：「這風吹在身上真是痛快啊！是寡人與庶民所共享的吧？」宋玉說：「這是屬於大王的風，庶民怎麼可能與您共享呢！」楚王不相信天地間的風也有貴賤之分，叫宋玉說出個道理來。宋玉開始敘說風在不同的地方產生，吹出的氣也就不同，好比吹入宮中是令人遍體清爽、治病醒酒的雄風，吹入庶民屋內是令人憂傷病痛、要死不活的雌風。宋玉借雄風、雌風為喻，暗示楚王體察皇宮與庶民生活的懸殊差距。

北宋蘇轍在〈黃州快哉亭記〉評論宋玉對楚王說的話，其言：「夫風無雄雌之異，而人有遇不遇之變。」風本身並無雄、雌的分別，是人的境遇有得意和不得意的變化。就蘇轍的觀察，宋玉雖意在暗諷楚王不知民間疾苦，但楚王的快樂與庶民的憂愁，都是人事上的變化，跟風一點關係也沒有；風不過是天地自然生成的現象，人的快樂與憂愁，全憑自己內在的感受，是人決定用什麼態度來面對自己的人生。

# 事死如事生，事亡如事存

## 名句的誕生

卜筮視日，齋戒脩涂[1]，几筵饋薦[2]告祝[3]，如或饗之。物取而皆祭之，如或嘗之。毋利舉爵[4]，主人有尊[5]，如或觴之。賓出，主人拜送，反易服[6]，即位而哭，如或去之。哀夫！敬夫！事死如事生，事亡如事存，狀[7]乎無形影，然而成文[8]。

～〈禮論篇〉

## 完全讀懂名句

1. 脩涂：修除。涂：此通「除」字，掃除。
2. 饋薦：祭祀進獻的貢品。
3. 告祝：祭禮的儀式。
4. 毋利舉爵：指不用勸食的人代替主人飲酒。利：古代祭祀時用活人代表死者受祭，叫作「尸」，勸尸進食的人叫作「利」。爵：古代飲酒的器具。
5. 有尊：獻酒。
6. 反易服：返回後，脫下祭服，換上喪服。
7. 狀：好像。
8. 成文：合乎禮儀的規定。

語譯：占卜看日子的吉凶，齋戒打掃，在祭祀的桌上進獻貢品，如同神靈真的來享用一樣。每一種物品都取來祭祀，如同神靈真的來品嚐一樣。不用勸食的人代替主人飲酒，主人獻酒，如同神靈真的來喝酒一樣。賓客離開，主人拜謝送別，回來脫去祭服，換上喪服，就位哭泣，如同神靈就要離去一樣。悲哀啊！恭敬啊！對待死者就好像對待生者一樣，對待亡者就好像對待活著的人一樣，好像沒有形影，然而都合乎禮儀的規定。

## 名句的故事

荀子認為喪祭的意義，主要是為了表達人們對亡者的心意和思慕之情，若沒有莊嚴隆重的儀式，人們的強烈思念只能放在心中空想，情感上則流於悵然若失、鬱悶不樂，這便是禮儀欠缺不完備的結果。因此，古代聖王才會制訂儀式，藉此抒發對尊親的感念。

荀子在文中提到：「喪禮者，無它焉，明死生之義，送以哀敬而終周藏也。」喪禮沒有別的意思，只是用來表明死與生的意義，以哀敬的心情來送走死者，最後周全地將死者埋葬。荀子又說：「喪禮者，以生者飾死者也，大象其生以送其死也。故如死如生，如亡如存，始終一也。」喪禮就是用活著的時候去妝飾死者，好像活著時候那樣去送走死者。對於生死、存亡一概按照禮的規定去對待，始終沒有改變。換言之，舉行喪禮的目的，就是將人的情感與儀式做到充分地表達，讓亡者生前與身後得到的待遇是相互呼應、本末一致的。

《禮記．中庸》孔子論述周武王與周公對禮的重視。文中寫道：「踐其位，行其禮，奏其樂，敬其所尊，愛其所親。事死如事生，事亡如事存，孝之至也。」登上先祖之位，行祭祀之禮，演奏祭祖的音樂，尊敬其所尊敬的人，親愛其所親愛的人；事奉死者如同生者，事奉亡者如同其在世的時候，這就是孝的最高表現。孔子稱許周武王、周公承繼父親文王的聖德，體認祭拜天地與祭祀先祖的禮儀，對於明辨尊卑長幼有重大的意義，而能用虔敬慎重的心面對，所以他們治理國家就好像放置東西在手上一樣地簡單。

## 歷久彌新說名句

《孟子．滕文公》裡有一段關於孔門弟子的記事：「昔者孔子沒，三年之外，門人治任將歸，入揖於子貢，相嚮而哭，皆失聲，然後歸。子貢反，築室於場，獨居三年，然後歸。」從前孔子過世，弟子們在服喪三年後，準備行李回家，走進子貢的住處作揖告別，相對泣不成聲，然後才離開。子貢又回到孔子的墓地旁搭建房子，獨自住了三年才回去。依照喪親的禮儀，為至親服喪最久不會超過三年，以表失去親人的哀傷與悲痛，足見這些學生儼然視孔子有如親生父親般，另一個學生子貢更是守在孔子的墓旁長達六年。從孔門弟子的身上，可以感受他們對老師的敬愛，死後與生前並沒有什麼不同。

《世說新語．傷逝》描述東漢末年，擅長辭賦，亦是「建安七子」之一的王粲去世，時任魏公世子的曹丕前往弔祭。由於王粲生前喜歡聽驢子的叫聲，曹丕對同行的人建議說：「王好驢鳴，可各作一聲以送之。」於是所有人都學了一聲驢叫，做為對王粲的送別。曹丕知道王粲生前的喜愛，所以會在喪禮上模仿驢鳴，希望故友能夠領會他的心意。很難想像貴為世子的曹丕，竟然在弔喪場合上，率同一群人學著驢子叫，給人感覺有些滑稽又不太搭調。不過換個角度思考，曹丕此舉不也算是「事死如事生，事亡如事存」的一種實踐嗎？

這不禁令人聯想到民間傳統的焚燒「紙紮」習俗，就是把紙紮成房屋、僕人與日常用品的造型，燒給亡者到另一個世界使用。近來更有紙藝業者，根據亡者生前的個人喜好做成各類紙紮，諸如豪宅、名車、名牌皮包，以及先進科技的電器產品等，每件成品無不栩栩如生，價格雖不便宜，生意卻是相當興隆。為了讓死去的親人過著與在世無異的生活（甚至更為舒適），象徵奢華享受的紙紮祭品，也成了後人表達孝心的另類方式。

# 上以明貴賤，下以辨同異

## 名句的誕生

異形[1]離心交喻[2]，異物名實互紐[3]，貴賤不明，同異不別。如是，則志必有不喻之患，而事必有困廢[4]之禍。故知者為之分別制名以指實，上以明貴賤，下以辨同異。貴賤明，同異別，如是則志無不喻之患，事無困廢之禍，此所為有名也。

～〈正名篇〉

## 完全讀懂名句

1. 異形：事物的形狀不同。
2. 交喻：互相說明。喻：曉喻、說明。
3. 互紐：「互」原誤作「玄」。「互紐」意指互為混雜交錯。
4. 困廢：困頓、荒廢。

語譯：事物的形狀不同，人們的理解各異，必須要互相說明；事物的性質不同，名稱和實際情況混雜交錯。貴賤不能分明，同異不能區別。如果像這樣，那麼就會有思想不能表達的憂患，處事就有困頓荒廢的災禍。所以有智慧的人必須對這些現象加以分別，制訂名稱來表達事物。對上可以分清貴賤，對下可以區別同異。貴和賤分明了，同和異區別了，這麼一來就不會有思想無法表達的憂患，也沒有事情困頓荒廢的災禍，這就是事物必須要有名稱的原因了。

## 名句的故事

荀子在處理名實上的問題，主要在「制名以

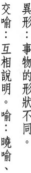

指實」，他重視的是「名」的社會功用，確認事物與事物之間，或是人和物之間的同異關係。荀子認為概念有「共名」和「別名」的區別，例如：「動物」是「共名」，「人」、「猩猩」、「老虎」等是別名，即是「種概念」與「屬概念」的區分。最大的共名是「物」，指天下一切的東西；最大的別名是「門前的桉樹」，指稱特定的某一物。這與墨家的達名、類名、私名的區別似乎是一致的，不過墨家注重概念、判斷、推理的形式結構研究，荀子則是重視其中動態的辯證關係。

荀子曾批評當時的一些詭辯，例如他認為公孫龍的「白馬非馬」是「以名亂實」，正確的作法是名或概念必須在動態中與現實保持一致，所以白馬是「馬」和「白」的結合。一個概念概括了眾多同類實際事物，而每個判斷（辭或一個陳述）都是概括不同實際的概念的結合，推理或論證要保持概念自身內涵的不變，同時，概念與概念之間彼此轉移運動，表達出現實事物的動靜之道。

這樣的觀念建立了中國古代辯證邏輯的雛形，荀子的「制名以指實」走出了老子和莊子認為語言、概念不能表達世界的變化及其法則（道）的觀點，他以概念自身的辯證關係為基礎，表達世界及其法則的運動變化。

## 歷久彌新說名句

荀子重視名實的相符，而歷史上有個著名的故事——「指鹿為馬」，卻是公然顛倒黑白，混淆是非，歪曲事實。

秦始皇臨死前，本要傳位給長子扶蘇，當時扶蘇正在軍中，李斯與趙高串通胡亥，假傳詔令，讓扶蘇自盡，胡亥繼位號稱二世。二世不論大小事都聽從趙高的話，讓趙高的權力愈來愈大，他設計除掉李斯後，進一步想謀反篡位，但擔心群臣不聽命，於是設下計謀進行試驗。

一日早朝過後，眾臣奏事完畢，二世準備退朝，趙高突然出列啟奏，恭恭敬敬說道：「北方送來一隻奇珍怪獸，我不敢私下珍藏，所以想要呈送陛下，還請陛下笑納。」

當二世說完「呈上來吧」，只見趙高向殿前一名郎中做了手勢，郎中向外傳令，從殿門外推進一部欄車，眾臣一看不禁竊竊私語。

「明明只是隻梅花鹿，上苑裡多得很，算什麼奇珍怪獸？」有臣子忍不住脫口而出。

趙高惡狠狠地瞪了這人一眼，沒有說話，卻暗中記下這人姓名。

二世見了，不禁大笑，說道：「丞相，這只是隻普通的梅花鹿，有什麼稀奇？」

「不！」趙高一臉正經繼續說：「這是林胡獻來的林胡馬，是十萬匹當中難得挑到的一匹異種！相當珍貴。」

二世不解，說道：「丞相愛說笑，看牠頭上長了一對大叉角，細腿短尾，黃色皮毛，再加上圈圈白點，分明是隻鹿。」

趙高嚴肅地說：「陛下的眼睛恐怕出毛病了。這匹林胡馬是異種，不但皮色是白的，而且沒有長角，不信的話，可以詢問諸位大臣。」

二世要近侍大聲傳旨，文武百官們把欄車團團圍住，仔仔細細地觀看欄中的動物。看完後，趙高一個個點名問，大部分的臣子都回答是馬，只有少數說是鹿。趙高冷冷笑道：「你們幾個的眼睛恐怕和陛下一樣有了毛病！」

二世不敢相信，明明是鹿，怎麼眾大臣都說是馬？當真是自己的眼睛出了毛病？退朝後立即找御醫會診，御醫們診斷的結果是二世的眼睛無恙，但他們害怕趙高，也將鹿視為馬。二世心生惶恐，以為自己精神有病，有異物在作祟，嚇得找太卜卜卦，在上林行宮齋戒一個月，政務則由趙高代理。趙高趁這個機會將那些說鹿是「鹿」的人全部剷除，最後還運用計謀讓二世自殺，由子嬰繼位。子嬰知道趙高心謀不軌，心懷滅秦稱王的詭計，於是先下手為強，誘使趙高到齋宮，殺了趙高及趙高三族。

# 螭龍爲蝘蜓，鴟梟爲鳳凰

## 名句的誕生

天下幽險，恐失世英。螭龍[1]為蝘蜓[2]，鴟梟[3]為鳳凰。比干見刳[4]，孔子拘匡。

～〈賦篇〉

## 完全讀懂名句

1. 螭：音ㄔ，外形似龍而無角，是傳說中的動物。
2. 蝘蜓：音ㄧㄢˇ ㄊㄧㄥˊ，就是壁虎。
3. 鴟梟：音ㄔ ㄒㄧㄠ，似黃雀而小，頭大，嘴短而彎。
4. 刳：音ㄎㄨ，剖開。

語譯：天下這樣黑暗凶險，恐怕要遺棄了絕世的英才。把螭龍認作是蜥蜴，把鴟梟認作是鳳凰。比干被剖開挖心，孔子被拘禁起來。

## 名句的故事

荀子在本篇要表達的是天地萬物有其自然的時序與產出，違背這個道理的發展，就會出現顛倒是非、禍害相乘的社會。

例如人類社會中的「禮」。人性如果缺乏它，就會像是禽獸一般；人性如果有了它，就會變得優雅、善良。

例如人類社會中的「智」。君子可以用它來端正身心；盜賊可以用它來穿牆挖洞。它深藏在人的心中，對外可以戰勝敵人；一般人有了它，就可獲得平靜；治理天下如果用了它，就獲得太平。

例如天象中的「雲」。世間如果沒有它，萬

物就會毀滅；如果有了它，萬物就得以生存。在冬天，它是寒冷的製造者；在夏天，它是暑熱的製造者。

例如萬物中的「蠶」。人類是要利用牠，飛鳥是要吃牠；禮樂因為有牠而完成，貴賤身分藉著牠而有所區分。牠們吃桑葉而吐絲，由蛹變成蛾以後，再出現下一代。牠們必須三次臥眠，三次甦醒，才能完成牠們的天職。

例如人類行為中的「箴」。箴就是規勸、勸戒；既能夠合縱，又善於連橫。對下可以照護百姓，對上可以襯托君主的英明；需要它時，它就存在；不需要時，它也不會出現。

荀子透過上面的描述，要對照出當時的社會已經失序，要改造這個亂象的社會、唯有依靠聖人。他並自比為聖人，正在拱手等待君王的重用呀！

## 歷久彌新說名句

《說文解字》記載，鴟梟是「不孝鳥也」，《史記集解》更進一步說：「其子適大，還食其母。」意思是說，鴟梟長大後，還會吃掉自己的母親。《尚書》更是點明鴟梟是「貪殘之鳥」，甚至用來比喻人的行徑：「鴟梟之義，鈔掠良善，外姦內宄，劫奪人物。」即鴟梟這種人就是會欺騙善良的人，犯法作亂，搶劫他人的錢財。《詩經》上說：「鴟梟鴟梟！既取我子，無毀我室！」鴟梟！你已經奪走我的孩子，就不要再毀掉我的家了。足見鴟梟絕對不是祥瑞的動物。

《史記．封禪書》上有一則故事，話說齊桓公在管仲的輔佐之下，終於成就一方霸業，因此也想學周成王封禪。管仲對於這件事情其實並不贊同，所以他拐彎舉出諸如神農氏、炎帝、皇帝、顓頊、堯、舜、禹、湯、周成王等，都是因為受到天命所以才行封禪之禮。齊桓公一聽，就開始舉出自己的功勳：南征北討了蠻夷戎狄，九次召集各國諸侯、一統天下，齊桓公覺得這與過去受天命的帝王，有什麼差別呢？

事實上，封禪的條件就是要出現祥瑞的徵

兆，表示天下太平、國泰民安。因此管仲便提醒齊桓公：「物有不召而自至者十有五焉。今鳳皇麒麟不來，嘉穀不生，而蓬蒿藜莠茂，鴟梟數至，而欲封禪，毋乃不可乎？」亦即，自古封禪至少會有十五種祥瑞之物自動出現，但是現在鳳凰、麒麟都沒來，好的穀物沒有長出，反倒是雜草茂盛，鴟梟飛來好幾回，這種情況下恐怕不適合封禪。

鳳凰沒來，來了鴟梟，齊桓公當然得打消封禪的念頭呀。

# 欲近四旁，莫如中央

## 名句的誕生

君人者，隆禮尊賢而王，重法愛民而霸，好利多詐而危。欲近四旁，莫如中央。故王者必居天下之中，禮也。

～〈大略篇〉

## 完全讀懂名句

語譯：治理天下百姓的人，如果崇尚禮制、敬重賢達，就會成為真正的君王；如果強調法制、關愛人民，就能獨霸一方；如果貪圖利益、多行詐巧，就會遭遇危險。

想要親近四方百姓，莫過於居處在天下的中央。所以，君王必須居處在天下的中央，這是一種禮制。

## 名句的故事

荀子透過〈大略篇〉將君王應享有的尊貴說得透徹。本篇名句是強調天子應該位居天下的中央，方能掌握天下。《呂氏春秋》上更清楚說明：「古之王者擇天下之中而立國，擇國之中而立宮，擇宮之中而立廟。」君王應選擇天下的中央立國，國的中央建立君王的王宮，王宮的中央建立天子的宗廟。

又例如帝舜登基為王，《史記集解》中引東漢劉熙對此的評論說：「天子之位不可曠年，於是遂反，格於文祖而當帝位。帝王所都為中，故曰中國。」因為當時的堯很清楚自己的兒子丹朱不肖，「不足授天下」（《史記》），所以決定禪位給舜。舜遵守禮制，為堯服滿三年的喪期後，便將帝王的位置讓給丹朱，沒想到這個舉動引起大家的反彈，天下紛擾不斷，舜才發現這真是「天意」，便登基即位。劉熙清楚指出，帝王所在的位置就是天下的中央，所建的都城就叫作「中國」。

荀子之所以認為天子居於天下中央是一種禮制，應該與古中國時代將天下分為「九州」有關，根據史載，九州是從大禹平洪水、定天下後就存在。我們如果畫出九宮格，正中間的那一格就是天子所在之處，這也是周代「井田制度」，有八家私田，中間為公田，公田就是政府所在地。所以「欲近四旁，莫如中央」，天子位於中央，確實有利國家的治理與掌握。

## 歷久彌新說名句

「擇中」是先秦時代非常重要的思想。周公東征班師回朝後，便在周成王的指示下，營建東都洛邑，因為洛邑的地理位置「此天下之中，四方入貢道里均」（《史記・周本紀》），亦即洛邑位居天下的中央，四方諸侯國如果要前來進貢，交通的距離都是一樣的。

洛邑其實就是我們熟知的洛陽，是歷代以來的王都首選之處，只要是君王都不會隨意放棄這個地方。例如《滑稽列傳》記載，王夫人是漢武帝喜愛的人。王夫人病重時，漢武帝親自前去探望，並且問她：「妳的兒子應當受封為王，妳希望他的封地在哪裡呢？」王夫人回答說希望在洛陽。漢武帝立即拒絕：「不行。洛陽有兵庫、糧倉，又是交通要道，是天下的咽喉。從先帝以來就立下規矩，不讓洛陽成為封地。但是關東一帶沒有比齊國更大的，可以封妳的兒子為齊王。」由此可見洛陽的重要！

# 有法者以法行，無法者以類舉

## 名句的誕生

有法者以法行，無法者以類舉[1]。以其本知其末[2]，以其左知其右，凡百事異理而相守也。

～〈大略篇〉

## 完全讀懂名句

1. 類舉：在不同的事物中，取其相類似的地方進一步推測其他未知的。
2. 本末：事物的根本與細節。《易經・繫辭下》：「其初難知，其上易知，本末也。」《史記・秦始皇紀》：「秦本末並失，故不長久。」

語譯：有法令規定的依照法令行使，沒有法令規定的則依照相類似的情形類推。依照事情的根本能進一步了解它的細節，按照事情的發展以左知右，任何事物在外表或細節上有不同的地方，但是基本道理是相通的。

## 名句的故事

《論語・述而》說道：「舉一隅不以三隅反，則不復也。」意思是說，用一個四角形做譬喻，列舉一個角而不能推想其餘三個角的人，我是沒有興趣再教導他了。孔子這段話，表面看來簡單風趣，其實深刻證明了學習時絕不能囫圇吞棗、不求甚解，知識並不是從書本上搬下來，硬塞進腦子裡就行了，而是要多用腦筋，反覆揣摩，徹底消化，才能夠「舉一反三」。「舉一反三」引申可指：學習一樣東西，要能夠類推到同樣的事情上，只要是同類的，全都能夠明白，這才是「真正的懂」。

李家同教授談到如何選擇科系時，建議年輕學子選填「難讀的、基礎的」學科為主，因為這些科系能夠讓你有非常豐富的專門知識，他說：「愈是基礎學科學得好的同學，將來轉行就愈容易。假如有兩個系給你選，有一個是電機系，另一個是電機裡的一個領域，不管後者如何紅透半邊天，仍要將電機填在前面。有些系的領域太狹窄，對同學是不利的。」

基礎打得穩，知其本就容易知其末；相反地，基礎不穩固，學得不精，如何由末而知本呢？想要擁有「類舉」的工夫，就得先把基本道理通盤了解。

## 歷久彌新說名句

基本道理通達了，其他就能舉一反三；但若只是一味仿效別人，只學皮毛未學精髓，很可能「畫虎不成反類犬」。

東漢時有位著名的將軍馬援，他的姪子馬嚴、馬敦都喜歡議論時政，兩人結交了一些輕薄之徒，鎮日高談闊論。有次馬援寫信告誡他們說：「龍伯高為人誠樸寬厚，辦事周密謹慎，不道人長不說人短，他的生活謙虛節儉、廉明公正又有威信，我十分敬重他，希望你們能夠向他學習。杜季良為人行俠仗義，豪爽有義氣，對待人不分好壞，賢或不肖都能處理得當，我也很尊重他，但不希望你們學他。因為即使學不到龍伯高那樣的高尚品德，至少還能成為一個謹慎莊重的人，想要刻畫天鵝，畫得不像還像隻野鴨。可是想要學習杜季良，學得不好，反而墮落成輕薄子弟，那就像是想要畫隻老虎，畫得不像時就像條狗了。」

想要「有法者以法行，無法者以類舉」，還必須懂得變通，《呂氏春秋・察今》有段寓言故事：「楚人有涉江者，其劍自舟中墜於水，遽契其舟曰：是吾劍之所從墜。舟止，從其所契者入水求之。舟已行矣，而劍不行，求劍若此，不亦惑乎。」這位楚國人想效法一位丟劍人，在丟劍處做記號，回過頭在找劍的方法，所以「刻舟求劍」，但他忘記船是會行駛、會移動的，在船上做記號，等船停了再找劍，根本不可行。拘泥固執，自以為是，不但無法解決問題，反而讓人笑其荒謬。

另外，胡亂模仿他人，忘了自身條件，也可能達到反效果。春秋越國美女西施因患心病，疼痛時捧心皺眉，同里醜女東施看見覺得十分美麗，於是摹仿西施，沒想到更見其醜，同里的人看了紛紛走避。「東施效顰」典出《莊子・天運》，提醒我們——東施效顰不但不新奇，反而更可厭了！

# 非目益明也，眸而見之也

## 名句的誕生

今夫亡箴[1]者，終日求之而不得。其得之，非目益[2]明也，眸[3]而見之也。心之於慮亦然。

～〈大略篇〉

## 完全讀懂名句

1. 亡箴：遺失針。箴：指「針」。
2. 益：更加。如「精益求精」。《孟子‧梁惠王下》：「如水益深，如火益熱。」
3. 眸：低目視。

語譯：有人遺失了針，找了一整天都找不到。後來找到針了，並不是因為眼睛變得更加明亮之故，而是因為低目才看到它。心對於思慮也是如此，應該要反覆細察。

## 名句的故事

荀子認為對於「仁義」與「利益」兩者的需求都存在於人心中，縱使是講求仁義的堯和舜，也不可能要求人民捨棄尋求利益的心思，但是可以讓人民除了追求利益外，還能擁有重視仁義的心懷；縱使是殘暴的夏桀與商紂也不能移去人民好義的理想，但是卻能夠使人心改變，仁義之心無法勝過追求利益，使得重視利益更勝於重視仁義道德。當講究仁義更勝於追逐利益時，就是所謂的「治世」，反之便是「亂世」。

席勒說：「真理絕不因為有人不承認它而感到苦惱。」看見真理，不是因為「目益明也，眸而見之也」，而是因為「真理」確確實實存在。擦亮雙眼，保留下真理，讓真理發亮，是多麼珍貴啊！

因此荀子提倡：「天子不言多少，諸侯不言利害，大夫不言得喪，士不通貨財。有國之君不息牛羊，錯質之臣不息雞豚，冢卿不脩幣，大夫不為場園。從士以上皆羞利而不與民爭業，樂分施而恥積臧。然故民不困財。」上行下效，當在上者不以追求利益為目標時，在下者也將不再重視財富，而能以仁義道德為優先了。

## 歷久彌新說名句

西方哲學家巴門尼德表達對感官經驗的懷疑，認為「眼見不一定為實」、「感官不能發現真理，只有思維才能發現真理」，他認為，沒有事物是變化的。比如說莎士比亞的哈姆雷特是丹麥王子，在某種意義上是真的，但它的真實不是在歷史意義上，因為實際上並沒有人叫哈姆雷特，而是莎士比亞說有一個丹麥王子叫作哈姆雷特。

如果說「哈姆雷特」是一個想像中人物的名字，並不是嚴格正確的，正確的說法應該是：人們想像「哈姆雷特」是一個真實人物的名字，因此，哈姆雷特是一個想像中的個體，關於哈姆雷特的說法，都是有關「哈姆雷特」這個「字」的說法。在很多時候我們所說的並不是「字」，而是「字」所意味著的東西。

在巴門尼德的論證裡，如果一個字可以有指地被加以應用的話，它就必然意味著某種事物而不是意味著無物，因此這個字所意味的事物必然在某種意義上是存在著的。巴門尼德的學說主要表現在一首《論自然》的詩裡。他把大量可感覺到的事物都斥之為「單純的幻覺」，唯一真實的存在就是「一」。「一」是無限的、不可分的。

對於「真理之道」，巴門尼德秉持著：事物是沒有變化的。能夠被思維的和能夠存在的乃是同一回事，能夠被思維的事物與思想存在的目標是一致的，因為你絕不能發現一個思想沒有它所要表達的存在物。當你思想時，你必定是思想到某種事物；當你使用一個名字的時候，它必然是某種事物的名字。因此思想和語言都需要在它們本身以外有某種客體。既然可以在不同的時刻，想到或說到同一件事物，因此凡是可以被思維的或者被說到的，必然在所有的時間內都存在，不可能有變化，因為變化就包含著事物的產生與消滅。

他的哲學思想不只是對過去維心主義哲學的繼承，更是繼承和發展了之前整個古希臘的原始樸素哲學。

# 國將興，必貴師而重傳；貴師而重傳則法度存

## 名句的誕生

國將興，必貴師而重傳[1]；貴師而重傳則法度存。國將衰，必賤師而輕傳；賤師而輕傳則人有快[2]；人有快則法度壞。

～〈大略篇〉

## 完全讀懂名句

1. 貴師而重傳：貴、重均為重視之意。
2. 快：輕肆。

語譯：國家將要興盛之際，必然會尊師重傳；尊師重傳則法度得以保存。國家將要衰微之際，必然輕師賤傳；輕師賤傳則人會有輕薄放肆的行為；人一旦輕薄放肆則法度將趨向敗壞。

## 名句的故事

《禮記．學記篇》：「凡學之道，嚴師為難。師嚴然後道尊，道尊然後民知敬學。」告訴我們尊師的重要，老師受到尊重，真理學問才會受到敬重；真理學問受到敬重，人民才會認真看待學問、認真學習。然而尊敬老師是最難做到的，因此君王不以對待部屬的態度來對待老師，在《大學》的禮法中，對天子授課時，老師不必居於面朝北的臣下之位，都表現出對「尊師」這觀念的重視。

人若能夠尊敬老師，自然能發掘心靈上的美德；推已及人，社會各階層的人都能受惠，將是匡正道德敗壞的一盞明燈。若能尊師，將老師的地位提高，就能帶動學術的活絡，整個社

會的學習風氣也將改變，國家將快速達到興盛的榮景。但是相反地，若一個國家不重視教育、輕視老師，進步的步伐將停滯不前。荀子說的「國將興，必貴師而重傅；貴師而重傅則法度存」，和《禮記》所言正好是因果關係的互相補充，闡明尊師與否將左右國家興衰。

## 歷久彌新說名句

戰國時期，有個叫作段干木的人，品德高尚，學識淵博，魏文侯很希望他當官，可是段干木卻不領情，魏文侯親自拜訪，他翻牆逃走。魏文侯更加敬重他，每次乘車經過他家門口，總要站起來，扶著車前橫木表示敬意。車伕問魏文侯為何如此敬重段干木？魏文侯回答：「段干木不趨炎附勢，隱身窮巷當中，揚名千里之外，我怎能不對他恭敬？他有德，我有勢；他多文，我多財。勢不如德貴，才不若文高。」後來魏文侯終於將段干木請到宮中做自己的老師，聽他談治國的道理，縱使站得再久再累，也不敢坐著休息。因為這樣，也替魏文侯贏得美名，在治理國家上，更獲愛戴。

漢明帝劉莊即位前，桓榮是他的老師。有次桓榮生病，劉莊天天派人詢問病情，延醫送藥。劉莊即位後，對桓榮更加敬重，不僅加重賞賜，還親自率領文武百官到桓榮府上，桓榮坐在師位，明帝帶領眾人執書背誦。桓榮老了，退休了，明帝為他舉行「大射」、「養老」之禮。當桓榮病危之際，明帝親自到府問病，帶著桓榮教他讀書時用過的六經，流淚安慰老師。後來桓榮病逝，明帝換上素服，親自臨喪送喪。漢明帝的身體力行，為尊師定下了典範，在朝其間學術大興，章帝承其後，締造「明章之治」，成為有名的盛世。

# 上士吾薄爲之貌，下士吾厚爲之貌

## 名句的誕生

故上士吾薄為之貌，下士吾厚為之貌。人人皆以我為越踰好士，然故士至，士至而後見物，見物然後知其是非之所在。

～〈堯問篇〉

## 完全讀懂名句

語譯：所以對待上等的讀書人我在禮節上要簡薄一些，對待下層的讀書人我在禮節上還要厚重一些。人人都以為我降低身分喜好讀書人，所以讀書人就會來到，讀書人來到後我就能見識很多東西，見識到很多東西後我就能知道是非的所在。

## 名句的故事

〈堯問篇〉要談的就是為官者應有的謙遜，面對愈是卑下者，愈要能夠放下身段。荀子還藉此提出兩個小故事：

相傳繒丘那個地方的官員去求見楚國的丞相孫叔敖說：「聽說，長期當官的人會被讀書人所妒忌，俸祿豐厚的人會被老百姓所怨恨，地位尊貴的人會被君主憎恨。您如今擔任相國，都具備這三樣條件，卻沒有得罪楚國的文人、百姓，這是為什麼呢？」孫叔敖回答說：「我三次擔任楚國的丞相，但心裡卻一次比一次謙卑；每每增加俸祿時，我施捨出去的就會更多；我的地位愈尊貴時，就會愈恭謹待人；這就是我沒有得罪楚國文人、百姓的原因呀。」

魏武侯對於事情的運籌帷幄都很恰當，眾臣沒有人能比得上，他每每退朝後，都會面露喜色。魏國的功臣吳起便上前向魏武侯說起楚莊王的故事。吳起說：「楚莊王對事情的規畫都很恰當，眾臣中沒有人能比得上，他每每退朝後都面有擔憂。申公巫臣便上前問：『大王上朝後都面帶憂色，是為什麼呢？』楚莊王說：『我謀畫事情都很恰當，群臣沒有誰能趕得上，所以感到憂慮。因為商朝的中巋（音ㄎㄨㄟ）說過，諸侯如果得到老師的指導就能稱王，得到朋友的幫助就能稱霸，得到對自己懷疑的人就懂得如何生存，事情都靠自己謀畫的人就會滅亡。如今以群臣中沒有人趕得上我，我的國家不就是接近滅亡了嗎？』楚莊王感到憂心的事情，君主您卻感到高興。」魏武侯聽完後倒退幾步，再三向吳起拜謝：「上天指派先生來終止我的過錯啊！」

## 歷久彌新說名句

《漢書》記載，韋玄成是西漢丞相韋賢的兒子，自幼好學，甚為謙恭。韋玄成出門時，遇到認識的人步行，他總是讓自己的侍從僕役下車，然後載送別人到想要去的地方；遇到貧賤的人則是更加禮敬。

而韋玄成的哥哥韋弘雖然具有官職，卻犯下不少錯過，他的父親韋賢怕長子會被判罪貶官，所以希望他快點辭職。沒想到，韋弘因為弟弟謙讓的行徑，有意將韋家的繼承人讓給弟弟，所以不肯辭官回家。後來韋弘真的因為做錯事而被關了起來，韋賢抱憾離開人世。韋賢的門生和族人便共同商議，要請韋玄成做為韋家的繼承人。韋玄成深知這不是父親的願望，於是假裝得病、不願接受；朝廷又徵召他到長安承襲父親的爵位，韋玄成也托病不應。

朝廷覺得奇怪，展開調查後得知，韋玄成的品行一直為人稱道，他只是裝病要將爵位讓給哥哥韋弘。漢宣帝知道後非常高興，便讓兩兄弟都有了官職，在當世非常地榮耀。

所以不僅僅是為官應懂得謙遜，待人處世、治家持家，謙遜都是最好的妙方呀！

荀子

# 謹言慎行，坐言起行

100

# 是是非非謂之知，非是是非謂之愚

## 名句的誕生

以善先[1]人者謂之教，以善和人者謂之順，以不善先人者謂之諂，以不善和人者謂之諛。是是非非謂之知，非是是非謂之愚。傷良曰讒，害良曰賊。是謂是、非謂非曰直。竊貨曰盜，匿行曰詐，易言曰誕。趣舍[2]無定謂之無常，保利棄義謂之至賊。多聞曰博，少聞曰淺。多見曰閑[3]，少見曰陋。難進曰偍[4]，易忘曰漏。少而理曰治，多而亂曰秏[5]。

～〈修身篇〉

## 完全讀懂名句

1. 先：前導、率導，有事先而為的意思。
2. 趣舍：進退、取舍，音ㄑㄩ ㄕㄜˇ，即趨舍。
3. 閑：同「嫻」，意指熟習。
4. 偍：同「提」、「媞」，意指弛緩。
5. 秏：通「眊」，音ㄇㄠˋ，昏亂不明。

語譯：「用善來誘導人」叫作「教」，「用善來附和人」叫作「順」，「用不善來誘導人」叫作「諂」，「用不善來附和人」叫作「諛」。「能辨明對就是對、知道錯就是錯」叫作「智」，「把錯當成對、把對當作錯」叫作「愚」。「用言語毀傷善良」叫作「讒」，「傷害善良」叫作「賊」。「對就說對、錯就說錯」叫作「直」。「偷竊財貨」叫作「盜」，「藏匿真實行為」叫作「詐」，「輕易胡言」叫作「誕」。「進退取舍不定」叫作「無常」，「保利棄義」叫作「至賊」。「多聞」叫作「淵博」，「少聞」叫作「膚淺」。「多見」叫作「熟習」，「少見」叫作「寡陋」。「難上進」叫作「弛緩」，「容易忘記」叫作「漏失」。「簡要而有條理」叫作「明治」，「繁多而雜亂」叫作「昏亂不明」。

## 名句的故事

孔子曰：「巧言令色，鮮矣仁。」（《論語‧學而》）意謂一個人如果只會迎合他人說話，裝出討好他人的表情，恐怕是不會有仁心的。因為這樣所說出來的話未必是自己的本意，只想取媚他人罷了。

戰國時期楚懷王對齊國人田鳩說：「墨子是個很有名的學者，行為表現也不錯，不過他的言論卻不巧妙銳利，這是為什麼呢？」田鳩回答：「從前秦穆公將女兒嫁給晉公子重耳，準備了豐厚的嫁妝，還有許多陪嫁的女子，結果晉國人卻喜歡陪嫁的女子而看輕秦穆公的女兒，可見秦穆公善於嫁妾而不是嫁女。另外，有個楚國人到鄭國賣珠寶，用木蘭做成珠寶盒，不但薰香，還鑲了許多珠寶在盒面，結果鄭國人向他買了珠寶盒，反而退回他的珠寶，可見楚國人善於賣寶盒而不是賣珠寶。現在世人發表言論，都喜歡講些巧妙華美的言辭，而國君也喜歡聽卻忽略了它的作用。墨子的言論則不然，他所傳授的是先王的道術、聖人的意旨，如果太注重修飾言辭，恐怕大家只會喜歡他言辭的華美，而忘了他原來的本意。為了華美的言辭，卻損害了實用的價值，這樣和秦穆公嫁女兒、楚人賣珠寶有何不同呢？所以墨子的言論大多樸實無華。」（《韓非子‧外儲說左上》）裝飾過度的言辭往往讓人沉迷它的巧妙，而容易忽略它原本的作用。譬如許多政客為了達到他的政治利益，不惜用似是而非的言辭欺騙民眾，民眾若一時受誘惑而不察，往往會深蒙其害。

## 歷久彌新說名句

宋朝有位年輕的舉人魏鵬舉，才剛娶了美嬌娘，就上京赶考，臨行前，嬌妻叮嚀他說：

「不管考得如何，務必早點回家，千萬別忘了我。」魏生回答：「放心，我一定高中回來的。」到了京城，果然一舉成名，高中榜眼，於是寫了一封家書，並派家僕回鄉迎接家眷入京，信末還寫了一行：「我在京中無人照管，已討了一個小老婆，專候夫人到京，同享榮華。」當魏生的新婚妻子看完信後，皺著眉頭抱怨說：「官人怎麼這樣負心？才剛高中，就娶二夫人。」家僕說：「小人在京，並未見有此事。想必是官人戲謔之言。」夫人聽了，於是命人準備行囊，然後也寫了一封家書，派人先送到京城給魏生。魏生拆開信，只見信內寫著：「你在京中娶了一個小老婆，我在家中也嫁了一個小老公，不久便同赴京師。」魏生見了，知道是夫人取笑的話，並不在意。這時，正好與魏生同榜登科的好朋友來拜訪魏生，閒聊之餘發現了這封家書，魏生措手不及，紅了臉說：「因小弟戲謔了她，她便取笑寫來的。」那人呵呵大笑。不久，這件事便傳遍了京城。有一群嫉妒魏生的人，便將這件傳聞中的事情上奏給皇帝，還故意譖曰：「魏生年少不檢，不宜擔任重要的職務。」魏生因此被外放，從此仕途一蹶不振。為了一時戲言，卻斷送了大好前程，魏生後悔莫及。（《醒世恆言．十五貫戲言成巧禍》）

# 與人善言，煖於布帛；傷人之言，深於矛戟

## 名句的誕生

憍[1]泄[2]者，人之殃也；恭儉者，偋[3]五兵[4]也。雖有戈矛之刺，不如恭儉之利也。故與人善言，煖[5]於布帛；傷人之言，深於矛戟。故薄薄[6]之地，不得履之，非地不安也，危足無所履者，凡在言也。巨涂[7]則讓[8]，小涂則殆，雖欲不謹，若云不使。

～〈榮辱篇〉

## 完全讀懂名句

1. 憍：音ㄐㄧㄠ，驕傲。
2. 泄：音ㄒㄧㄝˋ，同「媟」，輕慢。
3. 偋：音ㄅㄧㄥˋ，卻除、摒除。
4. 五兵：五種兵器，《周禮・司兵注》：「五兵，戈、殳、戟、酋矛、夷矛。」
5. 煖：音ㄋㄨㄢˇ，同「暖」，溫暖。
6. 薄薄：廣大的樣子。
7. 涂：同「塗」，道路。
8. 讓：音ㄖㄤˇ，通「攘」，意即擾攘。

語譯：驕傲輕慢，是人的禍殃；恭敬勤儉，則可摒除五種兵器的災禍。雖然戈矛鋒利可以刺傷人，卻不如恭敬勤儉來得深入人心。所以給人好的言語，比布帛更令人溫暖；傷害人的言語，則比用矛戟傷害人更深刻。因此在廣大的地方，卻不能自在行走，並不是因為該地不夠安靖的緣故，而是因為他出言不慎，反而害了自己不能處身於該地。大路人多而擾攘，小路人少而危殆，雖然想要不謹慎，事實也不能使他如此啊！

## 名句的故事

有一次，子路將遠行時，向孔子辭別。孔子問他：「我是送你車子好呢？還是送你言語好呢？」子路回答：「請老師用言語教導我。」於是孔子對他說：「不堅強就不能行遠，不勤勞就不會成功，不忠誠就沒有親信，不信實就無法實踐，不恭敬就得不到別人的禮遇。只要能夠對這五點謹慎行事，就可以長久了。」（《說苑．雜言》第三十四章）適時的忠告，遠比舒適的物質享受更為受用，子路明瞭老師問話的用意，所以選擇了對自己有利的忠告。

莊周曾經穿著一件補綴過的粗布大衣，用麻繩拴著破鞋，來見魏王。魏王吃驚地問道：「您為什麼如此狼狽呢？」莊周回答：「我只是貧窮，不是狼狽。讀書人不能躬行道德，那才是狼狽；而穿著粗衣破鞋，只是貧窮，因為沒有遇到聖明的時代罷了。現在處在君昏臣亂的世道中，想要不狼狽，又怎麼可能呢？像比干被剖心就是明證啊。」（《莊子．木山》）魏王輕蔑的問話，無疑深深打擊了莊周的自尊心，因此，莊周才會義正嚴詞地加以否認。

莊周也因為家裡貧窮，所以向監河侯借米，不料監河侯卻說：「好啊，等我收了稅金以後，就借你三百金，可以嗎？」莊周聽了，憤怒地變了臉色說：「昨天我來的時候，路上有人叫我，我回頭一看，原來在車軌裡有一條鮒魚。我問牠：『鮒魚啊，你為什麼在那裡呢？』鮒魚回答：『我是東海的水族。你現在有沒有一點點水可以來救我呢？』我說：『可以。我就要到南方遊說吳、越兩國，到時候再引西江的水來迎救你，可以嗎？』鮒魚氣得變了臉色說：『我離開了水，只求有一點點水來活命，而你這麼說，還不如早點到魚市場來找我吧！』」（《莊子．外物》）面對監河侯無關緊要的允諾，莊周也只能悶著氣假借寓言來諷刺監河侯看似冠冕堂皇的推諉藉口了。

## 歷久彌新說名句

齊威王即位後，有九年的時間不問政事，於

是，其他諸侯國都趁機欺侮齊國。朝中有位大臣周破胡也趁機專權擅勢，凡是賢良的，他都誹謗；不賢良的，他反而稱讚不已。

齊威王的嬪妃虞姬向威王勸諫：「周破胡是個進讒誹謗、阿諛奉承的臣子，一定要貶逐他。齊國有個北郭先生，賢明有才，則可以做為您的左右大臣。」周破胡知道後，十分怨恨虞姬，便散布流言蜚語：「虞姬曾與北郭先生私通。」威王因此對虞姬起了疑心，將她禁閉於九層高臺，並派官吏去審訊。周破胡特意賄賂辦案官吏，務必根究虞姬的罪，最後辦案官吏就捏造供詞，呈報給威王。

威王看了供詞，並不滿意，於是親審虞姬。虞姬回答：「我有幸成為您的嬪妃已經十多年，本來我是以誠懇的心，希望說句有益於國事的話，不料卻反被奸臣誹抵，蒙受莫大的冤屈，沒想到您還肯召見我。如果我有罪過的話，其一是因為我不懂得避嫌。我聽說玉石就算掉在汙泥中，也不會有人認為它汙穢；柳下惠覆蓋受寒的女子，沒有人認為他淫亂。可見良好的印象是日積月累的結果，這樣才不會被懷疑。所以當路過瓜田時應避免彎腰整理鞋子，路過李園時應避免舉手整理帽子才對。其二是當我蒙受冤屈後，卻無人替我辯白伸冤。我聽說寡婦哭城，城牆為之崩倒；亡士嘆市，市民為之罷市。而我卻連替自己辯白的機會都沒有。既然我有了不名譽的汙名，又有了這兩項罪過，按理是不能再苟活，也不該再次申述意見，不過，我還是希望能告誡您：群臣中行奸作惡的，以周破胡最嚴重，如果您再不予以懲罰的話，齊國恐怕就很危險了。」於是齊威王終於覺悟，立刻釋放虞姬，殺了周破胡，並率兵收復諸侯侵占的土地，令齊國人民大為震驚，從此克盡職守，不敢再掩飾錯誤，齊國也因此強盛。（《列女傳．辯通傳》第九）

周破胡散布不實的謠言，差點讓虞姬蒙冤而死；而虞姬懇切的肺腑之言，終於打動齊威王，也讓齊國得以強盛。由此可見，「與人善言，煖於布帛；傷人之言，深於矛戟」，言語的威力，實在不容小覷。

# 贈人以言，重於金石珠玉

## 名句的誕生

凡人莫不好言其所善，而君子為甚。故贈人以言，重於金石珠玉；觀人以言，美於黼黻文章[1]；聽人以言，樂於鐘鼓琴瑟[2]。

～〈非相篇〉

## 完全讀懂名句

1. 黼黻文章：衣服上炫麗的花紋。古代禮服上的彩色花紋，黑白相間的叫黼，青黑相間的叫黻，青赤相間的叫文，赤白相間的叫章。黼黻：音ㄈㄨˇ ㄈㄨˊ。
2. 鐘鼓琴瑟：指樂器，這裡用來比喻好聽的音樂。

語譯：凡是人沒有不喜歡談論好的事物，君子更是如此。所以君子贈送善言給別人，因為它比金銀珠寶還貴重；觀察別人所說的好話，因為它比禮服上的炫麗紋采還漂亮；聆聽別人的好話，就好像沉醉在美好的音樂聲中。

## 名句的故事

荀子認為，人之所以為人，是因為與其他萬物有所區別，例如有親人間的情誼、有男女之分，而最大的不同就是人類社會具備禮法，還有能做為表率的聖王。聖王有百個，要效法哪一個呢？簡單來說，禮制、法度都會隨著時代的久遠而逐漸被遺忘。因此要了解聖王的政績就要跟隨「後王」，後王就是當代國家的君王，而要了解過去的禮制、法度，就要靠社會上最寶貴的君子。

但有人以為，古今狀況各不相同，我們對於沒有見過的事物，都有可能被蒙騙，更何況是幾千年前的事情，誰說君子就不會欺瞞群眾呢？荀子對此有所解釋，君子是用人來衡量人、用實情來衡量實情、用相同的狀況來判斷相同的狀況、用道理來觀察一切。所以，君子面對不端正的事，不會迷失；面對雜亂的狀況，不會疑惑。

君子的明智判斷就是荀子要表達的「非相」，君子不用事物的表象去了解事物，而是用徵狀、發展等等來理解，因此可以透徹認識聖王的道理、禮制與法度的真義，不符合先王思想、不遵循禮義的言論，即使說得再好，君子也不會聽。

## 歷久彌新說名句

要皇帝下「罪己詔」可不是一件容易的事情。中國古代文化有個慣例，遇到天災人禍不斷、無法立即平息時，就表示上天對人間君王品德的不信任。封建君王遇到這種狀況，就是認錯，要下「罪己詔」、向天下百姓認錯。

唐德宗時，為了抑制各地節度使的勢力，不惜對藩鎮用兵。先前，唐玄宗的安史之亂早已重創大唐基業，哪裡再經得起唐德宗的窮兵黷武？而且唐德宗寵信宦官，任由宦官剝削民脂民膏。戰亂、人禍、天災，當時的翰林學士陸贄便勸德宗下詔罪己，但是德宗不肯，後來勉強同意後，卻又不願意在罪己詔中自我批評。

陸贄便說：「動人以言，所感已淺，言又不切，人誰肯懷？故誠不至者物不感，損不極者益不臻。」（《舊唐書．陸贄傳》）用言語去影響別人，所能被感受到的已經很淺薄了，如果言辭又不真切，又有誰會被感動呢？因此沒有誠心誠意，就不會打動別人，如果不極力批評自己，就不會達到效果。

德宗最後妥協，讓陸贄在罪己詔中火力全開，剴切承認自己罪孽深重，對不起上天、祖宗、人民，並願意承擔導致天下大亂的責任。結果，這篇深自痛責的詔書感動了天下人。看來，「動人以言」也需要的是「善言」。

# 言而當，知也；默而當，亦知也；故知默猶知言也

## 名句的誕生

信[1]信，信也；疑[2]疑，亦信也。貴賢，仁也；賤[3]不肖[4]，亦仁也。言而當，知也；默而當，亦知也；故知默猶知言也。故多言而類[5]，聖人也；少言而法[6]，君子也；多少無法，而流湎[7]然，雖辯，小人也。

～〈非十二子篇〉

## 完全讀懂名句

1. 信信：第一個信字做動詞用，第二個信字做名詞用，意謂相信可相信的事物。
2. 疑疑：第一個疑字做動詞用，第二個疑字做名詞用，意謂懷疑可懷疑的事物。
3. 賤：輕視。
4. 不肖：不賢。
5. 類：法式、模範。
6. 法：模範。
7. 流湎：放縱無節制。

語譯：相信可以相信的，固然是信；但懷疑值得懷疑的，也是信。尊重賢人，固然是仁；但輕視不賢的人，也是仁。言論若是適當，固然是智；但沉默得當，也是智；所以知道何時該沉默，就和知道如何發表言論是一樣重要的。因此，言論多而合於理法，是聖人；言論少而合於理法，是君子；言論多少都不合於理法，放縱不知節制，雖然巧辯，也只是小人。

## 名句的故事

有一次，司馬牛向孔子請教怎樣做才是實踐

仁德。孔子說：「有仁德的人，說話謹慎，會有所忍耐而不輕易說出口。」司馬牛反問：「說話有所忍耐不輕易說出口，這就算是仁了嗎？」孔子說：「做的時候既然很難，那麼說的時候又怎能毫不考慮就輕率說出口呢？」（《論語‧顏淵》）所以孔子最討厭整天言不及義的人，他認為君子應「訥於言，而敏於行」，因此，當子張向他請教如何求得功名利祿的方法時，孔子便說：「多聽別人說的，放下自己的疑慮；對於自己有把握的部分，也要謹慎地說出，就會減少犯錯的機會。多看別人行事，放下自己認為不妥的地方，對於自己有把握的部分，也要小心行事，就會減少後悔的機會。說話少犯錯，行事少後悔，那麼祿位就在其中了。」（《論語‧為政》）

能夠話說得漂亮且恰到好處的人，固然是智者；但是，能夠忍耐而不輕率發表意見的人也是智者，因為他懂得選擇適當時機不發言啊！

## 歷久彌新說名句

明崇禎年間，浡泥國張朝唐因仰慕中華文物，於是隨著教書先生，帶著書僮來到漳州準備應試。三人從廈門上岸，突然一群盜賊湧上來，不由分說，便將教書先生殺了。張朝唐主僕幸好識得水性，跳水逃命，才免了一刀之厄。兩人在鄉間躲了三日，決定從陸路西赴廣州，再乘海船出洋，急速回家。

這一日山道崎嶇，天色漸晚，主僕兩人來到一個小市鎮，想找個客店借宿，哪知道市鎮上靜悄悄的一個人影也沒有，似經盜匪洗劫。兩人再也不敢停留，急忙上馬向西，行了十幾里，天色全黑，又餓又怕，正狼狽時，見兩間茅屋透著火光，張朝唐想到窗口往裡窺探，忽然一隻狗大聲吠叫，一個老婆婆走了出來，手中舉著一盞油燈，顫巍巍地詢問是誰。張朝唐道：「我們是過路客人，想在府上借宿一晚。」老婆婆微一遲疑，道：「請進來吧。」張朝唐走進茅屋，見屋裡床上躺著一個老頭，不斷咳嗽。張朝唐問道：「前面鎮上殺了不少人，是什麼匪幫幹的？」老頭兒嘆了口氣，道：「什麼匪幫？土匪有這麼狠嗎？那是官兵幹的好事。」張朝唐大吃一驚，道：「官兵怎麼會這樣無法無天？他們長官不理嗎？」老頭兒冷笑一聲：「長官？長官帶頭幹呀，好的東西他先拿，好看的娘們他先要。」張朝唐道：「老百姓怎不向官府去告？」老頭兒道：「告有甚麼用？你一告，十之八九還賠上了自己性命。」張朝唐道：「怎麼說？」老頭兒道：「那還不是官官相護？別說官老爺不會准你狀子，還會把你打一頓板子且收了監。若你沒錢孝敬，就別想出來啦。」張朝唐不住搖頭，又問：「官兵到山裡來幹麼？」老頭兒道：「說是來剿匪殺賊，但往往捉不到強盜，卻亂殺些老百姓，提了首級上去報功，好升官發財。」那老頭兒說得咬牙切齒，又不停咳嗽。老婆婆不住向他打手勢，叫他別說了，只怕張朝唐識得官家，多言惹禍。張朝唐聽得悶悶不樂，想不到世局敗壞如此，心想：「爹爹常說，中華是文物禮義之邦，王道教化，路不拾遺，夜不閉戶，人人講信修睦，仁義和愛。今日眼見，卻是大不盡然，還遠不如浡泥國蠻夷之地。」（金庸《碧血劍》）

在亂世中，人人自危，深恐多言惹禍，正所謂「病從口入，禍從口出」。因此，能明哲保身，沉默自保，便不輕易開口，然而仍有許多忠貞之士，明知直言進諫容易招致災禍，卻還選擇抗顏直諫，即使犧牲性命也在所不惜，為的就是喚醒君主的昏昧，如遭流放的屈原，雖然有著「寧正言不諱，以危身乎？將從俗富貴，以媮（音ㄊㄡ）生乎？」的困惑，不過最後還是藉著太卜鄭詹尹的口中說出「用君之心，行君之意」，情願擇善固執，自沉汨羅江以明志。

# 不聞不若聞之，聞之不若見之，見之不若知之，知之不若行之，學至於行之而止矣

## 名句的誕生

不聞不若聞之，聞之不若見之，見之不若知之，知之不若行之，學至於行之而止矣。行之明也[1]，明之為聖人。聖人也者，本[2]仁義，當[3]是非，齊言行[4]，不失豪氂[5]，無它道焉，已[6]乎行之矣。

～〈儒效篇〉

## 完全讀懂名句

1. 行之明也：實踐就能通達事理。
2. 本：以……為本。
3. 當：符合。
4. 齊言行：言行相符。齊：齊一、不相違背。
5. 不失豪氂：沒有一絲一毫的差錯。豪氂：比喻極小，同「毫氂」。
6. 已：止。

語譯：未曾聽見不如聽見，聽見不如看見，看見不如知道，知道不如實踐。學習要到能夠實踐才可停止。能夠實踐就能夠通曉事理，通曉事理就是聖人。聖人之為聖人，本於仁義，合乎是非，言行相符，沒有一絲一毫的差失，沒有其他途徑，聖人也是止於實踐。

## 名句的故事

在《莊子》中有一個知名的故事：秋天的時候，許多小河小溪的水流都匯聚到黃河，使得黃河水位暴漲，而水面也遼闊了許多。掌管黃河的水神河伯見到這種情形，很是得意，自以

為黃河已是天下最大的水流了。等到河伯順著水流來到北海，才見到北海的水比起黃河來，不知要多出多少，於是河伯對著掌管北海的水神北海若嘆了一口氣，說：「如果我不是親眼看到的話，自以為了不起的我，只怕會被其他有識之士所取笑吧！」

這就是「不聞不若聞之，聞之不若見之，見之不若知之」。莊子所說的故事，在北海若「超越小大、各安天性」的論述中戛然而止。荀子不知道有沒有聽過這個故事，如果聽過的話，不知會有什麼想法？

莊子沒有讓河伯去向北海若學習成為大海的方法，因為他知道，河流不會成為大海，而且，河流也沒有必要成為大海，河伯只要不自以為大就夠了。小大各安其性，這是莊子思想的特色之一。

然而，荀子不是莊子，兩人的學說性格有著極大的差異。假如代古人立言的話，重視實踐的荀子或許會說：「人和河流不一樣。河流固然不能成為大海，但是，常人是可以成為聖人的。」

可惜荀子不像莊子那麼喜歡編故事、說寓言，不然，我們說不定還可以聽到北海若的口中說出「河海不擇細流，故能就其深」這類的話。

## 歷久彌新說名句

不聞不若聞之。那隻住在井裡的青蛙，不過是沒有聽過井外的世界而已，就從莊子的時代開始，一直被笑到兩千多年以後的現代。

聞之不若見之。在蘇東坡時代的那位盲人，聽說太陽像銅盤一樣是圓的。他敲了敲銅盤，發出噹噹的聲響。所以當他聽到噹噹的鐘聲，竟說：「這是太陽的聲響。」後來，他又聽說太陽像蠟燭一樣是亮的。他摸了摸蠟燭，感覺到蠟燭的形狀是長長的。後來當他摸到和蠟燭外形相似的笛子，他還以為摸到了太陽。像這樣一個可憐人，也被笑了將近一千年。至於那幾個摸大象的可憐盲人，就更不用提了。

盲人是因為身體的殘缺，所以看不到事情的

真相；但那些有眼睛卻不願看的明眼人，可說是眼未盲而心盲，比起真正的盲人，更令人感到可悲。

不過，眼見不一定為憑。人們看著腳下所踩的地球幾百萬年，除了幾位少數的智者外，大部分的人還是以為地是平的，非得要有人繞行地球一圈才肯相信地球是圓的。所以說，見之不若知之。

不過，知道是一回事，做到又是另一回事。見過太多只會說不會做的人以後，孔子沉痛地說：「始吾於人也，聽其言而信其行；今吾於人也，聽其言而觀其行。」認為聽到對方所說的全都是對的，也要看看他做的是不是對的。不然，誰知道對方是不是戰國時代的趙括，紙上談兵說得頭頭是道，但打起仗來，卻讓四十萬名士卒枉送了性命。

道明禪師說：「如人飲水，冷暖自知。」即使精確知道水溫多少度，也總要親自去觸碰，親自去嚐，那感覺才真實。道德的實踐尤其如此。

# 聖人也者，人之所積也

## 名句的誕生

涂之人[1]百姓，積善而全盡[2]謂之聖人。彼求之而後得，為之而後成，積之而後高，盡之而後聖。故聖人也者，人之所積也。

～〈儒效篇〉

## 完全讀懂名句

1. 涂之人：指市井小民。涂，通「途」，亦可寫作「塗」。
2. 全盡：盡善盡美。

語譯：雖是市井的平常百姓，能夠聚積善行而達到完美境界的，就可以稱為聖人。追求就可以得到，實踐就可以成功，累積就可以高明，達到完美境界後就可以成為聖人。所以聖人是人累積善行而成的。

## 名句的故事

荀子說：「涂之人可以為禹。」孟子也說：「人皆可以為堯舜。」聖賢雖然都這麼說了，但是不相信的人還是很多。於是大部分的聖賢乃至英雄全都成了天縱英才，不是星宿投胎，就是神獸轉世，出生時祥光滿室者有之，孩提時聰慧過人者有之，總而言之，聖人之所以為聖人，絕對是從小時候就可以看出來的。

千百年來，人們把孔子奉若神明，就算不為他塑像，也是把他僵化成廟裡的牌位或書中的鉛字。他們不知道，孔子其實不曾把自己看成高不可攀的聖人。「我非生而知之者。」這句話是孔子親口所說，而孔子之所以能成為聖人，靠的是學習與實踐。而這兩件事，再平凡的人也能做到。

荀子說：「聖人也者，人之所積也。」真能明白這個道理，就不用再把聖人視為遙不可及的夢想。不只是成為儒家的聖人，如果想成為各個領域的頂尖者，都該抱持這樣的觀點。

## 歷久彌新說名句

孔子說：「唯女子與小人難養也！近之則不遜，遠之則怨。」對於這樣一句帶有歧視女性意味的話語，古人固然不以為意，但在女權高張的現代社會中，這句話就顯得格外刺眼，也因而招來不少撻伐之聲。

為了合理化孔子的說法，於是有人說，話裡的「女子」指的是「近之則不遜，遠之則怨」的女子，不是所有的女子。有人說，這句話是有針對性的，批評的是衛靈公的寵妃南子。也有人說，「難養」兩個字是指女子難以養家餬口。甚至有人說「唯女子與小人難養也」這句話根本就不是孔子說的，而是出於後人的偽作。

持平來說，「唯女子與小人難養也」為什麼不能是孔子說的？這句話為什麼一定不是對女性的批評？或許，我們該問，為什麼孔子不能說錯話？

在孔子的時代，女性是沒有社會地位的，可能就是在那樣的時代背景下，孔子不自覺地說出歧視女性的話。說不定，這只是孔子在和妻子吵架後，一時的激憤之言。

荀子以為「聖人也者，人之所積也」，所謂的「積」，就是學習與實踐的過程。在學習的過程中，完全不犯錯幾乎是不可能的，重點在於，下次會不會再犯同樣的錯？

常言道：「人非聖賢，孰能無過？」這話還不夠完整，應加上：「便是聖賢，也曾犯錯，只是聖賢無貳過。」只要累積「無貳過」的工夫，長此以往，雖不能成聖，亦不遠矣！

# 善擇者制人，不善擇者人制之；善擇之者王，不善擇之者亡

## 名句的誕生

此五等者，不可不善擇也，王霸安存危殆滅亡之具也。善擇者制人，不善擇者人制之；善擇之者王[1]，不善擇之者亡。夫王者之與亡者，制人之與人制也，是其為相縣也[2]亦遠矣。

～〈王制篇〉

## 完全讀懂名句

1. 王：稱王。
2. 縣：通「懸」，差別很大。

語譯：這五類行事方法，不可以不善加選擇，這是王霸安危存亡的工具。善於選擇的人能夠制服他人，不善於選擇的人被他人所制服；善於選擇的人能夠稱王，不善於選擇的人會滅亡。稱王的人和被滅的亡者，能制服他人的和被他人制服的，其中的差別是很大的。

## 名句的故事

治理一個國家，有五種狀況：王、霸、安存、危殆、滅亡。不同的統治狀況，取決於不同的統治態度。

第一種統治態度是斥退奸巧之人，任用賢能之士。使刑法公平，百姓和睦，兵強城固，經濟繁榮。如此一來，就能像周公征伐四方一樣順利。當周公征伐東方時，西方的人會埋怨說：「為什麼不先來征伐我們呢？」當他征伐南方時，北方的人也會埋怨說：「為什麼不先來征伐我們呢？」這些人哪裡是喜歡被攻打

呢？這是因為周公征伐的目的在於解救不是殺戮。用這樣的態度治國，國家就能稱王。

第二種統治態度是任用能人，充實府庫。別國在征戰攻伐中浪費兵器及糧食，我國卻在休養生息中培養勢力；別國的君臣互相猜忌，我國的君臣能互相親厚。用這樣的態度治國，國家就能稱霸。

第三種統治態度是照常理做事，按規矩用人，對待百姓也能寬厚慈惠。用這樣的態度治國，國家至少也能安然生存。

第四種統治態度是輕佻隨便，行事多疑，喜歡任用狡詐之人，又時常侵奪百姓的財產。用這樣的態度治國，國家就很危險了。

第五種統治態度是驕傲蠻橫，任意胡為，任用官吏時常用奸險之徒，對待百姓時，又不曾顧及他們的生命，非但不注意農事，還課以重稅。若是用這樣的態度治國，國家就一定會滅亡。

荀子見到有的國家能稱王稱霸，有的國家卻危殆滅亡。那些危亡的國家，並不是因為他們的君主智巧不如人，而是他們的君主不懂得選擇正確的統治態度，所以他說：「善擇者制人，不善擇者人制之；善擇之者王，不善擇之者亡。」

## 歷久彌新說名句

厭惡醉酒就不要喝酒，這是淺顯易懂的道理；希望國家強盛，就要善用人才、善待百姓，這個道理也不難了解，因為歷史上有太多例子足以證明。沒有人不希望自己的國家強盛，但就有些統治者偏偏喜歡信任小人，偏偏喜歡壓榨百姓，其中的道理何在？

其中一個重要的原因是，即使他們的作為相同，他們也不相信自己會像歷史上其他的失敗者一樣。世上永遠有例外，就像是壞事做盡的盜跖仍能壽終正寢，品德高潔的伯夷、叔齊卻要餓死在首陽山上，他們的例子並不符合善有善報，惡有惡報的歷史常態。於是，當有人告訴他們正確的道理時，他們會說盜跖如何如何，伯夷、叔齊又如何如何，他們只願意相信例外，他們堅持認為自己就會是那個例外。

不過，例外終究是少數。從高處摔下來，大部分的人都會受傷，但就是會有人毫髮無損；毫髮無損的人就是例外。大多數做壞事的人會遭到報應，但還是會有人逍遙法外；逍遙法外的人也是例外。做選擇時應該注意的是常態，而不是例外。

生命是一連串是與非的選擇。在試卷上，選錯了就會扣分，選對了才會得分。但是也有例外，也許是閱卷者看錯了答案，也許是出題者出錯了題目，反正選錯了答案的人還是會有可能得分。

不過，為非作歹的人就像是在試卷上胡亂作答的學童，也許會碰到一兩道送分題，但是想要得到高分，甚至只是要求及格，卻是不可能的。任何人在生命的試卷上做選擇時，都應該想到這一點。

# 以疑決疑，決必不當

## 名句的誕生

水動而景[1]搖，人不以定美惡，水埶玄[2]也。瞽者仰視而不見星，人不以定有無，用精[3]惑也。有人焉，以此時定物，則世之愚者也。彼愚者之定物，以疑決疑，決必不當。夫苟不當，安能無過乎？

～〈解蔽篇〉

## 完全讀懂名句

1. 景：通「影」。
2. 水埶玄：水勢使人目眩。玄：通「眩」。
3. 精：目明。

語譯：水一動影子就搖動，人們不會以此來決定影子的美醜，這是因為水勢使人目眩。盲人抬頭看不見星辰，人們不會以此來決定星辰的有無，這是因為盲人的眼睛有問題。如果有人在這個時候決定事物，那麼他就一定是世上最愚笨的人。愚笨的人決定事物，是以疑惑來決定疑惑，所決定的事一定是不恰當的。決定不恰當，又怎能沒有過錯呢？

## 名句的故事

清末民初，河南魯山縣有一個知名的拳師，名叫張根，體格魁梧，仗義好勇，時常出手擊斃那些他眼中的為非作歹之徒，人稱「回師爐」，意思是說讓那些人把所學還給師門，並回爐燒成骨灰。

張根因為殺人太多，所以常遇見有人埋伏，意圖報復。但他自恃武功高強，不以為意。有一天傍晚，天色昏暗，加上山中起了大霧，所以視野不明。張根看到路邊有半截枯死的大樹，誤認為有人要襲擊他，就立即施展出拳法中的「靠」法，以全身之力向大樹撞去，結果被粗枝洞穿肺部而死。死時還不到三十歲。

荀子說：「凡觀物有疑，中心不定，則外物不清，吾慮不清，則未可定然否也。」意思是說，當心中仍有疑慮時，就不能決定是非可否。他以夜行的人為喻，說人們在黑暗中往往會把巨石誤為伏臥的老虎，把大樹看成站立的人。張根就是一例。

張根所犯的錯誤並不是在攻擊大樹那一刻才開始，而是從他打死第一個人開始。他自以為伸張了正義，但他心中確實知道什麼是正義嗎？一個人犯了罪，總要經過法院再三審理，才能明白真相，也才能決定處罰的方式。張根只是憑藉著自己的雙眼雙耳就決定了別人的生死，又豈能不犯錯？就拿路邊的大樹來說，莫說那是大樹，就算它是個真人，也沒有攻擊張根的意圖，張根卻痛下殺手，不管死的是誰，能說是正確的決定嗎？

荀子說：「以疑決疑，決必不當。」說的就是張根這一類的人。

## 歷久彌新說名句

愚者決定事情，往往受限於虛幻的外在，這是所謂的「以疑決疑」。這在邏輯學上有個說法，即「前提」為假，則「推論」不能成立。

什麼是「前提」？就是支持結論的語句。例如凡是趙國人都是中原人，荀子是趙國人，所以荀子是中原人。支持「荀子是中原人」這個結論的「前提」是「趙國人都是中原人」、「荀子是趙國人」這兩個說法。只要不是所有的趙國人都是中原人，或者荀子不是趙國人而是其他國家的人，那麼「荀子是中原人」的推論就沒有意義，就算荀子真的是中原人，那也不是推論所得。

由兩個前提推出一個結論，這是邏輯學的「三段論法」。「三段論法」運用得宜，可以推知許多道理；運用不當，則會得到似是而非的答案。如墨子的「殺盜非殺人也」，以現在法治、人權的觀點來看，這個說法就有問題。

墨子認為殺人是錯誤的行為，殺盜賊卻不是錯誤的行為，所以殺盜賊不等於殺人。墨子的說法犯了幾個錯誤，首先，「殺人是錯誤的行為」這種說法有問題，軍人在戰場上殺敵，劊子手在刑場上執行死刑，都是殺人，卻不是錯誤的行為。「殺盜賊不是錯誤的行為」也是錯誤的說法，盜賊被殺，罪刑必須先確定，執法者必須是劊子手，執法地點必須是在刑場，執法的時間也必須按照規定，少一個條件，都不能算是正確的行為。墨子據以推論的兩個前提都錯了，結論自然是沒有意義的。

人世間有許多似是而非的道理，必須一一加以釐清。例如：男性和女性一天都只有二十四小時可以工作，已婚女性必須挪出時間照顧家庭，所以已婚女性不適合工作。其實第一個前提固然沒錯，但是，人不是二十四小時都在工作，工作品質的好壞不是單看時間就可以決定，更何況，照顧家庭又豈只是女性的責任？所以，適不適合工作，端看能力及工作需求而定，和已婚未婚、男性女性並不一定相關。

# 君子之言，涉然而精，俛然而類，差差然而齊

## 名句的誕生

君子之言，涉然而精，俛然而類，差差然而齊。彼正其名，當其辭，以務白其志義者也。

～〈正名篇〉

## 完全讀懂名句

語譯：君子的言論，會融入智慧且用語精確，會就語言本身去分類用詞，會把語詞區分清楚，並統一使用。君子會調整名稱，用恰當的言辭，力求表達出他自己的想法和行為。

## 名句的故事

君子說話的用辭與名稱，能有名實相符的表達，足以讓人們了解話中所要呈現的真相。如果說話不守禮法、不切實際，那就是奸詐邪惡的行為。一旦說話用語背離了「名符其實」的原則，就可說是言語遲鈍，君子最唾棄這樣的狀況，但愚蠢的人卻當作是自己的利器；換句話說，愚昧的人言辭粗糙、艱澀卻不優雅，還背離名稱該有的意義，因為愚昧的人喜歡亂用辭彙，也說不明確。而聰明人說出來的話，很容易被人領會、了解、掌握。

那麼，君子的話為何能夠這麼得體、明確表達出語言的內涵呢？荀子認為，這是因為君子遵從「道」的緣故，而且說話的內容也不離「道」的原則。

荀子接著畫出他認為的理想境界。他說，每一個人都會順從自己所認可的價值，也會去除自己所不認可的。如果一個人知道萬事萬物中

就是「道」最好，他卻不去遵循「道」，這是不可能的事情。「道」不會因為人不去遵循而有所變化。所以，有智慧的人只選擇談論「道」，而視野窄小的文人就只會賣弄文辭。

## 歷久彌新說名句

「君子之言」在道理上可是正正當當、妥妥善善，是教化平民百姓的最佳典範。但是「君子之言」一旦扯到皇帝的臉面，這可就不見得具備正當性或是妥善性了。我們可以從歷史上的「文字獄」了解「君子之言」可能受到的待遇。

首先，就是秦始皇，不僅是可以開口的君子之言，或是已經成為文字的君子之言，都在秦始皇決定排除異己的政治思想的同時，遭到毀滅，一者是「坑儒」，另一者是「焚書」，這兩者都為中華文化帶來無法挽回的浩劫。

漢朝史家司馬遷，因為替投降匈奴的李陵說了幾句話，恰巧這些話對漢武帝來說很刺耳，因此被視為對皇帝不敬，後來不僅李陵全家被殺，司馬遷更受到「宮刑」的恥辱。然而這次的羞辱，卻讓司馬遷道出流傳萬世之言——《史記》呀！

清朝可說是文字獄最嚴重的時代。康熙二年莊廷鑨的明史案，是清朝開國以來第一宗文字獄，本案判刑時，莊廷鑨早就不在人世，因此莊廷鑨的刑罰就是被開棺焚屍。而為這本《明史》寫序、刊刻、賣書的人，大約七十多人，亦都遭受株連。

# 無稽之言，不見之行，不聞之謀，君子慎之

## 名句的誕生

無稽之言，不見之行，不聞之謀，君子慎之。

～〈正名篇〉

## 完全讀懂名句

語譯：無可考察、驗證的言論，沒有見過的行為，沒有聽說過的計謀，君子都要慎重對待。

## 名句的故事

對每一事物「正名」的意義在於了解它們表達的真相與事實，使其名與實得以相符。這是社會安定、國家富強的重要基礎。

荀子指出，刑法的名稱是遵循商代所訂定的；官爵的名稱是遵從周代所制定的；節文的名稱是遵從流傳的儀禮；萬物的名稱，是依循華夏各國的既成習俗，融合其他地域的不同習俗而制定，並且在天下通用。換句話說，每事、每物皆有其名、有其根據。

君王已經確認萬事萬物的名稱，並且施行天下，人民便有一致的認知。所以擅自更改這些名稱、混亂它們的意義，使人們產生疑問，甚至導致爭端，就是奸惡之人。為了避免社會的紊亂，聖明的君王會要求人民都要遵守同一制度。

身在春秋戰國時代的荀子，覺得當時是聖王不出世、名臣不用世的時代，很多奇怪的名詞都跑出來，這些名詞沒有與事實相符，所以會

有是非不明、標準不一的狀況，連官吏、文人也都會弄錯。荀子也指出，名稱本身並沒有所謂的一定恰當，但都是大家共同約定的，只要成為習慣，就可說是恰當、真實；違反共同約定的名稱，就叫作不恰當。

因此，聽到這個事物的名稱，就知道它的真相，這就是名稱的功用；而違反大家的經驗法則、毫無根據的言論、想法，就應該被制止，因為這會混淆視聽、破壞秩序。

## 歷久彌新說名句

大臣在勸戒君王時，通常會說：「不詢之謀勿庸，無稽之言勿聽。」（《舊唐書．柳澤傳》）「勿庸」就是「勿用」的意思，即沒有經過徵求眾人意見的謀略不要採用，沒有事實根據可以查證的言論不要聽從；君王如果可以做到這點，那麼「天下之化，人無間焉，日新之德，天鑒不遠」，天下可以有教化，人們之間沒有距離，每天都會有進步，上天的德行也會愈來愈近。

大臣也會勸戒說：「斷浮虛之飾詞，收實用之良策，不取無稽之說，必求忠告之言。」（《舊唐書．薛登傳》）拒絕不切實際的言論，採納踏實可執行的策略，不選取沒有根據的建議，務求真誠的建議。君王只要做到這點，就可以「循名責實」，用臣子所說的話、判斷這個人，用臣子所做的事情、考察這個人，自然可以把無用之輩逐出朝廷之外，避免大臣中有僥倖之徒呀！

# 言語之美，穆穆皇皇；朝廷之美，濟濟蹌蹌

## 名句的誕生

言語之美，穆穆[1]皇皇[2]；朝廷之美，濟濟[3]蹌蹌[4]。

～〈大略篇〉

## 完全讀懂名句

1. 穆穆：平和美好的樣子。
2. 皇皇：盛大鮮明的樣子。
3. 濟濟：整齊眾多的樣子。
4. 蹌蹌：行步威儀的樣子。蹌，音ㄑㄧㄤ。

語譯：把話說得很好，就會給人平和美好、盛大鮮明的美感；重陳列隊在殿堂上議事的莊重景象，陣容盛大而且個個很是威武的樣子。

## 名句的故事

這句名言是在告訴剛登基的天子該如何說話。誠如孔子說：「言之無文，行而不遠。」（《左傳》）說話如果沒有文采，就無法被流傳很久。

本章亦提供天子登基後，各級百官應該提出治理國家的建議。

荀子說，天子登上王位時，群臣必然要為國家治理的方向獻上計策。上卿要天子培養憂患意識，因為能排除憂患就會帶來幸福，不能排除憂患就會有禍害。中卿要天子能夠德配天地，在事情發生之前要考慮發生的事能否承受得住，在災禍發生之前能考慮災禍發生的可能性，就是預防。下卿則是進言天子要有敬重的

態度，要有戒慎恐懼的心情，因為災禍是與福祿是相互伴隨的。

荀子還提到，大禹登基後，經過在耕田的人就會扶著車前的横木，低頭示意，經過有十來戶人家的鄉里，也會下車問候。祭祀太晚、上朝太晚，都不符合禮制。君子符合禮制，才能用禮制治理百姓，否則很容易就出錯。

另外，還談到要注意的朝儀，例如頭與腰平齊的叫作「拜」，頭比腰部還要低的叫作「稽首」，頭觸到地上的叫作「稽顙（音ㄙㄤˇ）」；大夫的家臣見到天子，只拜，不稽首，這並不是要尊重家臣，而是要避免大夫和天子是一樣的位階。

這些林林總總的規矩，居然讓荀子寫了大幅篇章，這是因為戰國時代的社會氛圍充滿功利主義，禮制已經崩壞，荀子正打算搶救呀！

## 歷久彌新說名句

本名句中的幾個形容辭，都是用於朝廷或君王身上的。《金史》記載：「穆穆皇皇，天子躬祀。群臣相之，罔不敬止。俎豆畢陳，物其嘉矣。馨香始升，明神燕喜。」這是介紹天子祭祀時的豐盛美好的景象。天子舉止威儀，親自祭拜天地，眾群臣莫不恭敬地跟隨君王祭拜，豐富的供品都擺設出來，當香煙裊裊升起，神明也感到喜樂。

周朝在中國封建制度的前提下，每一個社會階層的穿戴服飾、舉止禮儀，甚至是居家建築，都有其既定的規範，這是每一種身分的表徵，也是封建社會的文化秩序。《禮記．曲禮下》記載：「天子穆穆，諸侯皇皇，大夫濟濟，士蹌蹌，庶人僬僬。」天子的威儀是深不可測的樣子，諸侯的舉止是莊重尊貴的樣子，大夫的舉止則徐緩有節度的樣子，讀書人的舉止是瀟灑豁達的樣子，一般人的舉止是匆匆忙忙的樣子。這些行為舉止的不同表現，就是社會階級透過禮制規範所造就的。

# 無留善，無宿問

## 名句的誕生

君子之學如蛻[1]，幡[2]然遷之。故其行效、其立效、其坐效，其置[3]顏色、出辭氣效[4]。無留善[5]，無宿問[6]。

～〈大略篇〉

## 完全讀懂名句

1. 蛻：動物所脫下的皮膚或外殼。如：「蟬蛻」、「蛇蛻」。
2. 幡：與「翻」相通。
3. 置：措。
4. 效：仿。
5. 無留善：立即行善。
6. 無宿問：有問題立即問。

語譯：君子的學習如同蟬蛻，一翻轉即有改變。所以他行動時倣效、站立時倣效、坐著時也倣效，他臉表顏色、口出辭氣時倣效。善行立刻即行，有問題立刻提問。

## 名句的故事

證嚴法師的《靜思語》提到「行善行孝要即時」，即時行孝是為了報父母恩，即時行善為了報眾生恩。佛教勸人行善，同時又「防患於未然」地勸人止惡，否則就像無底的水桶，永遠是灌不滿的。因此佛法首先勸人不要殺生和食肉，以養仁德。即時行善，是生活中的上策，老子說：「積善之家必有餘慶，積不善之家必有餘殃。」亦是勸人應該要行善，多行善事才能有福澤啊！

而在基督的世界裡，亦是勸人為善，〈箴言〉裡說道：「你手若有行善的力量，不可推辭，就當向那應得的人施行。」鼓勵基督徒要多施捨，要給那應得的人。〈提摩太前書〉對那些富足的人說：「你要囑咐那些今世富足的人，不要自高，也不要倚靠無定的錢財；只要倚靠那厚賜百物給我們享受的神。又要囑咐他們行善，在好事上富足，甘心施捨，樂意供給人，為自己積成美好的根基，預備將來，叫他們持定那真正的生命。」因為神叫我們凡事富足，是為了讓我們可以多多施捨，不要讓屬天的祝福堵塞在我們身上！〈哥林多後書〉對於行善記載著：「神能將各樣的恩惠多多地加給你們，使你們凡事常常充足，能多行各樣善事。如經上所記：他施捨錢財，賙濟貧窮；他的仁義存到永遠。那賜種給撒種的，賜糧給人吃的，必多多加給你們種地的種子，又增添你們仁義的果子；叫你們凡事富足，可以多多施捨，就藉著我們使感謝歸於神。」鼓勵行善的言語，在聖經裡多次出現，可見神期待祂的子民能多多積善啊！

不論宗教、不論信仰，行善永遠不嫌少，行善永遠要即時！

## 歷久彌新說名句

劉備在白帝城托孤，臨死前對劉禪（阿斗）說了這段話：「勉之！勉之！勿以惡小而為之，勿以善小而不為。惟賢惟德，能服于人。」小可以為大，滴水可以穿石；小小一句話，可以使人發菩提心；小小一句話，也可以斷人性命；一言可以興邦，一言也可以喪邦。

好慈大帝曾慈悲地說：「小事辦不好，大事更糟糕！」所有的大事，都是從小事慢慢累積而成；所有的行為能力與處事經驗，都是由小累積而得。如果小事敷衍了事，大事怎麼可能會慎重其事？因為已經習慣隨隨便便，馬馬虎虎，做事自然不會去注重細節。所以，做大事必須從小事開始培養，即所謂「勿以惡小而為之，勿以善小而不為」。傳聞梁武帝的前身是一個樵夫，因為看見佛像淋雨，於是起善心拿了個斗笠遮佛身；又有一次拿了七塊大石頭，建造了七星橋，方便行人過河，由於這些善舉，得到來世當皇帝的福報。

關尹子云：「勿輕小事，小隙沉舟；勿輕小物，小蟲毒身。」一個人的墮落往往是從一些小地方開始的。有個民間故事說道，一個人從小飽受溺愛，長大後犯下了滔天大罪，被判了死刑，行刑前，他要求能再喝一次母親的奶，疼愛孩子的母親，心痛地把她的孩子擁入懷中，看著這位自己含辛茹苦拉拔長大的孩子，如同嬰褓時期般吸吮她的奶。沒想到這年輕人狠狠地咬了母親，母親痛得流淚氣年輕人的不孝。沒想到年輕人說：「我今天會淪落到這樣的下場，全都是妳害的！因為從小妳都沒有告訴我，什麼事是錯的、什麼是對的？我犯錯了，妳也從不糾正我，妳只告訴我：『孩子不要怕！天塌下來一切有我。』現在我鑄下大錯了，我好恨啊！」然而再多的悔恨也來不及了。

# 君子贈人以言，庶人贈人以財

## 名句的誕生

嬰聞之：君子贈人以言，庶人贈人以財。嬰貧無財，請假於君子，贈吾子以言：乘輿之輪，太山之木也，示[1]諸檃栝[2]，三月五月，為幬菜[3]，敝[4]而不反其常。君子之檃栝，不可不謹也。慎之！蘭茝稾本，漸於蜜醴[5]，一佩易之。正君漸於香酒，可讒而得也[6]。君子之所漸，不可不慎也。

～〈大略篇〉

## 完全讀懂名句

1. 示：借為「寘」，音ㄓˋ，意為安放。
2. 檃栝：矯正曲木的器具。後引申為矯正。《荀子・性惡》：「故枸木必將待檃栝烝矯然後直，鈍金必將待礱厲然後利。」或作「隱栝」。
3. 幬菜：據楊倞荀子注，菜讀為菑，意思指「轂」或「輻」。「轂」指在車輪中心的圓木；「輻」指車輪中連接車轂和輪圈的直木。
4. 敝：敝舊。
5. 漸於蜜醴：漸，浸泡。醴，甜酒。漸於蜜醴，浸於蜜醴之中。
6. 正君漸於香酒，可讒而得也：正直之君如受浸染，也可進讒而取得他的信任。

語譯：嬰我聽人家說：君子贈給人以言辭，庶人贈給人以財物。嬰我家貧困沒有財物，請假借為君子，贈你言辭。乘輿的輪子，是用太山的樹木建造的，把樹木放置於矯正曲木的器具上，彎成一定的弧度，經過三個月、五個月後，弧度固定了，然後做成車轂和車輻，直到轂輻敝舊為止，木頭的規曲都不會再變回去。同樣地，身為君子，對於行為的矯正不可以不謹慎。蘭茝槀本，浸泡於蜜醴中，雖一佩可輕易為之，可是庶人也不去佩帶它；正直的君子如果常浸泡在甜酒似的甜言蜜語中，也容易被這些甜言蜜語所迷惑，所以君子對於逐漸被汙染的環境，千萬不可以不謹慎。

## 名句的故事

《史記．孔子世家》記載孔子問禮於老子，臨去時老子贈言：「吾聞富貴者送人以財，仁人者送人以言。吾不能富貴，竊仁人之號，送子以言。」用白話文來說就是「我聽說富貴有錢的人送人錢財，仁義的人送人話語。我不是富貴人家，只好盜用仁人的名義，送些話給你吧！」

老子贈言給孔子，可以看作是長者對後生晚輩的諄諄告誡，也提醒了我們：送人以財只能解決人一時的溫飽，送人以言則能使人受益一生。歷史上多少知名人物，像是秦檜，在世時爭名逐利，叱吒風雲，享盡了榮華富貴，死後卻是罵名連連。而孔子，周遊列國，一生貧困，未曾享有榮華富貴，但卻在死後名垂青史，受人尊崇敬仰。從「仁人者送人以言」這句話中，不禁想起《左傳》：「太上有立德，其次有立功，其次有立言，雖久不廢，此之謂不朽。」「立言」能與「立德」和「立功」並列為三件永遠受人景仰的不朽盛事，由此可見「贈人以言，重如珠玉」的力量了。

## 歷久彌新說名句

風趣的紀曉嵐流傳下不少運用智謀解決難題的故事，光是贈人兩句話就能打贏一場官司，平了冤屈呢！

一日，紀曉嵐難得有空閒到鄉間走一走，忽然聽見有一家人哭哭啼啼的，原來這裡住著一對小夫妻，男的叫邱八娃，長得粗粗壯壯，娶了個嬌滴滴的老婆趙氏。沒想到趙氏去洗衣時被村裡的大財主汪砍山撞見，汪財主垂涎趙氏美貌，上前調戲。趙氏又怒又急，大聲呼救，正巧邱八娃趕到，對汪砍山飽以老拳，這汪砍山平日嬌生慣養的身子哪禁得住？癱在地上動彈不得。

汪砍山仗著在京城做官的兒子有權有勢，豈肯罷休？馬上到衙門喊冤，說邱八娃行兇，企圖謀財害命。這位邱八娃是個老實人，平日寡言木訥，要真到了衙門哪說得出話來？這對小夫妻不知所措，只能抱頭痛哭。

紀曉嵐聽了鬍子直翹，想了一會兒，叫邱八娃找來筆墨，伸出手來，兩隻手掌上各寫了幾個字，並對邱八娃說：「你到了衙門，一句話也別說，縣太爺問你，先舉起左手；再問，就舉右手，如果他問是誰寫的？你就回他——紀曉嵐。」

邱八娃按著紀曉嵐的吩咐，當縣太爺拍桌喊道：「你狗膽包天，竟敢欺到汪老太爺頭上？趕快從實招罪。」

邱八娃不作聲，舉起左手，縣太爺一看，上頭寫著：「我妻有貂嬋之美。」

縣太爺繼續往下問，邱八娃有舉起右手，縣太爺再看，上頭寫著：「砍山有董卓之淫。」

縣太爺一看，心想這汪砍山真的是無恥，活該挨打。但他又想到這汪財主的兒子若怪罪怎辦？左右為難間，突然想到這邱八娃怎可能想出這兩句話，狠拍了一下經堂木問：「說，這兩句話是何人所寫？」

邱八娃吞吞吐吐，老半天才擠出三個字：「紀曉嵐。」一聽到這三個字，縣太爺揮揮手，說：「去吧！去吧！恕你無罪。」

就這樣，兩句話救了無辜性命。贈人以言，不僅重如珠玉，還抵得上寶貴生命。

# 君子疑則不言，未問則不立

## 名句的誕生

學問不厭，好士不倦，是天府也[1]。君子疑則不言，未問則不立[2]，道遠日益矣[3]。

～〈大略篇〉

## 完全讀懂名句

1. 天府：指所得非常多。
2. 立：王念孫認為「立」當為「言」。
3. 道遠日益：遠，指時間久了；道遠，意思是為道的時間久了。益，增加；日益，意思為日益增加。

語譯：學習時不倦怠於發問，勤學而不厭倦，將會收穫非常的多。君子如果有疑問，則不會發表意見，沒有問清楚、明白，是不會發言的，為道久了，收穫將日益增加。

## 名句的故事

君子疑則不言，若有疑則不恥下問。東漢著名學者荀淑，勤奮好學，不恥下問。有一次，他在旅途中遇到了黃憲，當時黃憲僅十四歲，既無名望也無地位，但荀淑在黃憲的談話中發現黃憲的學問很好，有的地方甚至比自己懂得還多。荀淑不因自己的地位而擺高姿態，反而提出一些問題請教黃憲。黃憲的回答讓荀淑十分佩服，兩人愈聊愈開心，荀淑整整問了一天的問題，還捨不得離開。臨別時還誠敬地尊稱黃憲為老師。因荀淑不恥下問的精神，讓他成為學問淵博的大家。

而至聖先師孔老夫子更是好問，《論語》記

載孔子入太廟每事問，有人說：「誰說鄹人的兒子知道禮？入太廟問個不停。」孔子聽到了，回答說：「對於不明白的事情，總要問個明白，這才是禮的表現啊！」而當時衛國的一個大夫孔圉子死了，被諡為「文」，子貢不明白就去問孔子，孔子說：「敏而好學，不恥下問，所以才諡為『文』。」

可見，「問」是多麼重要的工夫。

## 歷久彌新說名句

《論語．陽貨》子曰：「道聽而塗說，德之棄也。」意思是說，在道路上聽到的話，如果沒有查證就隨便傳揚出去，簡直是自棄其德，因此有德行的人是不會這樣做的。

除了不道聽塗說，君子還應守著「不空談」的態度。夸夸其談的人，往往都是囊中空虛無物，若無真才實學，恐怕將淪為「沽名釣譽」之士。戰國時期，齊國的東阿地區的阿大夫不幹實事，專門吹噓，自他任職後，有不少人稱讚他的功績，就連齊威王左右也有不少人說他好話。齊威王派人實地調查，發現那裡田地荒蕪，人民飢饉，民不聊生；與東阿相臨的薛陵遭到趙、衛兩國進攻，他也不派兵救援。於是齊威王召見他，斥道：「厚幣事吾左右以求譽。」當日，對阿大夫處以極刑，連那些為他說好話求譽者也落得同樣下場。群臣看了心生畏懼，再也不敢飾詐，務必傳達實情，從此齊國大治，強於天下。

# 流丸止於甌臾，流言止於知者

## 名句的誕生

語曰[1]：「流丸[2]止於甌臾[3]，流言[4]止於知者。」此家言[5]邪學之所以惡儒者也。是非疑，則度[6]之以遠事，驗之以近物，參[7]之以平心，流言止焉，惡言[8]死焉。

～〈大略篇〉

## 完全讀懂名句

1. 語曰：指古語、諺語、俗語等。
2. 流丸：滾動的彈丸。
3. 甌臾：「甌」和「臾」都是指瓦器，用來比喻低窪不平的地面。
4. 流言：沒有根據的話，大多用於毀謗他人。
5. 家言：在此指「雜家」之言。
6. 度：考慮、推測。
7. 參：驗證。
8. 惡言：無禮、辱罵人的話。

語譯：俗話說：「流動的彈丸，將在低窪處停下來；中傷別人的話，將止息於智者之口。」這就是雜家邪學為何遭到儒者所厭惡的原因。對是非有疑惑時，可以用過去曾經發生的事情來推測，用最近產生的事物來檢驗，再心平氣和地驗證它，這麼一來，流言自然止息，惡言也會消除不見。

## 名句的故事

根據《荀子．大略》記載，有回曾子吃魚，而吃不完剩下的魚該怎麼處理？他說：「加些水，煮成魚湯好了。」底下的門人說：「再加水煮成魚湯容易腐爛，吃了有害健康。不如把魚醃起來吧！」曾子難過地哭著說：「難道你們以為我別有用心嗎？」他很難過自己太晚聽見這件事了。

曾子對於自己說出來的話戒慎恐懼，害怕自己被誤解成有害人之心，也說明了君子對於自己的一言一行都十分謹慎，在這種情況下，對自我要求高，自會避免流言蜚語的產生。

所謂「謠言止於智者」，真正的智者，不會在乎謠言的多寡，不會在意謠言的華麗，重視的是自我內心是否隨著謠言動搖起舞，引來平靜海面的軒然大波。

就算是滿天遍布著流言蜚語，真正的智者不會跟著去附和，所謂「風吹幡動」，一僧云：「風動。」一僧云：「幡動。」議論不已。最後六祖慧能說：「不是風動。不是幡動。仁者心動。」管他謠言再多，只要心不跟著動，就不會有所動搖了！

## 歷久彌新說名句

謠言的力量極為可怕，可以來看看「三人成虎」的故事。

戰國時代，各國互相攻伐，為了互為取信，所以國與國之間會把太子交給對方做為人質。魏國大臣龐蔥，將陪太子到趙國做人質，臨行前他對魏王說：「如果現在有一個人來報告說街上出現了老虎，大王您會相信嗎？」

魏王回答：「我不信。」

龐蔥接著說：「如果有第二個人說街上出現了老虎，大王信不信？」

魏王想了一下回答：「這下子，我會有些將信將疑了。」

龐蔥追問：「如果有第三個人報告街上出現了老虎，大王這時相信嗎？」

魏王道：「都已經有那麼多人說了，我當然會相信。」

「唉！」龐蔥嘆了口氣：「街上是人口集中的地方當然不可能有老虎，很明顯的是造謠，但是這麼簡單的事經過三個人的口，您就相信了。現在趙國國都邯鄲離魏國國都大樑是這麼的遙遠，會向您毀謗我和太子的人恐怕不只三個，希望大王屆時能明察才好。」

有時謠言會掩蓋真相，影響我們判斷一件事情的真偽，因此，聽到傳言，必須「度之以遠事，驗之以近物，參之以平心」，不能道聽途說。否則「三人成虎」，誤把謠言當真了。

然而歷史上聽信謠言的例子不少，像是曾子殺人、屈原被迫流離。漢代李陵還因謠言，全家慘遭處死、司馬遷也因為他被處以宮刑。

漢武帝時，匈奴大舉入侵，邊疆告急。老將軍李廣依照衛青計策，決定襲擊匈奴後方，要生擒單于，由衛青與李陵、灌夫，率領大軍分成兩路，直攻匈奴老巢。但是出師不利，灌夫和李陵被困孤山，兩人又意見不合，李陵一氣之下，僅率領將士五百人繼續往前進。不幸被發配在邊疆的梁王探聽到消息，急忙去密告匈奴單于，單于派伏兵突擊李陵，一行人死傷慘重，副將逃出來向灌夫求援，請求灌夫出兵相助，沒想到灌夫拒不出兵，而李陵遭到俘虜。

灌夫奏報武帝李陵投降了，武帝聽了十分震怒，下旨將李陵全家處死。史官司馬遷不相信李陵會真心降敵，所以替李陵說話求情，不料遭到牽連，被盛怒的武帝下令施以宮刑。直到張騫回到京城，奏報實情，說出李陵並未真的投敵，而是灌夫畏戰鑄成大錯，此刻武帝後悔莫及，憤怒地處死灌夫。

李陵冤屈雖平，但也家破人亡。這一切都因為謠言造成難以彌補的傷害啊！

# 君子知之曰知之，不知曰不知，言之要也

## 名句的誕生

子路盛服[1]見孔子，孔子曰：「由，是裾裾[2]何也？昔者江出於嶓山，其始出也，其源可以濫觴[3]，及其至江之津也，不放[4]舟，不避風，則不可涉也，非維[5]下流水多邪？今女衣服既盛，顏色充盈，天下且孰肯諫女矣！由。」子路趨而出，改服而入，蓋猶若[6]也。孔子曰：「志之，吾語女，奮[7]於言者華，奮於行者伐[8]，色知而有能者小人也。故君子知之曰知之，不知曰不知，言之要也；能之曰能之，不能曰不能，行之至也。言要則知，行至則仁，既知且仁，夫惡有不足矣哉！」

～〈子道篇〉

## 完全讀懂名句

1. 盛服：華麗的服飾。
2. 裾裾：衣服華麗的樣子。裾，音ㄐㄩ。
3. 濫觴：本指江河的發源處，水極淺小，僅能浮起酒杯，後借喻事物的開始。
4. 放：音ㄈㄤ，併船，同「方」。
5. 維：通「唯」。
6. 猶若：舒坦美好的樣子。
7. 奮：誇飾。
8. 伐：自己誇張功勞。

語譯：子路穿著華麗的服飾拜見孔子，孔子說：「由，為什麼你穿得這麼華麗呢？古時候江出自嶓山，當它剛剛流出時，它的源頭非常淺小，等到來至江的津口處時，如果不併舟、

不避大風，就沒辦法渡過，這不是因為下流處的水多了的緣故嗎？現在你的衣服穿得如此華麗，顏色又這麼鮮豔，那麼天下還有誰肯來勸諫你呢？由呀！」子路很快地走了出來，換了衣服再進去，變得舒坦美好。孔子說：「由，你記住，我告訴你：誇飾的言語只會華而不實，誇飾的行為只會誇張自己的功勞卻無所成就，所知的即表現在神色上而自以為是有能力的人，這是小人。所以，君子知道就說知道，不知道就說不知道，這是說話最重要的原則；能的就說能，不能就說不能，這是做事最重要的準則。說話能把握原則就是智，做事能掌握準則就是仁，一個人既智又仁，那還有什麼不足的呢？」

## 名句的故事

子貢曾經問孔子：「衛國大夫孔圉的諡號為什麼是『文』呢？」孔子回答說：「他聰敏好學，不因為向地位比自己低的人求教而覺得羞恥，所以死後才用『文』這個字做為他的諡號。」（《論語．公冶長》）孔圉雖然並不溫文儒雅，但他聰敏好學，又不恥下問，並不因為自己的身分地位特殊，或天資聰敏而自視甚高，不肯求教他人，所以才會諡號「文」。孔子做魯國大夫時，初次進入周公廟助祭，遇到每件事都去問人，有人便質疑他：「誰說這個來自鄹（音ㄗㄡ）邑的年輕人懂禮呢？他進入周公廟，遇到每件事都要問人。」孔子聽到了便說：「凡事謹慎，不懂的就要發問，這就是禮啊！」（《論語．八佾》）孔子認為自己不懂的事情，就要請教他人，絕不可以不懂裝懂，這樣反而會誤事，因此，孔子曾說：「天生就知道的，那是上等資質的人；經過學習然後知道的，那是次一等資質的人；遇到困難然後才苦學的人，那是又次一等的人；而遇到困難卻依然不肯學習的人，這是最下等的人。」（《論語．季氏》）如果有不懂的地方，卻假裝懂，或是放棄不肯學習，那都不是正確的處世態度，所以孔子曾經告誡子路：「知道的就說知道，不知道的就說不知道，這才是真知道啊！」（《論語・為政》）而荀子也說：「君子知道就說知道，不知道就說不知道，這是說話最重要的原則。」

## 歷久彌新說名句

明朝宣德年間，河南開封府外清溪村裡有個新發財主柴昊泉，妻子亡故後，將妾室艾氏扶正，艾氏生有一子，名喚白珩，十分愚蠢，因為胸中不濟，大家都叫他柴白丁。柴白珩瞞著父親，央一個光棍秀才杜龍文，尋了門路，終於做了秀才，不過卻遭村中輕薄少年編了笑話取笑，柴白珩聞知，十分憤怒。過了幾日，杜龍文因為索謝不敷使用，竟故意找人在學師面前說出白珩舞弊之事，學師便喚白珩來，出題面試，白珩那裡做得出？一時出盡了醜。學師聲言要黜退他的前程，白珩著急得很，只好又央杜龍文從中打點，費了好些錢，才得沒事。

後來，柴白珩先託杜龍文到京納監，又引薦白珩送上厚禮給司禮太監，還拜了太監做乾兒子。那太監姓鄙，名龍，掌司禮監印務，最有權勢。因受了柴白珩的投拜，又得了賄賂，就照顧他考職候選。杜龍文自謂有功，想要索取厚謝，但白珩見事既已成功，口中雖說尚容圖報，卻只是許諾而始終不肯兌現。龍文等得不耐煩，假意寫了一紙借約，要白珩借銀一百兩，白珩竟把借約丟還了他，回說沒有銀子。龍文十分懷恨。到得吏部選官之日，杜龍文便故意暗中找人延誤了柴白珩春選的機會，讓柴白珩只好暫住在京城中等候秋選。

有一天，柴白珩到京城名妓馬二娘的妓院住下，因為馬二娘十分聰明，又精通詩詞歌賦，柴白珩深怕自己被看低了，於是經常買書回去，不過卻是把書當枕頭而已。馬二娘知道以後忍不住笑了出來，柴白珩卻以為馬二娘對他有意思，便要求與馬二娘相見。柴白珩到了馬二娘的房裡，看到牆上的字畫，卻是一個字也不認得，只有一副對聯「談笑有鴻儒，往來無白丁」中的白丁二字認得。柴白珩雖然心虛不痛快，卻仍要求與馬二娘共宿一宵，但馬二娘因已有意中人，所以托病不肯。

隔天，柴白珩請馬二娘在扇上題字：「嗤嗤抱布合詩篇，三百青蚨肯易捐。愧乏瓊瑤相報贈，數行聊致木瓜前。」柴白珩不解其意，還拿著扇子到處誇耀馬二娘與自己相好，結果被大家傳為笑柄，還改叫他柴木瓜。柴白珩羞憤地欲找杜龍文設法擺布馬二娘，杜龍文卻說：「馬二娘的詩並不是在笑你，這是大家嫉妒你，故意戲弄你的啦！」柴白珩聽了半信半疑，杜龍文又說：「不過，我聽說馬二娘的房裡有副對聯是『往來無白丁』的句子，我想這可能是在譏誚你的，因為你原本不該到她家去的，你如果去的話，就成了『往來有白丁』。不過，我想這個對聯是在你去之前，她便先寫下了，所以不是專為你而設，自然也沒辦法怪她！」

不久，朝廷卻在秋選之前公布：監生不可以越例選官；但以前選上的就算了，其他候選的監生，全部不准選。柴白珩知道了以後，氣得口瞪口呆，可是卻也沒辦法，只好回家鄉去了。（清·徐述夔《快士傳》第四卷）

柴白珩明明目不識丁，胸中無半點墨，卻一再託人尋門路取功名、買官，做種種儒生行徑，卻反而處處招人恥笑，尤其明明不懂名妓馬二娘所題扇面的詩意，卻招搖獻寶，還想誇耀馬二娘與自己相好，結果卻更出了個大糗，可見不懂卻裝懂的人，實在不可取啊！

# 知者自知，仁者自愛

## 名句的誕生

子路入，子曰：「由，知者若何？仁者若何？」子路對曰：「知者使人知己，仁者使人愛己。」子曰：「可謂士[1]矣。」子貢入，子曰：「賜，知者若何？仁者若何？」子貢對曰：「知者知人，仁者愛人。」子曰：「可謂士君子[2]矣。」顏淵入，子曰：「回，知者若何？仁者若何？」顏淵對曰：「知者自知，仁者自愛。」子曰：「可謂明君子[3]矣。」

～〈子道篇〉

## 完全讀懂名句

1. 士：處事有才能的人。
2. 士君子：指有操守、有學問的人。
3. 明君子：指磊落明理而有才德的人。

語譯：子路走進來，孔子問他：「由，智者應該如何？仁者應該如何？」子路回答：「智者使別人知道自己，仁者使別人愛自己。」孔子說：「這可以說是處事有才能的人了。」子貢走進來，孔子問他：「賜，智者應該如何？仁者應該如何？」子貢回答：「智者知道別人，仁者慈愛他人。」孔子說：「這可以說是有操守且有學問的人了。」顏淵走進來，孔子問他：「回，智者應該如何？仁者應該如何？」顏淵回答：「智者知道自己，仁者愛護自己。」孔子說：「這可以說是磊落明理而有才德的人了。」

## 名句的故事

孔子用「知者若何?仁者若何?」分別問了子路、子貢及顏回三位學生，三位學生因個人修養境界的不同，也給了三個不同的答案。

有一次子貢問孔子：「怎樣做才可以稱得上是『士』呢?」孔子回答：「對自己的行事能夠知恥而有所不為，出使外國而能夠達成任務，這樣就可以稱為『士』了。」(《論語・子路》)所以孔子認為只要能對自己的行為負責，圓滿達成工作任務的人，就可以稱得上是「士」了，因此當子貢問孔子，如果全鄉的人都喜歡他或者都討厭他，這種人如何呢?孔子回答：「不怎麼樣呀!還不如全鄉的好人都喜歡他，而同時壞人都討厭他。」(《論語・子路》)因為孔子認為：「唯仁者，能好(音ㄏㄠˋ)人，能惡人。」(《論語・里仁》)意即只有仁人才能公正地喜愛值得喜愛的人，厭惡應該厭惡的人。由此可見，子路的「知者使人知己，仁者使人愛己」，雖然已經達到「士」的境界，卻仍未臻於完美。

孔子曾說：「不患人之不己知，患不知人也。」(《論語・學而》)認為一個人該憂慮的是自己不能夠了解別人，而不是別人不了解自己。所以當樊遲向孔子問知的時候，孔子回答：「能夠明察人的好壞。」(《論語・顏淵》)可見孔子認為讓別人瞭解自己並不比自己能夠了解別人更加重要。又樊遲向孔子問仁，孔子回答：「愛護眾人。」而孟子也說：「君子以仁存心，以禮存心；仁者愛人，有禮者敬人。」(《孟子・離婁下》)因此，子貢說：「知者知人，仁者愛人。」正符合孔子的期許，故孔子稱許他是位「士君子」。

然而，孔子更認為與其讓別人了解自己，或懂得明察別人的好壞，還不如擔心自己的才德是不是能夠讓別人了解或足以勝任所得到的職務。所以他說：「不患無位，患所以立。不患莫己知，求為可知也。」(《論語・里仁》)又說：「不患人之不己知，患其不能也。」(《論語・憲問》)因為只有自身修養端正了，才能端正別人，政令才能貫徹通達，所以他說：「苟正其身矣，於從政乎何有？不能正其身，如正人何？」（《論語．子路》）又說：「其身正，不令而行；其身不正，雖令不從。」（《論語．子路》）在眾多弟子中，孔子最稱讚顏回的德行，而顏回說：「知者自知，仁者自愛」，則更能顯示出他砥礪修養自身的品德高尚，所以孔子讚美他是位「明君子」。

## 歷久彌新說名句

楚莊王將要攻打越國，莊子想要勸諫他，便問：「您攻打越國，為的是什麼呢？」莊王回答：「因為越國內政混亂、兵力衰弱，有機可趁呀！」莊子遂說：「我擔心的是您的智慧就像眼睛一樣，能看到百步之外，卻看不到自己的睫毛啊！您的軍隊曾經被秦、晉兩國打敗，喪失了數百里的土地，這是兵力衰弱。強盜莊蹻在楚國境內四處作亂，而官吏卻不能禁止，這是政治混亂。現在楚國內政混亂、兵力衰弱的情形，並不在越國之下，而您卻想要攻打越國，這不正是智慧像眼睛一樣，只能見視而不能近見呀！」楚莊王聽了，這才打消攻打越國的念頭。（《韓非子．喻老》）

楚莊王沒有自知之明，只看見越國的政亂兵弱，卻不知道自己的國家也一樣政亂兵弱，還妄想攻打對方。可見最困難的事，不在於看清他人，而是在於如何看清自己、了解自己，所以老子曾說：「知人者智，自知者明。」（《老子》第三十三章）

唐貞觀初年，太宗對大臣蕭瑀說：「我曾小就喜歡弓箭，得到十張良弓，以為是再好不過了。可是拿給製造弓箭的工匠一看，他卻說：『都不是好的弓箭。』我問他什麼緣故。他回答說：『木心不直，紋理偏斜，發出去的箭就不能正中目標。』我這才覺悟自己辨識弓箭的本領並不高明。我憑恃著弓箭才能安定四方，可是對對它的認識卻還不夠，更何況是天下的事務啊！哪裡能夠全部通曉呢？」於是詔命京官五品以上的官員，輪流在中書省值宿，並經常召見，詢問民間的疾苦及施政的得失。

（《資治通鑑》卷第一百九十二）

唐太宗半生躍馬疆場，以弓箭平定了天下，自以為對弓箭了解甚深，不料他所收藏的弓箭卻被工匠鑑定並非良弓。若是換了旁人，一定會遷怒於工匠，可是唐太宗卻反而能夠引此為戒：治理天下的事務繁多，絕不可能憑一己而知曉天下。所以他知人善任，廣納諫言，然而卻還深感不足，甚至還曾對有名的諫臣魏徵喟嘆道：「如果不是你，沒有人會告訴我這些道理。人哪，最怕的就是缺乏自知之明呀！」（《新唐書》卷九十七）由於唐太宗的自知及肯善納諫言，所以才能夠開創貞觀治世。

荀子

# 積少成多，見微知著

# 蹞步而不休，跛鼈千里；累土而不輟，丘山崇成

## 名句的誕生

夫驥[1]一日而千里，駑馬十駕[2]則亦及之矣。將以窮無窮，逐無極與？其折骨絕筋，終身不可以相及也；將有所止之，則千里雖遠，亦或遲、或速、或先、或後，胡為乎其不可以相及也！不識步道者，將以窮無窮，逐無極與？意[3]亦有所止之與？夫「堅白」[4]、「同異」[5]、「有厚無厚」[6]之察，非不察也，然而君子不辯，止之也。倚[7]魁[8]之行，非不難也，然而君子不行，止之也。故學曰：「遲彼止而待我，我行而就之，則亦或遲、或速、或先、或後，胡為乎其不可以同至也！」故蹞步[9]而不休，跛鼈千里；累土而不輟，丘山崇成。

～〈修身篇〉

## 完全讀懂名句

1. 驥：日行千里的良馬。
2. 駑馬十駕：能力低劣的馬連續走十天的路程。比喻即使是庸劣的人，只要肯勤奮做事也會有成就。
3. 意：同「抑」，抑或。
4. 堅白：即離堅白，中國先秦名家公孫龍的著名論述之一。《公孫龍子．堅白論》：「視不得其（堅硬的白色石頭）所堅而得其所白者，無堅也；撫不得其所白而得其所堅者，無白也。」
5. 同異：即合同異，中國先秦名家惠施的著名論述之一。《莊子．天下》：「大同而與小同異，此之謂小同異。萬物畢

同畢異，此之謂大同異。」

6. 有厚無厚：中國先秦名家惠施的著名論述之一。《莊子．天下》：「無厚，不可積也，其大千里。」

7. 倚：通「奇」。

8. 魁：通「嵬」，高。

9. 蹞步：即跬步，意即跨半步路。蹞：音ㄎㄨㄟˇ，同「跬」。

語譯：千里馬可以日行千里，但劣馬只要連續走十天也可以行千里。如果盡力跟隨無窮的路，追逐無邊的目的地，那就算走到折骨斷筋，一輩子也無法追得上；如果是有止境的終點，那麼就算有千里遠，走起來或許有慢、有快、有先、有後，但誰說不可以追得上呢？不知道行路的人，是要盡力跟隨無窮的路，追逐無邊的目的地，還是有所終止的呢？像「離堅白」、「合同異」、「有厚無厚」等辯說的明察，並不是不夠明察，而是君子不去爭辯，那是自己要停止的。奇特高蹈之行，並不是不夠難，但君子不去做，也是自己要停止的。所以為學的人曾經說過：「走在前面的人停下來等我，我上前去追趕，那麼雖然也或慢、或快、或先、或後，但誰說不能同樣到達目的地呢？」所以就算半步半步地走個不停，即使是跛鱉也可以行走千里；不停地累積土砂，就是丘山也終會堆成高山。

## 名句的故事

子曰：「人一能之，己百之；人十能之，己千之。果能此道矣，雖愚必明，雖柔必強。」（《中庸》第二十章）意謂別人學一遍就會了，我學它一百遍；別人學十遍就會了，我學它一千遍。果真能如此，就算是很笨的人，也會變得聰明；就算是柔弱的人，也會變得剛強。凡事只要肯下苦功，即使再魯鈍的人，也會有所成就。

譬如唐人李白，年輕時在四川眉州的象耳山求學，學業尚未完成，中途便想放棄。正當離去的路上，經過一條小溪，看見一位老婦人正在磨鐵杵，李白好奇地問：「您在做什麼呢？」

老婦人回答：「我想要把鐵杵磨成鏽花針。」李白頗不以為意地哈哈大笑：「您什麼時候才能將這麼粗的鐵杵磨成鏽花針呢？」老婦人說：「只要工夫下得深，鐵杵當然也會磨成鏽花針。」此語深深震撼了李白，於是李白返回學堂，從此發憤讀書，終於成為詩仙。（宋．祝穆《方輿勝覽》卷五十三〈眉州．磨鍼溪〉）

如果不肯下工夫，就算天資聰穎過人，恐怕成就也將不如普通人。譬如宋朝宰相王安石〈傷仲永〉一文中描述出身農家的方仲永，五歲即能寫詩，出口成章，令眾人驚歎為天才，他的父親更覺得奇貨可居，整天帶著他輪流拜見同縣的人，獻詩作文，以收取錢財，卻不教他讀書學習。七、八年後，他所作的詩只是平常；再過七、八年，更與普通人沒兩樣了。

## 歷久彌新說名句

宋朝張乖崖擔任崇陽縣令時，有一天看見一名小吏慌慌張張地從府庫中溜出來。張乖崖喊住小吏，發現他鬢旁頭巾上藏著一枚錢，經過追問盤查，小吏搪塞不過，承認是從府庫中偷來的。張乖崖將小吏押回大堂，下令拷打。小吏不服，怒氣沖沖地說：「只是一個錢而已，有什麼了不得的？你竟然就這樣拷打我？哼，你也只能打我罷了，難道還能把我殺了嗎？」張乖崖聽了，立刻拿起筆來，寫下判決：「一日偷一錢，一千天就是一千錢了。只要時間夠久，即使是繩子也能鋸斷木頭，水也能滴穿石頭。」於是手提寶劍，走下台階，親自斬了小吏。

雖然一日一錢並不多，但日子久了，積少成多，數目自然也很可觀，正是「蹞步而不休，跛鱉千里；累土而不輟，丘山崇成」，因此，「勿以惡小而為之，勿以善小而不為」，不要以為所犯的過失很小就不在意，也不以為每天只學習一點點並不算什麼，任何事情，不論好壞，只要時日久了，都會有所影響的。

# 積微：月不勝日，時不勝月，歲不勝時

## 名句的誕生

積微：月不勝日，時[1]不勝月，歲不勝時。凡人好敖慢[2]小事，大事至然後興之務之，如是則常不勝夫敦比[3]於小事者也。

～〈彊國篇〉

## 完全讀懂名句

1. 時：指四時、四季。
2. 敖慢：輕率行事。敖：通「傲」。
3. 敦比：敦勉親近。敦：盡力去做。比：音ㄅㄧˋ，親近。

語譯：累積小事成就大功：以月計算不如以日計算，以季計算不如以月計算，以年計算不如以季計算。平常人往往會輕忽小事，大事來了才會開始努力去做，這樣就不能時常在細微處用心注意了。

## 名句的故事

西元一九六八年，羅伯·舒樂牧師向「後現代建築大師」菲力普·強生表示，希望能夠在加州建造一座足以容納一萬人的大教堂。菲力普·強生問他：「你有多少預算？」羅伯·舒樂說：「我現在連一分錢也沒有，但是我會用募款的方式籌到經費。」菲力普·強生約略估算了一下，告訴羅伯·舒樂：「要完成你的目標的話，至少要募到七百萬美元才夠。」

七百萬美元？在當時，這簡直就是天文數字，有誰會願意捐獻七百萬美元呢？

聽了菲力普·強生的話，羅伯·舒樂立刻回

去訂立募款計畫。他認為一次募得七百萬美元的捐款是件不可能的工作，於是他把目標訂為每次募得一萬美元的捐款。每次一萬美元，只要累積七百筆捐款，他的目標就可以完成了。訂下目標後，他一次又一次地向人募捐。十二年後，一座足以容納一萬人的水晶大教堂終於完工了，造價是二千萬美元。這座水晶大教堂成為建築史上的經典之作，不但訪客絡繹不絕，教會還因此而快速增長。

靠著「積微」的工夫，羅伯・舒樂牧師完成了一件看似不可能的任務。他的故事告訴我們，再大的目標，只要分割成一個一個的小目標，看起來就不再困難，而且只要確實去做，隨著歲月的累積，將可完成偉大的工作。

## 歷久彌新說名句

假設你抬起頭來，看到時鐘的指針正好指在正確的時間。試問，這個時鐘一定是準確的嗎？其實不一定。因為這個時鐘可能根本就不會動。完全不會動的時鐘一天仍能兩次準確報時。可是，這樣的時鐘有用嗎？

如果把時鐘看作工廠裡的員工，那麼，偶爾考核一次，並不能看出它工作的實際情況。

做事也是一樣，偶而成功一次，可能只是幸運，並不值得稱道。因為幸運是不可能永遠持續下去的。更何況，不是由個人努力得來的成功，也並不那麼令人高興。失敗的情況也是如此，偶而失敗一次，可能也只是運氣不好。

失敗有兩種情況。第一種情況純粹是因為努力不夠，另一種情況則雖然經過不斷地努力，卻仍然無法成功。就結果來看，失敗是相同的，但是兩者其實有著極大的差別。

以愛迪生發明電燈為例，他試了兩千多種材料卻仍失敗，這和試過一兩次而仍失敗的人看似相同，但愛迪生其實已知道兩千多種不能使用的材料。不斷累積的失敗足以使他得到最後的成功。所以要了解一個人的成就，有時不能從結果來看，要從過程來看，而且愈是分階段來看，愈能看出一個人累積的努力。這就是荀子所說的：「積微：月不勝日，時不勝月，歲不勝時。」

# 盡小者大，積微者箸

## 名句的誕生

雨小，漢故潛[1]。夫盡小者大，積微者箸[2]，德至者色澤洽[3]，行盡而聲問[4]遠，小人不誠於內而求之於外。

～〈大略篇〉

## 完全讀懂名句

1. 漢故潛：雨雖然小，可是積少成多，還是能使漢水深。潛：深。
2. 箸：「箸」同「著」，「見微知著」，意指看到事情的些微跡象，就能知道它的真相及發展趨勢。漢．袁康《越絕書．卷十四越絕德序外傳》：「故聖人見微知著，睹始知終。」亦作「睹微知著」、「視微知著」。
3. 洽：《說文解字》：「洽，霑也。」指浸潤之意。
4. 聲問：問，借為「聞」。聲聞，聲譽。

語譯：雨雖小，但是積少成多，也可以使漢水深。累積小的可以成為大的，累積微細的可以成為顯著的，德至高的色澤浸潤飽滿，行為盡到的則名譽遠聞。小人在內不自誠，卻要求之於外。

## 名句的故事

荀子說：「盡小者大，積微者箸。」是在提醒我們包羅了細小的，將成就巨大的；積聚了細微的，將成為顯著的。凡事都要從小做起，就連錯誤，也要從小開始防範。

劉備亦曾諄諄告誡劉禪「勿以善小而不為，勿以惡小而為之」，因為從「小善」往往可以觀察到人性最細微高貴的品德。所謂「見微知著」、「從一粒沙中可以看出全世界」。做小事可以培養成大事的能力，芝麻雖小，卻可以「聚沙成塔」，「一屋不掃何以掃天下」？東漢有位少年叫陳蕃，獨居一室，他的庭院髒亂不堪，他父親的朋友薛勤見了，批評說：「孺子何不灑掃以待賓客？」陳蕃回答：「大丈夫處事，當掃天下，安是一屋？」薛勤當下針鋒相對，脣齒相譏：「一屋不掃，何以掃天下？」

想要「平天下」也得先從「齊家」做起，家不齊，國怎能治？國不治，平天下終究是空話。在一般的生活中沒有太多驚天動地的傳奇，平凡是生命中的基調。我們雖然常說要立志做大事、要立志當頂天立地、叱吒風雲的大人物，然而當我們朝向大目標前進時，若不從點滴小事好好做起，如何能成就大事業呢？

## 歷久彌新說名句

《百喻經》裡有一則故事：有一位富翁，家財萬貫，但是為人卻愚昧不堪。有一回，他到朋友家作客，朋友蓋了一座很華麗的三層樓閣，富麗堂皇，他心生羨慕，回家後朝思暮想，認為自己的財富又不輸給朋友，應該要蓋一棟同樣華貴壯麗樓閣，於是他找來了為朋友蓋樓的建築師，準備蓋樓。

他滿心歡喜地向建築師勾勒心中藍圖，建築師信心滿滿地告訴他：「請放心，保證為您蓋一棟不同凡響的三層樓房。」

建築師沒有食言，隔天開始帶著工人敲敲打打、叮叮咚咚地進行工程。富翁在一旁興奮期待著。

蓋樓第一步就是要打地基，這位經驗十足的建築師也不例外，挖地、整地，進行地基建造，工人們揮著汗賣力地工作著。在一旁監工的富翁看了很著急，一直嘀咕著這些人在做什麼啊？怎麼老是往下挖？他愈看愈覺得不對勁，急忙對建築師說：「不對，不對，你做錯了，我要的是『三層樓』，你這麼蓋，怎麼行呢？」

建築師說：「對啊！我是在進行您需要的漂亮三層樓房，哪裡有問題呢？」

富翁振振有詞地說：「我不要下面那兩層樓，有那兩層不稀奇，我只要第三層樓！你只要幫我蓋『第三層樓』就好了。」

建築師回答：「那是不可能的，我蓋了那麼多年的房子，從沒蓋過一棟樓房不打地基、不從第一層樓蓋起。」

富翁仍堅持己見，說：「不！我不需要下面那兩層，你只要蓋第三層樓就好了。」

建築師聽了搖搖頭，「哪有沒地基的樓房？我無法完成，您另找高明吧！」

話說完，建築師帶著工人浩浩蕩蕩離開了。而富翁的「第三層樓」直到現在還沒蓋成呢！

一棵樹是從小樹慢慢成長茁壯，想建樓要從奠基開始，所謂「萬丈高樓平地起」，從基礎打起，才能有成就，沒有一步登天的道理！想要顯著，就從微小處慢慢累積吧！

# 禍之所由生也，生自纖纖也

## 名句的誕生

流言滅之，貨色遠[1]之。禍之所由生也，生自纖纖[2]也。是故君子蚤[3]絕之。

～〈大略篇〉

## 完全讀懂名句

1. 貨色遠之：貨指財貨；色為美色；遠指遠離。
2. 纖纖：微細。
3. 蚤：通「早」，提前。

語譯：流言要止滅它，財貨女色要遠離它。禍患的發生，生於細微之處。所以君子要早一點斷絕這些禍根。

## 名句的故事

禍害向來都是從小開始，在《後漢書．丁鴻傳》提到：東漢和帝即位，大權掌握在竇太后手上，太后的兄長竇憲掌管朝政，其餘竇氏兄弟均為居高位，官員們爭相逢迎巴結，造成政局混亂。而竇氏家族更是仗勢橫行，魚肉百姓，許多臣子為漢室江山捏把冷汗，卻沒有人敢揭發他們的惡行。當時的司徒丁鴻借由天上發生日蝕，以這種不祥的徵兆藉機向和帝密奏說：「太陽象徵著君王，月光代表臣子。日蝕出現，表示做臣子的侵奪君王的權力，陛下千萬要小心。在歷史上記載，日蝕出現了三十六次，其中有三十二位國君遭弒，都是因為給予臣子的權力太大了！」他進一步控訴竇憲仗著太后的權勢，包攬朝政，獨斷專行的惡行。

接著他又說：「日蝕的出現是上天在警戒我們，應該注意任何一個危害國家的災禍發生。能夠穿破岩石的水，最初都僅是涓涓細流；成長的巨木，也是由剛露芽的小樹慢慢長大。人們常常忽略了微小的事情，但這些微小的事情卻足以造成無窮的禍患。如果陛下能親自整頓朝政，從小地方著手，在禍患萌芽時就消除它，這樣就能夠安定朝政，國泰民安。」

漢和帝聽從了丁鴻的建議，迅速革除竇憲的官職，消滅竇氏家族的勢力，竇憲與他的兄弟還因此自殺。而朝廷除去了隱患，整頓朝政後，國勢便開始好轉。

此即是「防微杜漸」的典故由來，提醒人們「禍之所由生也，生自纖纖也」，要人切記「在不良事物剛露頭時就要加以防止，杜絕其發展」，若等禍害變大才要處理，就難以收拾了。

## 歷久彌新說名句

一八四五年，在英國波斯沃斯，國王理查三世準備和裡奇蒙德伯爵亨利的軍隊決一死戰，這場戰鬥，將決定英國未來的統治者。

開戰當天早上，理查要馬伕準備好他心愛的戰馬，請鐵匠為馬釘馬蹄，因為缺少了幾根釘子，其中有一個馬蹄沒有釘牢。兩軍交鋒時，衝鋒陷陣的理查因為掉了一個馬鐵蹄，戰馬跌倒，害得理查跌落在地，而這匹驚慌的戰馬也逃走了。士兵見狀，紛紛逃散，而理查被俘，戰爭結束了，理查也丟了王位。

就是因為缺少這幾根釘子，丟了個馬鐵蹄，嚇走一匹戰馬，結果打敗仗，國家也亡了。禍害的開始，竟然是小小的釘子啊！

美國國家航空局透露，原本訂於二〇〇〇年十月十日要升空的「發現者」號太空梭，在發射前幾個小時發現有一枚十釐米長的別針遺留在太空梭上，立即下令停止發射。工作人員認為：萬一這枚別針在太空梭升空時卡在發動機裡，或是墜落在發射台上，都可能造成不堪設想的後果，絕不能因小失大，為了消弭安全疑慮，寧願延遲發射。等這枚別針被取出後，太空梭確定檢修沒問題，太空梭才能再進行升空，最後「發現者」延後一日，在十一日被送入太空。

雖是一枚小小的別針，也有可能引起禍害，怎能不謹慎處理呢？

俗話說「星星之火可以燎原，涓涓滴水可以穿石」，小事能釀成大禍，微小力量也能發展成強大的勢力。對於纖纖之禍，千萬不可輕忽啊！

# 如垤而進，吾與之；如丘而止，吾已矣

## 名句的誕生

孔子曰：「如垤[1]而進，吾與之；如丘而止，吾已矣。」今學曾未如肬贅[2]，則具然欲為人師。

～〈宥坐篇〉

## 完全讀懂名句

1. 垤：音ㄉㄧㄝˊ，螞蟻穴口的小土堆。
2. 肬贅：肬通「疣」，肬贅就是贅肬，即贅疣的意思，比喻多餘無用的事物。

語譯：孔子說：「如果有像螞蟻一般不斷累積土堆前進的人，我會去跟隨他；如果遇到山丘便停下腳步的人，我也會停止追隨他。」我現在的學問還比不上身上一顆小小的贅肬，居然就準備想成為別人的老師。

## 名句的故事

荀子利用「宥坐器」的道理，導引出為學永無止盡、為人當懷謙虛的旨意。就像孔子說：「我有感到恥辱的時候，我有感到卑鄙的時候，我有感到不安的時候。在少年時，不能夠努力學習，到老時，就沒有教誨人的能力，我對此感到羞愧。離開自己的故鄉，因為做官而顯達，偶爾遇到老友卻無法噓寒問暖，我對此感到卑鄙。和小人來往，我感到危險。」

孔子的恥辱、卑鄙與不安，乃是對自我的要求甚高，因此希望可以追隨不斷努力學習的人。「如垤而進」的學習對象，就好似孔子常常提到的水。

子貢問孔子說：「每當看到奔騰不息的江河您總是駐足觀看，請問這是什麼原因呢？」這個問題打開了孔子的話匣子。孔子透過東流江水的種種變化，從水的四處被及體悟到德行；從水流的律動體悟到義理；從河水的澎湃洶湧體悟到大道；從落下百丈深谷的水體悟到勇氣；從水倒入容器體悟到法度；從水與注滿容器後的平整體悟到端正；從水無處不在體悟到明察；從水的洗滌功能體悟到教化；從水就是往東流去體悟到志向。

孔子從平凡的川流之水，體悟到不凡的價值，所以願意像水一般，不斷前進、不斷學習，而對於半途而廢的學習對象，他也不會有所留戀，會立即捨棄。

## 歷久彌新說名句

在本篇名句中，有幾個成語。所謂「如丘而止」，是用來比喻一個人遇到挫折、困難，便裹足不前、不思突破、不求上進。

《淮南子》中記載：「人莫蹪於山而蹪於垤，是故人者輕小害，易微事，以多悔。」蹪，音ㄊㄨㄟˊ，跌倒的意思。這句話是說，人不會遇到山就跌倒，反而是遇到小土堆會跌倒，因為一般人都輕視小的禍害，容易看輕小事，所以常會後悔。後人便用成語「莫蹪於山而蹪於垤」，來比喻不管做什麼事都不可掉以輕心。

在本文中也提到贅疣，這是指附生在皮膚上的肉瘤，這自然是多餘的，有句成語叫作「附贅懸疣」，就是用來比喻多餘且毫無用處的東西。

《孟子．公孫丑》中要形容孔子的與眾不同，提到：「麒麟之於走獸，鳳凰之於飛鳥，泰山之於丘垤，河海之於行潦，類也。聖人之於民，亦類也。出於其類，拔乎其萃。自生民以來，未有盛於孔子也。」麒麟是走獸當中最突出的，鳳凰是飛鳥種最卓越的，泰山是土丘中最高者，河川海洋是匯聚的水當中最大的，而聖人就是人類中最優秀的，自古以來沒有人比孔子還要優秀。

# 十 信慤而後求知能

## 名句的誕生

故弓調而後求勁焉，馬服[1]而後求良焉，士信慤[2]而後求知能焉。

～〈哀公篇〉

## 完全讀懂名句

1. 服：馴服。
2. 慤：恭謹。

語譯：所以弓首先要調好，然後才要求它的強勁；馬首先要馴服，然後才要求它成為一匹好馬；人才首先要恭謹忠厚，然後才要求其聰明能幹。

## 名句的故事

這篇文章是魯哀公向孔子請教如何選取人才。孔子說：「無取健，無取鉗，無取口啍。」所謂的「健」是強而有力的意思，這裡指不要選取會爭強好勝的人；「鉗」（音ㄍㄢˋ），擾亂的意思，這裡指不要選取專會擾亂事務的人；「啍」（音ㄊㄨㄣ），就是多話，意即不要選取能言多辯之人。

孔子又說：「士不信慤而有多知能，譬之其豺狼也，不可以身尒（音ㄦˊ，同『邇』）也。」一個有才華的人，如果不忠誠恭順卻聰明能幹的話，就好似豺狼一般，是不可以靠近的。換句話說，一個可用之人首重態度上的恭謹、服從，再來才是這個人的聰明與能力。

孔子接著提到案例：「桓公用其賊，文公用其盜。故明主任計不信怒，闇主信怒不任計。計勝怒則彊，怒勝計則亡。」齊桓公敢任用會使壞作亂的人，晉文公敢任用會搶奪財物的人，是因為賢明的君主會根據利害來選用人才，不會感情用事；而昏庸的君主則是依自己的情緒來選用人才，忽略了國家的利益。孔子認為，君主重視國家的利害得失超過了自己的感情，那麼國家就會強盛；如果總是意氣用事忘卻國家的利益，那麼就會自取滅亡。

成語「弓調馬服」便是出自此處，引申為做任何事情都要先打好基礎。另有「愨士」一詞，就是指誠實忠厚的人。

## 歷久彌新說名句

齊桓公成為春秋五霸之一，在於他選用了管仲，還尊稱管仲為「仲父」。管仲對當時周王室的功績，連孔子也稱讚不已。有次管仲生病了，齊桓公前去探望他，並問：「仲父如果棄我而先離開人世，請問可以用豎刁這個人嗎？」管仲說：「不行。豎刁這個人是自己宮刑後成為宦官，以親近君王，對自己都如此殘忍，何況是對君王呢？」齊桓公又問：「那麼易牙可以嗎？」管仲則是說：「易牙殺了自己的孩子給君王吃，連自己孩子都忍心殺害，又怎會愛惜君王呢？」

管仲死後，齊桓公原本聽話地將這兩人逐出宮廷，但是豎刁、易牙就是會討齊桓公的歡心，因此過了三年，齊桓公便把這兩人召回來。後來齊桓公病危，易牙和豎刁卻聯合起來作亂，還不許齊桓公喝水、吃飯。齊桓公悔恨不已，才知道聖人見解真是透徹。據說齊桓公以衣袖蒙著臉而死去，表示自己無顏到九泉之下見管仲。（《左傳》）

齊桓公用人的故事，說明了任用「愨士」是治國的基本基礎。

荀子

# 澹泊寡欲，謙卑自牧

100

# 強自取柱，柔自取束

## 名句的誕生

物類之起，必有所始；榮辱之來，必象[1]其德。肉腐出蟲，魚枯生蠹[2]。怠慢忘身，禍災乃作。強自取柱[3]，柔自取束[4]。邪穢在身，怨之所構[5]。

～〈勸學篇〉

## 完全讀懂名句

1. 象：通「像」字，相似。
2. 蠹：音ㄉㄨˋ，蛀蟲。
3. 柱：支柱。
4. 束：一說捆紮。另一說約束、限制。
5. 構：結集、造成。

語譯：事物的發生，一定有其根源；光榮或恥辱的到來，一定與其德行相似。肉腐敗了才會生出蟲來，魚枯爛了才會生出蠹來。放縱怠惰到不顧自己的行為，災禍就會興起。剛強堅硬的材質，自會被人們用來做為支柱，質地柔軟的素材，自會被人們用來捆綁東西。邪惡骯髒在身上，必然造成人們的怨恨。

## 名句的故事

唐代學者楊倞在《荀子注》中為「強自取柱，柔自取束」所下的注解為：「凡物強則以為柱而任勞，柔則見束而約急，皆其自取也。」物性的剛強或柔軟，決定了它們最後被人們拿來當作支撐的梁柱或是受到約束的捆綁材料，這些都是物類自己造成的結果。楊倞直指荀子的重點在「自取」兩字，意謂物類本身的剛、柔性質，即是其被做成剛、柔之物的主要關鍵。

藉由物類的始末發展，使荀子認知到人想要成為哪一類的人，不也是決定在自己的抉擇與學習態度上嗎？子夏曾言：「百工居肆以成其事，君子學以致其道。」（《論語．子張》）各行各業的人，都是在店鋪裡完成他們的工作，君子透過學習以達成正道。由此可知，一個人不管選擇從事哪一種行業，總是必須全心投入其中，勤練該行業的專門技藝，如此才有能力把事情做好；同樣的道理，一個人立志成為君子，期待實踐自己的生命理想，也是必須歷經一番苦學，其辛勞與各行各業的付出並無差異，只有學習的內容不盡相同而已。

近年在湖北郭店楚墓出土的竹簡《性自命出》，是闡述儒家思想的一部典籍，作者應為孔子的後代門人，成書約在戰國中期。其中一段寫道：「凡物無不異也者，剛之樹也，剛取之也，柔之約，柔取之也。四海之內，其性一也，其用心各異，教使然也。」物類都是不同的，物性剛強的可以樹立為柱子，物性柔軟的可以彎曲為纏束之材，這是取其性剛、性柔的緣故。全天下的人性都是一樣的，但每個人的用心卻不相同，這是後天教化致使成如此的。此說與荀子「強自取柱，柔自取束」一樣，主張物性受其本能所限制，而人性的本質如一，需要透過學習來獲取各種本領，從經驗中不斷累積智能，進而形塑出不同的人格。

## 歷久彌新說名句

「強自取柱，柔自取束」強調人的一切行為後果都是緣於「自取」，所以人生遭逢的高低曲折、禍福成敗，也全是自己一手造成的；人們常言「咎由自取」、「多行不義必自斃」，以及「要怎麼收穫，先怎麼栽」等語，皆可與荀子這句名言相互參照。

唐人韓愈在〈進學解〉中教育其門下子弟：「大木為杗（音ㄇㄤˊ），細木為桷（音ㄐㄩㄝˊ）。」意指大的木料可做成棟梁，小的木料可做成屋椽；其後又說：「各得其宜，施以成室，匠氏之工也。」大小不一的木料，各有它們適當的去處，使用它們來建造房子，是出自木匠的技藝。韓愈以此表明人的才能無論大或小，都有其適材適用的所在，但若想獲得他人的賞識，委以重任，也要看是否有把自己培養成棟梁之材？不過，綜觀全文，韓愈其實是在暗喻自己不幸被大材小用，始終遇不到識人的伯樂。

北宋蘇軾在〈范增論〉中評論楚、漢相爭之時，楚霸王項羽的策士范增的功過。范增一心輔佐項羽稱霸天下，被項羽尊稱為亞父，是劉邦深感畏懼的人物；於是採納陳平的離間計，使項羽懷疑范增與漢營私通，削奪范增的權力，范增憤然離去，不久即因背上毒瘡發作而死。針對這段史實，蘇軾以為范增太晚離開項羽，早該覺悟項羽對自己的不信任，其在文中寫道：「物必先腐也，而後蟲生之；人必先疑也，而後讒入之。」物體一定要先腐敗，然後才會生出蟲；人一定是先起了疑心，然後別人的讒言才能進入。

蘇軾借荀子「肉腐出蟲」之說，比喻事出必有因，依其觀察，項羽如果信任范增，不管陳平多麼足智多謀，也無法離間不起疑心的人主；原因便出在，項羽本來就對范增的忠誠感到懷疑，才讓陳平的離間計得以成功。蘇軾雖對范增最後的境遇感到惋惜，但這不也印證了荀子「肉腐出蟲，魚枯生蠹」在先，演變成「強自取柱，柔自取束」的結果嗎？

# 聲無小而不聞，行無隱而不形

## 名句的誕生

昔者瓠巴[1]鼓瑟而流魚出聽，伯牙[2]鼓琴而六馬[3]仰秣[4]。故聲無小而不聞，行無隱而不形。玉在山而草木潤，淵生珠而崖不枯。為善不積邪，安有不聞者乎？

～〈勸學篇〉

## 完全讀懂名句

1. 瓠巴：人名，古代擅長彈瑟的人。瓠：音ㄏㄨˋ，姓。
2. 伯牙：人名，古代擅長彈琴的人。
3. 六馬：古時天子用六匹馬駕車。
4. 秣：音ㄇㄛˋ，餵牛馬的穀、粟等飼料；此作動詞，指咀嚼食物。

語譯：從前瓠巴一彈瑟，連河底的魚群也浮出水面聽，伯牙一彈琴，連馬也會停止吃草仰頭傾聽。所以聲音無論多麼小，沒有不被聽見的，行為無論多麼隱蔽，沒有不被顯露的。藏有寶玉的山石，草木會生得非常滋潤，藏有珍珠的深淵，崖岸不會枯涸。大概是沒有累積善行吧！哪裡有不被聽聞的呢？

## 名句的故事

荀子「聲無小而不聞，行無隱而不形」之語，意在告誡那些老是抱怨懷才不遇、生不逢時的人，只要捫心自問是否用心在技能與學養的提升，根本不必煩惱世上沒有人知道自己的優點。文中借古人瓠巴與伯牙的傳說為例，表明他們本身若沒有出神入化的琴藝，如何能夠打動水底的魚跳離水面，吸引陸上的馬放下食物，也要聆聽兩人彈奏的美妙樂聲。

孔子在《論語．憲問》中說過：「不患人之不己知，患其不能也。」不用擔心沒有人了解自己，就怕自己沒有能力。也就是說，與其終日惶恐人家不知道自己的長處，還不如把心思花在充實自我、培養自己的專業能力上。孔子的教誨與荀子的用意一樣，都是叫人先埋頭努力做了再說，不必在意他人對自己的不了解。

《史記．李將軍列傳》作者司馬遷以諺語「桃李不言，下自成蹊」評論人稱「飛將軍」的西漢名將李廣，意指桃樹、李樹雖然不會說話，但因人們喜歡它們的花朵與果實，紛紛前去摘取，便在樹下開出一條道路來。根據司馬遷的觀察，李廣的為人敦厚老實，不善於說話，死去的那天，全天下無論認識或不認識李廣的人，無不為其哀悼；司馬遷認為這是李廣的忠誠篤實讓人取信的緣故，也正如不會說話的桃樹、李樹一樣，其散發出的美好特質，自會引來人們趨之若鶩，哪裡還需要言語來為自己宣傳呢？

## 歷久彌新說名句

東晉政治家謝安，字安石，出身名門貴族，年少的他風姿瀟灑，才識不凡，在士大夫圈享有盛名，連大丞相王導也對其稱讚不已。《晉書．謝安傳》中提到長大後的謝安，由於名聲響亮，有人遂延攬他出來做官，才短短一個月，謝安發覺自己的個性不適合官場，便辭官隱居在會稽東山；他住在東山的時候，除了平日在家教育子弟之外，閒暇時便與朋友四處遊玩。不料，隱居後的謝安，聲名比以往更為大噪，人們一致稱許其不眷戀權位的情操，在士大夫的推舉下，朝廷屢次徵召，謝安總是一再推辭，當時人們彼此見面說的話就是：「安石不肯出，將如蒼生何？」意指謝安不肯出來做官，怎麼對得起天下的百姓呢？隨著政局日益混亂，有人又勸謝安出仕，這時已經四十餘歲的謝安才決定「東山再起」，答應擔任司馬一職；此後，謝安憑恃其卓越的政事能力，官運一路扶搖直上，終成為安定東晉政局的一大功臣。一心歸隱的謝安，原以為自己將高臥東山，終老山林，卻仍然隱藏不了他的顯赫聲望與深得民心的形象，這也可說是「聲無小而不聞，行無隱而不形」的最佳實證。

相反地，有人則是刻意借「隱」來突顯自己的超群脫俗，博得世人的美譽。《世說新語．排調》記錄東晉高僧支遁拜託朋友去和一個名叫竺道潛的僧人買山，準備到山裡隱居。竺道潛對支遁的友人說道：「未聞巢、由買山而隱。」意思是從來沒有聽過巢父、許由購買山林之後才去隱居的！巢父、許由都是唐堯時代的高士，堯帝本想讓位給兩人，但他們不肯接受，終生隱居在山裡，過著與世無爭、悠閒自在的生活。竺道潛引述巢父、許由兩位古代高士的事蹟，意在嘲諷支遁買山的理由竟說是為了隱居，實在太不合乎隱者的風範。

# 不下比以闇上，不上同以疾下

## 名句的誕生

不下比[1]以闇[2]上，不上同[3]以疾[4]下，分爭於中，不以私[5]害之，若是則可謂公士矣。

～〈不苟篇〉

## 完全讀懂名句

1. 比：音ㄅㄧˋ，結黨朋比。
2. 闇：欺瞞。
3. 上同：苟同於在上位者。
4. 疾：嫉害。
5. 私：私心、私欲。

語譯：不和在下位的人結黨以欺瞞在上位的人，不苟合於在上位的人而嫉害在下位的人，事情有了紛爭，不因私心而害於理，像這樣就可以稱為公正之士了。

## 名句的故事

荀子認為世上有五種讀書人：「通士」、「公士」、「直士」、「愨士」、「小人」。

第一種讀書人，對上能尊敬君主，對下能愛護百姓。事情來的時候，能夠加以處理；變故來的時候，則能夠加以解決。這種讀書人，可以稱為「通士」，也就是通達之士。

第二種讀書人，不結黨而瞞上，不媚主以害下，遇到待處理的事情，不以私心而違理。這種讀書人，可以稱為「公士」，也就是公正之士。

第三種讀書人，就算身有長處而不被長上所知，也不會自恃功勞而怨懟長上；就算身有短處而不為長上所知，也不會刻意隱瞞以討求封賞。無論長處短處都不加以文飾，而是坦白地表現自己。這種讀書人，可以稱為「直士」，也就是正直之士。

第四種讀書人，再平常的話也要求信實，再平常的行為也要求謹慎，害怕苟同時俗而流於媚世，卻也不敢獨斷地必以自己的意見為是。這種讀書人，可以稱為「慤士」，也就是忠厚之士。

這四種都是值得效法的讀書人，也都不愧其為「士」。至於第五種讀書人，說話常常不可信，行為常常不正當，只要有利益，就會盡力去做。像這種讀書人，連稱為「士」的資格都沒有，稱他們為「小人」就夠了。

身為讀書人，可以選擇成為「通士」，可以選擇成為「公士」，可以選擇成為「直士」，也可以選擇成為「慤士」，又何苦非要選擇做一個「小人」呢？

## 歷久彌新說名句

晏子奉派治理阿縣，才不過三年，朝中就充滿批評他的聲浪。齊景公很不高興，準備罷免晏子。晏子說：「我已經知道錯在哪裡了，請給我一個機會，讓我再做一陣子好嗎？」

過了三年，朝中盡是讚美晏子的聲音。齊景公非常高興，就準備獎賞晏子。不過晏子不肯接受。他說：「先前，我用正直的態度治理阿縣，所以惡人都討厭我，四處散布我的壞話，使您因而打算罷免我。後來，我用媚俗的方式治理阿縣，結果惡人都喜歡我，四處傳頌我的好話，使您因此打算獎賞我。我所做的事，是不應該的，所以我不願意接受獎賞。」

先秦道家的知名學者子華子說：「夫人之常情，譽同於己者，助同於己者，愛同於己者。」《說苑》裡的這段話意思是：一般人都會稱讚、幫助、喜愛和自己交好的人，而不見得會稱讚、幫助、喜愛真正的好人。所以想要得到眾人的稱讚、幫助、喜愛，並不需要做個真正的好人，而只需要討好他們。這種不管好人壞人都喜愛他的人，正是孔子所嚴正批評的「鄉愿」。

討好眾人可以得到好處，討好長上則可以得到更大的好處。有些人為求討好君主，迎合他的心意，甚至不惜殘害忠良，秦檜便是一例。他為了迎合宋高宗的苟安心態，於是用「莫須有」的罪名殺害為國家立下無數戰功的岳飛。至於那些壓榨百姓錢財，以供君主享樂的大小官吏，更是不計其數。這些官吏中，不乏學識淵博者，但他們罔顧良心事理，只求迎合長上，不過就是荀子所說的「小人」罷了。

# 公生明，偏生闇

## 名句的誕生

公生明，偏生闇[1]，端愨生通[2]，詐偽生塞[3]，誠信生神[4]，夸誕生惑[5]，此六生者，君子慎之，而禹桀所以分也。

～〈不苟篇〉

## 完全讀懂名句

1. 偏生闇：偏頗產生昏闇。闇，通「暗」，不明事理。
2. 端愨生通：端謹產生通達。
3. 詐偽生塞：詐偽產生蔽塞。詐偽：狡詐虛偽。
4. 誠信生神：誠信產生神明。
5. 夸誕生惑：荒誕產生迷惑。夸誕：誇大荒誕而不可信。

語譯：公正產生聖明，偏頗產生昏闇，端謹產生通達，詐偽產生蔽塞，誠信產生神明，荒誕產生迷惑，這六種生事的原因，君子會謹慎以對，這也是夏禹和夏桀的區別所在。

## 名句的故事

春秋時的晉獻公原是一個極有作為的君主。自從他得到驪姬，就開始沉迷酒色、荒廢國事。深具野心的驪姬為了想讓自己的兒子奚齊當上太子，於是百般陷害原來的太子申生。

為了陷害申生，驪姬向晉獻公訴苦，說申生調戲她。晉獻公不信，說：「申生是個孝子，絕不會這麼做！」於是驪姬在衣領上塗蜂蜜，故意讓引來蜜蜂，並要求申生替她趕走蜜蜂，故意讓晉獻公看到。晉獻公信以為真，本來想廢掉太子，但被朝中大臣所勸阻。

這次計謀失敗後，驪姬不死心，又讓申生到曲沃祭祀生母齊姜。依照禮法，祭完的酒肉要獻給晉獻公。驪姬在酒肉中偷偷下毒，並嫁禍給申生。晉獻公一氣之下，打算殺死申生。

有人勸申生辯解說：「酒肉送進宮中已有一段時間，若是早就下了毒，肉又怎麼不會發黑變質呢？」申生說：「這本是顯而易見的事，不過如果我告訴父親，而父親也相信了，就一定要殺死驪姬。父親年紀已經很大了，他所寵愛的，只有驪姬一人，要是沒有了驪姬，他的晚年一定會過得很痛苦。我又怎能因為愛惜生命而使父親痛苦呢？」於是申生自殺而死。

申生死後，晉獻公很後悔，對驪姬說：「申生應該不會是下毒的人。」驪姬說：「不是申生，那就一定是你另外那兩個兒子，重耳和夷吾所下的毒。」晉獻公竟然相信了。重耳和夷吾便在晉獻公的追殺下逃出國外。不久，晉獻公死去，而國中也陷入動亂。

晉獻公的事不是特例，荀子看到歷史上許多人，因為懷有私心而誤判情勢，於是他說：「公生明，偏生闇。」希望世人能領悟到其中的道理，而做出正確的選擇。

## 歷久彌新說名句

有句老話：「能醫者不自醫，能相者不自相。」技術卓越的醫生治不好自己的病，道行高深的相師算不準自己的命，這並不是說他們不在乎自己的病症，不在乎自己的命運，相反地，正是因為他們太過在乎，所以治不好自己的病，算不準自己的命。老子說：「外其身而身存。」認為不在乎自己性命的人，反而更能夠保全自己的性命。就「能醫者不自醫，能相者不自相」的成因看來，老子的話確實有著極其精微的道理存在。

愈是與自己密切相關的事情，就愈不易做出正確的判斷，因此人們常說：「旁觀者清，當局者迷。」《大學》說：「人莫知其子之惡。」俗語也說：「兒子是自己的好。」對於自己偏愛的兒子，就不容易看出他的缺點，所以說：「偏生闇。」

「情人眼裡出西施」是另一種「偏生闇」的情形。有著眾多缺點的人，在他的情人眼中，卻可能是完美無缺的。不過，當「情人」不再是「情人」的時候，他們眼中所見的，往往就不再是美麗的「西施」，而是醜陋的「東施」了。

從前，在彌子瑕深受衛靈公寵愛時，他們曾一起到果園遊玩。彌子瑕摘下了一顆桃子，吃了一口，覺得很好吃，就拿給衛靈公吃。衛靈公說：「彌子瑕真是愛我啊！捨不得吃完那顆好吃的桃子，還特地拿給我吃。」過了一段時間，在彌子瑕失寵後，衛靈公回想起這件事，就很生氣地說：「彌子瑕竟然把吃剩的桃子拿給我吃，真是可惡！」

《大學》裡說：「好而知其惡，惡而知其美者，天下鮮矣！」喜歡一個人而能看到他的缺點，討厭一個人而能看到他的優點，這都是很難做到的。所以孔子說：「惟仁者能好人，能惡人。」這是因為仁者不會因「偏」而生「闇」，有所偏袒而失去清明的判斷。

# 自知者不怨人，知命者不怨天。怨人者窮，怨天者無志

## 名句的誕生

鯈鉢[1]者，浮陽[2]之魚也，胠[3]於沙而思水，則無逮矣。挂[4]於患而欲謹，則無益矣。自知者不怨人，知命者不怨天。怨人者窮，怨天者無志。失之己，反之人，豈不迂乎哉！

～〈榮辱篇〉

## 完全讀懂名句

1. 鯈鉢：鯈，音ㄔㄡˊ，小而長的白魚；鉢，音ㄑㄧㄠˊ。
2. 浮陽：意指魚性喜好浮出水面。
3. 胠：音ㄑㄩ，同「阹」，遮攔、擱淺。
4. 挂：音ㄍㄨㄚˋ，同「絓」，困阻、妨礙。

語譯：鯈、鉢這兩種魚，是喜好浮出水面就陽的魚，一旦被岸上的土沙所擱淺，再去思念水，就已經來不及了。等到遭遇了禍患，再想要謹慎行事，也已經沒有用了。有自知的人不會抱怨別人，知命的人不會怨恨上天。抱怨別人的人一定窮困，怨恨上天的人一定沒有志識。因為自己的緣故才失去，卻去抱怨別人，豈不是太不通情理了嗎？

## 名句的故事

《周易．繫辭上》曰：「樂天知命，故不憂。」能夠樂天知命的人，不會有煩惱。

魯定公十四年（西元前四九六年），由於齊國設計誘使魯國君臣怠於政事、荒淫無禮，孔子在失望之餘，率眾弟子離開了魯國。首先到達衛國，受到衛靈公的禮遇，可惜沒多久，衛

靈公因聽信讒言，竟派人監視孔子，孔子只好離開衛國，打算到陳國。當孔子行經衛國匡城時，匡人竟重重包圍了孔子一行人，正當危急之際，孔子卻仍不停地奏樂詠歌，且意態悠閒。子路著急地跑進去見孔子，並說：「老師怎麼還有閒情彈琴唱歌呢？」孔子回答：「來，我告訴你。我想擺脫窮困已經很久了，可是還是不能避免，這是天命啊。我想尋求通達已經很久了，結果還是不能得到，這是時運不濟啊。當堯舜時，天下沒有失意的人，這並不是人們的智慧高明；當桀紂時，天下沒有得意的人，這也不是人們的智慧低下，而是時勢造成的。潛水不怕蛟龍，是漁父的勇氣；入山不怕兕虎，是獵人的勇氣；雪白的刀刃相交在眼前，把死亡看成是活著一樣平常，是烈士的勇氣。知道不得志是命運，知道顯達是時機，面臨巨大危難而不恐懼，是聖人的勇氣。仲由啊，你去休息吧！我的命運已經由上天安排好了。」沒多久，有士兵進來告訴孔子說：「因為誤認您是曾經帶兵欺壓匡城的陽虎，所以把您圍困了起來。現在知道您只是跟陽虎長得相似，並不是陽虎，真是對不起，請您恕罪。告退了。」（《莊周．秋水》）儘管面臨生命的威脅，孔子卻依然坦然自在，無怨無尤，確實是「知命者不怨天」的典範啊！

## 歷久彌新說名句

有一次，貓頭鷹遇見斑鳩。斑鳩問貓頭鷹：「你要飛到哪兒去啊？」貓頭鷹說：「我要遷移到東方。」斑鳩疑惑地問：「為什麼呢？」貓頭鷹回答：「因為村裡的人都討厭我的叫聲，所以才東遷。」斑鳩卻說：「如果你可以改變叫聲，那還可以；如果不能改變叫聲，就算遷移到東方，人家還是會討厭你的叫聲呀！」（《說苑》卷十六〈談叢〉）昧於自知的人，只會受限於環境或人事的驅迫，不管到哪裡都無法自在，因此而日益窮困；正如準備東遷的貓頭鷹一樣，明知道自己改變不了難聽的叫聲，卻因為鄉人厭惡就窮於到處搬遷，這樣怎能不窮困？又怎能安定呢？

宋哲宗時，范純仁因上奏諫言而得罪了當朝宰相章惇，於是被貶到嶺南一帶。當他接到朝廷的命令後，立即欣然前往，他說：「我已經七十歲了，兩個眼睛全盲，被貶到萬里之外，難道是我所願的嗎？但為了我一點點忠愛國君的心，如果不能竭盡心力，只想避諱追求好名聲的嫌疑，那就沒有機會做正確的事了。」所以他總是告誡孩子們不要絲毫的不平，如果聽到孩子們抱怨章惇的話，就一定會很生氣地制止。在前往嶺南任職的路上，范純仁所坐的船在江中翻覆了，大家將他扶起後，發現衣服全濕了，這時候他回頭對孩子們說：「難道船翻了，也是章惇害的嗎？」（《宋史．列傳第七十三》）范純仁曾經說過：「吾平生所學，得之忠恕二字，一生用不盡。」因此，每每告誡孩子們說：「人雖至愚，責人則明；雖有聰明，恕己則昏。苟能以責人之心責己，恕己之心恕人，不患不至聖賢地位也。」意思是說：就算是最愚笨的人，當他在責備別人的時候，卻是清清楚楚的；可是一個非常聰明的人，當他原諒自己的時候，卻是昏昧不明的。所以，如果能用責備別人的心來責備自己，用原諒自己的心來原諒別人，就不怕達不到聖賢的地位呀！范純仁不因為被貶逐就埋怨他人、抱怨命運，真正做到「樂夫天命復奚疑」！

# 短綆不可以汲深井之泉，知不幾者不可與及聖人之言

## 名句的誕生

況夫先王之道，仁義之統[1]，《詩》《書》禮樂之分[2]乎！彼固天下之大慮也，將為天下生民之屬長慮顧後而保萬世也。其流長矣，其溫[3]厚矣，其功盛姚[4]遠矣，非孰修為之君子，莫之能知也。故曰：短綆[5]不可以汲深井之泉，知不幾[6]者不可與及聖人之言。夫《詩》《書》禮樂之分，固非庸人之所知也。

～〈榮辱篇〉

## 完全讀懂名句

1. 統：本、始。
2. 分：音ㄈㄣˋ，等、類。
3. 溫：即「蘊」，意謂蘊積。
4. 姚：即「遙」。
5. 綆：音ㄍㄥˇ，汲水用的繩子。
6. 幾：隱微。

語譯：何況先王的聖道，是仁義的根本，《詩》《書》禮樂之類啊！那真是天下最能深慮的，將是為天下人長慮顧後而能永保萬代的智慧。先王的聖道淵源流長，蘊積極為豐厚，功業盛大影響深遠，如果不是精進修為的君子，是不會知道的。所以說：短的繩子是不可以用來汲取深井內的泉水，智慧不能理解隱微道理的人是無法讓他了解聖人的言論。《詩》《書》禮樂之類，本來就不是凡庸的人所能知道啊！

## 名句的故事

齊桓公對管仲說：「我想讓國內的施政，像

日月一般明朗，不論愚夫愚婦都說好，可以嗎？」管仲回答：「可以。但這並非聖人的作法。」桓公問：「為什麼？」管仲回答：「短的井繩不能汲取深井裡的水，知識淺薄的人也不能夠和他談論聖人的道理。對聰慧的人，可以跟他談論一般事物；對明智的人，可以跟他談論各種事物；對聖明的人，則可以跟他談論所有事物。可見聖人的所作所為，並不是一般人所能達到的。一般百姓即使明知道別人高明自己十倍，還要和人爭辯地說：『他不如我啊！』如果別人高明自己百倍，就想盡辦法挑人家的毛病；如果高明自己千倍，那是誰也不肯相信的。所以，百姓是不可以輕易給予讚揚，但可以集中起來加以教導；不可以對他們暴虐殘殺，但可以指揮而使他們歸順；不用挨家挨戶去勸說，只要做出榜樣示範就可以了。」（劉向《說苑》卷七〈政理〉）

齊桓公希望百姓們都頌揚他的治理，於是向管仲提出讓政事透明化的想法，但管仲卻以為未必可以收到成效，一來是因為百姓中優劣愚智的程度不同，各人的理解能力也有所差異，即使政事公開透明，也未必人人都能理解認同；再者，百姓的被管理者立場與政府的管理者立場不同，一旦管理者施政透明化，再加上人性裡都有不肯輕易服人的劣根性，百姓便容易挑剔政府的毛病而不肯順服，這樣國家就會動亂不安，所以說這並不是聖人的作法。

## 歷久彌新說名句

顏淵往東到齊國，孔子十分憂慮。子貢離開座位上前問道：「學生大膽地請問：顏淵東往齊國，老師覺得擔憂，這是為什麼呢？」孔子回答：「你問得很好。當年管仲曾經說過一句話，我覺得很好，他說：『小布袋不能包容大東西，短的繩子不能汲取深井裡的水。』也就是說：性命有它生成的道理，各種形體也有它適當的用處，是不能勉強改變的。我擔憂顏淵向齊侯談論堯、舜、黃帝治理國家的主張，再進一步推崇燧人氏、神農氏的言論。如果與齊侯心意相違背，而齊侯經過苦苦思索後仍不能理解的話，一定會產生疑惑，一旦疑惑而不問青紅皂白，以為是在譭謗自己便遷怒對方，那麼顏淵很可能就會被殺害了呀！」（《莊子．至樂》）

孔子的擔心是在於他認為顏淵與齊侯的才學與器量不同，顏淵器量大而齊侯器量小，器量小的人容易自滿，容易自滿的人不肯輕易接納他人的建言，因此孔子擔心齊侯會因為不能容忍顏淵的建言而將他殺了。

後漢許昌陳寔（音ㄕˊ）為人公正，有一次因故受牽連而被潁川太守處以剃髮的刑罰。於是有位客人問陳寔的兒子陳元方說：「你認為太守是怎樣的一個人？」元方回答：「是位高明的太守。」客人又問：「那你的父親又如何呢？」元方回答：「是個忠臣孝子。」客人說：「《易經》上說：『兩人如果同心，他們合作的力量就鋒利得足以切斷金屬；出自同心的言語，則可芬芳如蘭，散播四方。』哪有高明的太守對忠臣孝子處以刑罰呢？」元方回答：「您的話太不合理了，所以我不回答您。」客人卻說：「你只是藉著彎背來冒充恭敬，卻是不能回答的吧？」元方說：「從前殷高宗因為後妻的緣故而放逐前妻所生的孝順兒子孝己，周宣王的賢臣尹吉甫因為後妻的緣故而放逐前妻所生的孝順兒子伯奇，西漢景帝大臣董仲舒因故放逐孝順的兒子符起。這三位做為父親的人，都是高明的君子；而這三位被放逐的兒子，也都是忠臣孝子。」客人聽了，這才覺得慚愧而離去。（《世說新語．言語》）

陳元方並沒有因為私情而怪罪潁川太守對父親陳寔施以刑罰，可見十分通情達理，但客人對他的回答卻充滿質疑，元方知道他不能理解，所以就不想再回答，沒想到客人反而更加出言不遜，於是元方隨口便舉出三個歷史上明君賢臣放逐孝子的故事，讓客人知道元方並不是不能答，而是不願對已心生誤解的人回答，這時客人才覺悟而羞愧地離去。

# 滿則慮嗛，平則慮險，安則慮危

## 名句的誕生

求善處大重、理任大事，擅寵於萬乘之國，必無後患之術：莫若好同[1]之，援賢[2]博施，除怨而無妨害人。能[3]耐任之，則慎行此道也；能而不耐任，且恐失寵，則莫若早同之，推賢讓能，而安隨其後。如是，有寵則必榮，失寵則必無罪。是事君者之寶而必無後患之術也。故知者之舉事也，滿則慮嗛[4]，平則慮險，安則慮危，曲重其豫[5]，猶恐及其旤[6]，是以百舉而不陷也。孔子曰：「巧而好度必節，勇而好同必勝，知而好謙必賢。」此之謂也。

～〈仲尼篇〉

## 完全讀懂名句

1. 好同：好與人同，意謂喜歡與人共處。好：音ㄏㄠˋ，喜愛。同：共處。
2. 援賢：引用賢人。
3. 能：有能力、有才能的人。
4. 嗛：音欠，不足。
5. 豫：預備。
6. 旤：音ㄏㄨㄛˋ，古「禍」字。

語譯：想要能夠擔任重要職位、處理大事，在萬乘大國中得到專寵，且一定沒有後患的方法：再也沒有比喜歡與人共處，引用賢人，廣博施惠，除去舊怨而不妨害別人的方式更好了。擁有才能而被任用，就要謹慎遵行這種方法；如果擁有才能卻不能被任用，又擔心失去恩寵，還不如早一點與人共處，推讓給賢能的人，讓自己安穩跟隨在後。像這樣，一旦得寵就必然會榮耀，就算不得寵也一定會無罪。這就是事奉君主最好且一定沒有後患的方法。所以有智慧的人處理事情，當盈滿時就會想到不足，平坦時就會想到障礙難行，安逸時就會想到危險，遭遇曲折時最重要的是懂得預備，如此尚且還怕會招來禍患，所以才能做很多事而沒有過失。孔子說：「靈巧的人喜愛法度就一定會有所節制，勇敢的人喜歡與人共處就一定能夠得到勝利，明智的人喜愛謙虛就一定賢良。」說的就是這個道理。

## 名句的故事

孔子說：「凡事豫則立，不豫則廢。言前定，則不跲（音ㄐㄧㄚˊ）；事前定，則不困；行前定，則不疚；道前定，則不窮。」（《中庸》第二十章）。意思是說：任何事情，不論說話、做事、行動或原則，只要能事先備妥，就不會有詞窮、困難、後悔或行不通的時候。反之，則會窘迫遭困。所以孔子又說：「人無遠慮，必有近憂。」（《論語．衛靈公》）因此，無論什麼事情都應該有備無患，才會成功。

晉悼公英明有為，重用賢士，廣納忠言，因此，國勢逐漸強盛，許多國家都爭相和晉國結盟，其中鄭國也想依附晉國，可是鄰近的楚國卻一直虎視眈眈，於是鄭穆公的孫子子展便想出一個辦法：「如果我們攻打宋國，諸侯軍一定會攻打我們，到時我們聽命於諸侯，同時向楚國報告；等到楚軍攻來時，我們就和楚國結盟，再用重禮賄賂晉國，這樣就可以確保安全了。」鄭國於是攻打宋國，最後果然達成與晉國結盟的目的。鄭國派人送給晉悼公許多貴重禮物。晉悼公把其中一半的樂器賜給副帥魏絳，說：「您教導我與戎狄各部和好，八年中九次會合諸侯，諸侯們像音樂一樣和諧，就讓我和您一起享用這些樂器吧！」魏絳辭謝說：「與戎狄和睦共處，這是國家的福氣；八年中九會諸侯，這是國君的威靈、將帥們的功勞，我哪有什麼功勞呢？我只是希望國君您能安於快樂而又常能想到如何善終。《尚書》上說：『居安思危。』想到危難就有所戒備，有所戒備就沒有禍患。」晉悼公說：「您的教導，我豈敢不接受？只不過，這賞賜是國家典章所規定的，不能廢棄，請您還是接受吧。」魏絳這才接受晉悼公的賞賜。（《左傳．襄公十一年》）

雖然鄭國歸服，讓晉悼公更奠定中原霸主的地位，不過魏絳恐怕悼公因此而驕傲怠忽，才會再三提醒：唯有居安思危、有備無患，才是國家長治久安之道呀！

## 歷久彌新說名句

魏徵是唐太宗時有名的諫臣，他曾在〈諫太宗十思疏〉一文中說：「不念居安思危，戒奢以儉，德不處其厚，情不勝其欲，斯亦伐根以求木茂，塞源而欲流長者也。」意思是說：如果不能夠居安思危，戒奢崇儉，不多行仁政，克制不住欲望的話，就像伐去樹根卻要樹木長得高大、堵住源頭卻要水流得長遠一樣是不可能的事。因此，他向唐太宗提出了十思：「見可欲，則思知足以自戒；將有作，則思知止以安人；念高危，則思謙沖而自牧；懼滿盈，則思江海下百川；樂盤遊，則思三驅以為度；恐懈怠，則思慎始而敬終；慮壅蔽，則思虛心以納下；想讒邪，則思正身以黜惡；恩所加，則思無因喜以謬賞；罰所及，則思無思怒而濫刑。」魏徵希望唐太宗能夠知足而不貪求欲望、施政適可而止不擾民、位居高位宜謙虛自我修養、擔心驕傲自滿而招禍就要像江海低下納百川、每年打獵遊樂以不超過三次為限、防備懈怠就要自始至終都小心謹慎、擔心受蒙蔽就要雅納諫言、杜絕讒言就要立身端正、不胡亂施恩、不無故濫刑，這樣就可以實施教化，做一個聖明的君主了。

魏徵的十思是基於居安思危的立場，希望唐太宗能夠做一個德化於民的聖君，讓國家可以長治久安。因為人一旦習於安逸，就很容易苟且偷安，即使危險發生了也不在意，甚至到了無可救藥的困境。

# 君子時詘則詘，時伸則伸

## 名句的誕生

少事長，賤事貴，不肖事賢，是天下之通義也。有人也，埶[1]不在人上，而羞為人下，是姦人之心也。志不免乎姦心，行不免乎姦道，而求有君子聖人之名，辟[2]之是猶伏而咶[3]天，救經[4]而引其足也；說必不行矣！俞[5]務而俞遠。故君子時詘[6]則詘，時伸則伸也。

～〈仲尼篇〉

## 完全讀懂名句

1. 埶：同「勢」，指地位。
2. 辟：音ㄆㄧˋ，通「譬」，意指譬喻。
3. 咶：同「舐」，舔物。
4. 經：自經，意謂自縊。
5. 俞：音ㄩˋ，同「愈」。
6. 詘：音ㄑㄩ，同「屈」。

語譯：年少的人事奉長輩，低下的人事奉尊貴的人，不賢的人事奉賢能的人，這是天下的通常道理。如果有一個人，他的地位不在別人之上，卻又羞於居人之下，這是姦邪之人的想法。他的意志不免沾染了姦邪的心思，他的行為也不免接近是姦邪的舉動，而想要求得君子、聖人的名聲，就好像是伏下身體卻想要舔天，想要救自縊的人卻拉著他的腳一樣；這種說法一定行不通！簡直是愈務求，距離卻愈遠。所以君子處世應是該屈就屈，能伸則伸。

## 名句的故事

晏子到晉國的路上遇見一個頭戴破帽、反穿

皮衣、揹著乾草在路邊休息的人。晏子見他氣度不凡，以為是個君子，便問他的來歷，那人說：「我是越石父。因為挨餓受凍，只好為人僕役，已經三年了。」於是晏子幫他贖身，並載他回齊國。晏子回到家後，沒有向越石父打聲招呼就直接走進內室，越石父很生氣地請求與晏子絕交。晏子派人問他：「我還沒有與您結交呀！您做奴僕三年，今天我才見到您並替您贖身，難道我對您還不好嗎？為何這麼快就要和我絕交？」越石父回答：「我聽說，士人在不了解自己的人面前可以忍受屈辱；但在了解自己的人面前就可以挺胸做人。所以君子不會因為有功於人而輕視別人，也不會因為他有功而甘願屈身於人。我當別人的奴僕三年，是因為沒有人了解我；今天您贖回了我，我認為您是了解我的。可是剛才乘車時，您不謙讓就先上了車，我以為您是忘記了；現在您又不跟我打聲招呼就進屋，這與把我當奴僕看待是相同的。所以，我還是暫且去當奴僕，請您將我賣給世人吧！」晏子聽了，立刻走出內室，向越石父鄭重道歉，並命人打掃門庭，更換筵席，向他敬酒致禮。（《晏子春秋》卷五〈內篇．雜上第五〉）

越石父認為「士者，詘乎不知己，而申乎知己」，因此失意的時候，能夠為人僕役三年，靜待時機，希望一朝能獲賞識而得以施展抱負，可見「丈夫之志，能屈能伸」。（《幼學瓊林》卷一〈武職類〉）當晏子為他贖身時，越石父以為遇上了知己，但沒想到晏子卻以一般方式對待他，並不以為他是知己，因此才請求絕交。晏子了解原由後，衷心認錯，並不因為自己對越石父有功而自滿無禮，可見胸襟十分寬闊偉大。

## 歷久彌新說名句

魯宣公十二年（西元前五九七年）春，楚莊王率兵圍攻鄭國都城十七日，鄭國人誓死守城，於是楚莊王暫時退兵。鄭國人則修築城牆，當楚軍再次包圍鄭都三個月後，攻破鄭都。鄭襄公脫去上衣，露出肩背，牽著羊迎接楚莊王，說道：「這是我的罪過，豈敢不唯命是聽？如果要把我俘虜到江南，放逐海邊，也只聽您的吩咐；如果要滅亡鄭國，把鄭地分賜諸侯，讓鄭國人做奴僕婢妾，也只聽您的吩咐。如蒙您顧念舊好，託周厲王、周宣王、鄭桓公、鄭武公的福，不滅他們的封國，讓鄭國成為楚國的屬縣，這是您的恩惠，也是我的心願，但不是我所敢指望的。請您慎重考慮吧！」楚國官員都說：「不能答應他的要求。」但楚莊王卻說：「鄭國的國君能夠屈居別人之下，必定能夠取信於民，而百姓肯為他效命，鄭國恐怕還是有希望的，豈可滅亡他們呢？」於是楚國退兵三十里而與鄭國議和。（《左傳．宣公十二年》）

鄭襄公於城破後，肉袒牽牛，迎接楚莊王入城，低聲下氣，請罪求降，不復君王姿態，亦是能屈能伸；因此，楚莊王認為鄭襄公「必能信用其民」，如此君民一心，國力仍不可小覷，所以才退兵議和。

# 官人守數，君子養原；原清則流清，原濁則流濁

## 名句的誕生

合符節，別契券者，所以為信也；上好權謀，則臣下百吏誕詐之人乘是而後欺。探籌投鉤[1]者，所以為公也；上好曲私，則臣下百吏乘是而後偏。衡石稱縣[2]者，所以為平也；上好傾覆，則臣下百吏乘是而後險。斗斛敦槩[3]者，所以為嘖[4]也；上好貪利，則臣下百吏乘是而後豐取刻與，以無度取於民。故械數[5]者，治之流也，非治之原也。君子者，治之原也。官人守數，君子養原；原清則流清，原濁則流濁。

～〈君道篇〉

## 完全讀懂名句

1. 探籌投鉤：相當於現代的抽籤、擲籤方式。
2. 縣：通「懸」，和「衡」一樣，都是測量的器具。
3. 斗斛敦槩：量器名。槩：音ㄍㄞˋ，量米的工具。
4. 嘖：通「賾」，實際的情形。
5. 械數：器具制度。

語譯：驗合符節，辨別契券，是為了表示誠信；在上位的人喜好權謀詐術，則在下位的官吏乃至狡詐之徒就會利用這些東西以從事詐欺。抽籤擲籤，是為了表示公平；在上的人喜歡阿比營私，則在下位的官吏就會利用這些東

西來做出偏私的事情。度量衡等器具，是為了達到均平；在上位的人喜好傾覆，在下位的官吏就會利用這些東西犯險舞弊。斗斛敦槩等量器，是為了測量實際的情形；在上位的人貪求利益，則在下位的官吏就會利用這些東西來多收少給，沒有限度地壓榨百姓。所以器具制度，是治理國家的末流，而不是治理國家的本源。君子才是治國的本源。官吏守著制度，君子要培養本源。本源清澈，末流就會清澈；本源混濁，末流就會混濁。

## 名句的故事

古人稱成年男子為「堂堂七尺之軀」，然而，「七尺」到底是多高?以現在的台尺來換算，七尺大約等於兩百一十五點六公分，不可能是古時正常成年男子的高度。若用清代的度量衡來算，七尺等於兩百二十四公分，那就更不可能了。如果把時間往回推，清代的一尺約等於三十二公分，明代的一尺約為三十一公分，隋唐是二十九到三十一公分之間，兩漢魏晉則是二十三到二十四公分之間，而周代的一尺甚至不到二十公分。

一尺多少公分的問題其實不只是數學問題，也是歷史問題，更是社會問題。為什麼這麼說呢?因為古時繳稅，收的往往不是金錢而是布匹穀物，一般人民每年要交多少米、多少布，制度上規定得一清二楚。同時，為了表示公正，丈量布匹穀物的輕重長短時，一律以公家單位所測量的為準。公家單位的測量器具則完全依照中央頒布的標準制度。

問題就出在這裡!假定以一尺二十公分來計算，每年要交十尺長的布，那麼就是二百公分，若是以一尺三十公分來計算，則每年十尺長的布，就是三百公尺。換言之，政府不用另徵稅收，只要更動度量衡，就可以多收百分之五十的稅金。尺的長度之所以會隨著時間的流逝而增加，這就是最大的原因!

一般官吏也懂得用度量衡來謀取暴利。一般人民在還沒收成或收成不足時，往往會向官府借貸，這時官吏拿出來的是較小的秤或斗，所以實際上借給人民的會比較少。當人民償還債務時，官吏會拿出較大的秤或斗，所以實際上收到的會比較多，若再加上利息，人民等於是被剝了兩層皮。

雖然法律會對這類官吏科以重罰，但是中央早已做了最差的示範，所以又怎麼可能禁絕官吏的舞弊呢？荀子說：「官人守數，君子養原；原清則流清，原濁則流濁。」這話想必是看盡了百姓痛苦，而後發出的沉痛感慨吧！

## 歷久彌新說名句

有一回，漢文帝問右丞相周勃：「目前國內一年有多少訴訟案件？」周勃回答不出來。漢文帝又問周勃：「目前國內一年的總稅收有多少？」周勃還是答不出來。皇帝連續兩個問題，都讓周勃答不出來，這讓周勃非常難堪。漢文帝又問左丞相陳平同樣的問題。陳平回答說：「要知道國內一年有多少訴訟案件，就要找負責司法案件的廷尉回答；要知道國內一年的總稅收有多少，就要找負責經濟問題的治粟內史回答。每件事都有主管官員可以負責。」文帝臉色一沉，質問陳平：「既然每件事都有主管官員可以負責，那麼要你這丞相有什麼用？」陳平不慌不忙地回答：「丞相負責管理所有的官員。」

國內的事務繁多，統治者不可能知道所有細節，也不可能處理好所有的事務，所以必須分派工作給各個階層的官吏來負責。統治者只須確保各階層的官吏都能切實執行自己的任務即可。

然而，統治者要如何確保下屬切實執行任務呢？除了建立考核制度外，統治者更要以身作則，表達出對制度的尊重。孔子說：「其身正，不令而行；其身不正，雖令不從。」所以統治由「修身」開始。若是統治者知法玩法，底下的臣民自然有樣學樣，試圖鑽法律制度的漏洞，國家又怎麼治理得好呢？不只是管理國家，管理任何一個團體的人都該有此認知。

# 凡百事之成也必在敬之，其敗也必在慢之

## 名句的誕生

凡百事之成也必在敬之，其敗也必在慢[1]之。故敬勝怠則吉，怠勝敬則滅，計勝欲則從[2]，欲勝計則凶。戰如守，行如戰，有功如幸[3]。敬謀無壙，敬事無壙[4]，敬吏無壙，敬眾無壙，敬敵無壙，夫是之謂五無壙。

～〈議兵篇〉

## 完全讀懂名句

1. 慢：輕慢。
2. 從：吉。
3. 有功如幸：有功勞就以為是僥倖獲得的，比喻不驕傲。幸：僥倖。
4. 壙：通「曠」，懈怠。

語譯：大凡一切事情的成功關鍵都在於恭敬謹慎，失敗的原因都在於輕忽懈怠。所以恭敬謹慎勝過輕忽懈怠就會大吉，輕忽懈怠勝過恭敬謹慎就會滅亡，計慮勝過欲望就會吉祥，欲望勝過計慮就會凶險。交戰時如同防守，行軍時如同交戰，有功勞就像僥倖得到的。對於謀畫不輕忽懈怠，對於做事不輕忽懈怠，對於用人不輕忽懈怠，對於眾人不輕忽懈怠，對於敵人不輕忽懈怠，這叫五不懈怠。

## 名句的故事

蜀漢大將關羽奉命防守荊州，智勇兼備的他使得東吳軍隊不敢越雷池一步。東吳呂蒙想了一個辦法來對付關羽。他裝病不出，並讓年輕的陸遜代理自己的職務。陸遜上任後，刻意表

現極度地謙卑。關羽本已瞧不起年輕的他，更誤以為他只是個怯懦之人，便輕率地出兵攻打北方的曹魏，而給了東吳可趁之機。後來，關羽敗走麥城，身首異處。

論武力，論智謀，關羽絕對是才不世出的英雄人物，但是一個大意，非但失掉了荊州這個重要的關卡，也丟掉了自己的性命。他的義弟張飛一心替他報仇，卻死於部將之手；他的義兄，也就是蜀漢的君主劉備，為了兩個義弟而兵發東吳，再次犯下輕敵的過失，慘遭大敗，不久病亡。

關羽大意失荊州，損失的不僅是蜀漢的領土與部將。蜀漢和東吳之間的紛爭，讓諸葛亮聯吳抗曹的戰略遭受挫折，險些給曹魏坐收漁翁之利。

戰場上瞬息萬敗，一個小小的失誤，極可能造成一連串的重大失敗。荀子說：「凡百事之成也必在敬之，其敗也必在慢之。」關羽的失敗，足以證明這個論點。

## 歷久彌新說名句

倫德斯是俄國著名的化學家。有一天，他那就讀中學的兒子拿了一道學校老師發的習題來問父親。中學的化學題目怎麼可能有多難？他一面這麼想，一面隨手就寫出了答案。第二天，他的兒子回來告訴他：「答案寫錯了！」怎麼可能？一定是老師錯了。可是當他仔細地再檢查了一下題目及答案，才訕訕地承認：「嗯，是我錯了！」

中學的化學題目竟然難倒了著名的化學家？是學校的題目太難了嗎？絕對不是！關鍵在於倫德斯答題時的態度。誠如荀子所說的：「凡百事之成也必在敬之，其敗也必在慢之。」對於困難的化學問題，倫德斯會用謹慎的態度去面對，所以他才能在化學方面有所成就，但是對於早就學會的基礎化學題，倫德斯卻用輕忽的態度去面對，所以他會犯錯。不管是因為無知而犯錯，或是因為輕忽而犯錯，犯錯的結果都是一樣的。

# 凡人之患，蔽於一曲，而闇於大理

## 名句的誕生

凡人之患，蔽於一曲[1]，而闇[2]於大理。治則復經，兩疑[3]則惑矣。天下無二道，聖人無兩心。今諸侯異政，百家異說，則必或是或非，或治或亂。

～〈解蔽篇〉

## 完全讀懂名句

1. 一曲：偏限於一偏的道理，指偏見。
2. 闇：不明瞭。闇：通「暗」。
3. 兩疑：莫衷一是的態度。疑：通「擬」，比擬。

語譯：大凡人的毛病，總是被偏見所蒙蔽，而不明瞭周遍正大的道理。糾正了偏見，就會回復到恆常的道，抱持著莫衷一是的態度，就會昏亂疑惑。天下沒有兩個真理，聖人不會有兩種心意。現在諸侯各有不同的政令，學者各有不同的學說，那麼就一定有的是對的，有的是錯的，有的使社會安定，有的使社會混亂。

## 名句的故事

莊子說：「吾生也有涯，而知也無涯。」知識的世界是如此遼闊，所以每個人都會有無知的時候。

無知並不可怕，可怕的是強不知以為知，明明自己是一知半解，卻以為自己已經全部知道了。所以孔子告誡學生說：「知之為知之，不知為不知，是知也。」為的就是怕學生犯了強不知以為知的毛病。

強不知以為知有兩種情形，一種是囿於見聞，就是荀子文中「不登高山，不知天之高也」的那種人。這種人一旦聽聞大道，還有糾正偏見的機會。另一種人是昧於是非，明明聽聞的是更加美好的大道，但卻拒絕接受，因為接受就等於承認自己從前的錯誤。不但拒絕接受大道，更因嫉妒而試圖加害通曉大道者。老子說：「下士聞道，大笑之。」這類人卻比「下士」更加等而下之。像紂王殺害比干就是如此。

比干勸紂王不可倒行逆施，紂王不聽，反而嘲諷比干：「你自以為是聖人，可是聖人的心有七竅，我倒要看看你的心是不是有七竅。」於是就挖出了比干的心臟。

沒有一個統治者希望天下大亂，只是他們有的認為自己的武力足以懾服眾人，有的認為自己的智謀可以控制臣民，以致聽聞聖賢的道理而不肯信，「蔽於一曲，而闇於大理」的人，確實是很多。

## 歷久彌新說名句

有一個東方來的騎士和另一個西方來的騎士在樹林中相遇。東方來的騎士看到一棵大樹上掛著一面盾牌，就對西方來的騎士說：「咦？樹上怎麼會掛著一面黑色的盾牌。」西方來的騎士說：「你看錯了吧！那明明就是一面白色的盾牌。」東方來的騎士認為西方來的騎士是為了侮辱他，才會故意顛倒黑白，氣得拔出劍來和他決鬥。

一番激戰後，東、西方來的騎士兩敗俱傷，彼此互換了位置，躺在地上奄奄一息。這時，兩名騎士抬頭看到掛在樹上的盾牌，都驚訝得說不出話來。因為東方來的騎士看到的是白色的盾牌，西方來的騎士看到的則是黑色的盾牌。原來，盾牌的兩面分別漆上了黑與白兩種不同的顏色。

同一個事實，從不同的角度去看，往往會得到不同的結論。問題不在於是否要接受對方的觀點，而是在於肯不肯去探究事實的真相。

# 進則近盡，退則節求

## 名句的誕生

道者，進則近盡，退則節求，天下莫之若也。

～〈正名篇〉

## 完全讀懂名句

語譯：有「道」之人，進而在位，就會使私欲接近於除盡；退而在野，就會節制自己的求取。天下是沒有人比得過他的。

## 名句的故事

荀子以為，人的本性是天生的，人的情感則是本性所具備的，人的私欲則是情感的反應。主動去追求「想要」得到的東西，這是人在情感表現上不可避免的現象；主動去引進認為「可以」得到的東西，這是從理智所表現出來的。所以，即使是一個守門的小官吏，私欲也無法去除，因為它是人性中所具備的元素；而即使貴為天子，私欲也無法除盡，但是可以設法讓它幾近不存在。換句話說，君王雖然無法完全鄙棄自己的私欲，但是可以透過節制來克制自己的欲望。

荀子在本文中，對於人的欲望的存在，給予肯定的態度，但欲望必須被合理地節制、被合理地引導，不可放縱欲望；也就是說，我們要用理智來控制欲望。欲望其實是一種需求上的滿足，要滿足欲望的同時，也必須考慮是否有合理的財富可以獲取想要的物質。換句話說，財富與物質必須能夠相互搭配，當經濟狀況允許時，人也才具備追求欲望實現的權利。

荀子肯定欲望，並提出讓欲望合理發展、合理控制的見解，其目的應該不只是要對戰國時代的經濟掠奪有所改善，也希望能對政治上的你爭我奪有所約束呀。

## 歷久彌新說名句

唐朝的吳兢在《貞觀政要》中便勸戒：「樂不可極，極樂成哀；欲不可縱，縱欲成災。」享樂不可以過分，一旦過分到了極點就會帶來悲哀；欲望不可放縱，一旦縱欲過度就會釀成災禍。一語道中人性欲望必須有所節制之故。

而荀子談到欲望的節制，簡單來說就是「去私」二字，特別是針對在朝為官者，因為為官者只要放縱個人私欲的發展，通常會導致身敗名裂。西晉儒者傅玄在《傅子．問政》中說：「政在去私，私不去則公道亡，公道亡則禮教無所立。」為政的關鍵在於摒除私欲，私欲不去，公義道德就會消失，沒有公義道德，也就沒有所謂的禮教。西漢經學家劉向在《說苑．至公》也提及：「治官事則不營私家，在公門則不言貨利。」意即在政府當官，不能考慮到個人的事情，也不能謀求個人的利益。

「去私」如果應用在家庭上，就如諺語所常提到「妻賢夫禍少」，妻子賢慧、物質欲望低，丈夫就無須為財富奔波，會面臨的禍害自然就少了。當一個人有了功名利祿還要切記：「貧賤之交不可忘，糟糠之妻不下堂。」（《南史．劉悛傳》）即當飛黃騰達之後，別忘了貧困患難時結交的朋友，也不能拋棄當初共同患難的妻子。這些都是欲望節制的表現。

《菜根譚》中說：「飲宴之樂多，不是好人家；聲華之習勝，不是個好士子；名位之念重，不是個好臣工。」經常宴客作樂的，絕對不是一個正派的家庭；喜歡縱情聲色、穿戴華服者，絕對不是一個好的讀書人；對名利和權位的欲望太重者，絕對不會是個好官吏。這當是中國人教育弟子所奉行的圭臬吧，唯恐個人欲望過多，毀損了該有的生活倫理與社會倫理！

# 無萬物之美而可以養樂，無埶列之位而可以養名

## 名句的誕生

心平愉，則色不及傭[1]而可以養目，聲不及傭而可以養耳，蔬食菜羹而可以養口，麤[2]布之衣、麤紃[3]之履而可以養體。局室、蘆簾、稾蓐[4]、敝[5]机筵[6]而可以養形。故雖無萬物之美而可以養樂，無埶[7]列之位而可以養名。如是而加天下焉，其為天下多，其私樂少矣。夫是之謂重己役物。

～〈正名篇〉

## 完全讀懂名句

1. 傭：通「庸」，平常。
2. 麤：音ㄘㄨ，同「粗」。
3. 紃：音ㄒㄩㄣˊ，粗麻繩。
4. 稾蓐：稾，音ㄍㄠˇ，指稻草或其他黍蓬類乾燥的莖。蓐，同褥，坐臥時鋪在身體下面的墊子。如：床褥、被褥。唐韓偓〈已涼詩〉：「八尺龍鬚方錦褥，已涼天氣未寒時。」亦稱為「褥子」。
5. 敝：破舊。
6. 机筵：几桌。
7. 埶：同「勢」。

語譯：內心平靜愉快，就算是看到極為平常的顏色，也很悅目；聽到平常的聲音，也覺得悅耳；吃著粗茶淡飯也感到可口；穿著粗布衣裳、粗麻鞋，也會覺得舒適；住在狹小的房子，用蘆葦簾子、稻草被褥、破舊桌椅也感到身心愉快。所以沒有享受萬物的美好卻可以保持快樂，沒有權勢爵位卻能保持名聲，讓這樣

的人管理天下，那他必然能為天下操勞多，個人的享樂少，這就叫作尊重自己而役使萬物。

## 名句的故事

在生活困頓中，仍可以感到生命的愉快，「無萬物之美卻可以養樂，無埶列之位可以養名」，在歷史人物中，孔子的得意門生——顏回該是當仁不讓。

顏回是春秋魯國人，他的家境貧困，在《論語》中孔子讚美他：「賢哉回也，一簞食，一瓢飲，居陋巷，人不堪其憂，而回不改其樂，賢哉回也。」顏回吃的是粗陋飲食，住的是破舊房子，生活清苦儉樸，但他卻能安貧樂道，從不覺得苦，而且還努力求學問修養品德，過得很快樂。

顏回的修養好，不高興時不會把怒氣發洩在別人身上，如果不小心犯錯，也不會再犯同樣的錯，因此孔子說他：「有顏回者好學，不遷怒，不貳過。不幸短命死矣，今也則亡，未聞好學者也。」唉！顏回有才無壽，英年早逝，孔子對此非常難過，還發出「天喪予？」的感嘆，因顏回是孔子眾多學生之中，德性修養最好的一個，後人尊稱他為「復聖」。

## 歷久彌新說名句

打造微軟王國的世界首富比爾蓋茲向世人宣布，他將在西元二〇〇八年交棒，退休後全力投入蓋茲基金會的工作，他說：「伴隨財富而來的便是責任，……也就是要去幫助最需要幫助的人。」他期待自己能夠由「企業界的蓋茲」成功轉型為「慈善的比爾蓋茲」。

比爾蓋茲貴為世界首富，然而，讓人意想不到的是他沒有自己的私人司機，公務旅行不坐飛機頭等艙卻坐經濟艙，衣著也不講究名牌；更讓人不可思議的是，他還對打折商品感興趣，不願為泊車多花幾美元，並為這些「小錢」斤斤計較。比爾對金錢最真實的看法是：「我只是這筆財富的看管人，我需要找到最合適的方式來使用它。」他非常討厭那些喜歡用錢擺闊氣的人，他說：「如果你已經習慣了過分享受，你將不能再像普通人那樣生活，而我希望過普通人的生活。」比爾甚至公開表示：「我不會將自己的所有財產留給自己的繼承人，因為這樣對他們沒有一點好處。」這樣的態度，讓他選擇了將金錢投入公益。

因此，近年來，比爾蓋茲最為人津津樂道的是他引領了一股企業家公益精神，親自從事社會公益活動，他善用自己的魅力，讓一般大眾，甚至是政治人物都能自動自發為公益事業盡一份力，用心於扶助窮人、消滅饑荒與對抗愛滋病。比爾蓋茲還發明了一個新的名詞，叫作「創意資本主義」，以為「只需要多一點力量，多一點輿論的幫助，就可以幫助這個資本主義運作得更好，幫助在底層的那些人」。

比爾蓋茲的想法影響了他的摯友——財富僅次於他的投資大師華倫巴菲特隨後跟進，宣布捐出家產的百分之八十五捐助比爾蓋茲的慈善基金會。巴菲特說：「我對於富可敵國並不熱中，尤其是在世界上還有六十億人比我們窮的時候。」這些富豪的信念就是有錢人應該好好利用手中的財富來回饋社會，發展教育改善貧窮，對抗疾病，讓世界朝更好的方向發展。

一個人若能實踐「無萬物之美而可以養樂，無埶列之位而可以養名」是值得讚賞的；但是一個人在財富中還保持儉樸生活、運用財富回饋世界，那更是令人佩服。

# 刑不過罪，爵不踰德

## 名句的誕生

古者刑不過罪，爵不逾德。故殺其父而臣其子，殺其兄而臣其弟。刑罰不怒罪，爵賞不逾德，分然各以其誠通。

～〈君子篇〉

## 完全讀懂名句

語譯：古代的人，刑罰不會超過他的罪名，爵位不會超越他的德行。所以，處死了一個人的父親，但仍然可以任命他的兒子為臣；處死了一個人的兄長，仍可任命他的弟弟為臣。刑罰不會牽怒到問罪於他的家人，爵位賞賜不會超過這人所應得的，刑賞區分清楚就能相互連結實施。

## 名句的故事

在荀子的規畫下，君王有超越他人的尊貴、意志與權勢，他並引用《詩經》的說法：「普天之下，莫非王土；率土之濱，莫非王臣。」天下所有的土地，沒有一處不是君王所管轄；四海之內，都是君王的臣民。而這就是「聖王」的德政。

有聖王的帶領，每一個社會階級都會展現出合乎理教規範的行為，讀書人不會有荒誕的行為，做官的人不會偷懶怠惰，平民百姓不會有背離常理的風俗習慣，也不會出現小偷、強盜的情事，更不會出現違反國家朝廷所制定的行為。因為天下百姓都很清楚，偷竊的人是無法成為富豪，迫害他人的人是無法善終，違反聖王訂定的制度、是無法獲得安定的生活。只要跟隨聖王的規畫而行，人們就可以過著想要的生活；如果違反聖王的制度，必然會遇到自己所討厭的事情。

荀子接著引用《尚書》：「凡人自得罪。」意思是說，人會犯罪都是咎由自取，都是自己所造成的。一旦犯罪，就得接受法律的審判，但是不會有「連坐法」，不會牽累到他的親人或朋友。這就是聖王治理的天下，刑罰與賞賜都是公平的。

但亂世就不是這樣。如果一人犯罪，動輒株連三族親人；如果一人顯達，即使他像夏桀、商紂般惡劣，其親族也都會加官晉爵。這麼一來，天下想不大亂也難！荀子在本篇句末提到的這段，就是形容他自己身處的時代，所以他推出「聖王」理論，想要解決這個問題。

## 歷久彌新說名句

晉悼公是重振晉國霸業的關鍵人物。他對外不僅與戎狄交好，還消弭諸侯間的衝突；對內則是拔擢賢才，解決人民的生計問題。因此史家稱讚他：「舉不失職，官不易方，爵不踰德，師不陵正，旅不偪師，民無謗言，所以復霸也。」（《左傳．成公》）被提拔的人不會疏於職責，做官的人不會任意更改律法，被封的爵位不會超過他的德行，作戰的師團不欺凌將帥，軍旅不會威逼師團，百姓沒有責備之言，這就是晉悼公之所以成功的原因呀。

《三國志》記載，張裔受到諸葛亮的重用，原本被封為參軍，後來諸葛亮帶兵伐魏時，改封為丞相長史，留守後方，處理日常政務。張裔嘗稱讚諸葛亮說：「公賞不遺遠，罰不阿近，爵不可以無功取，刑不可以貴勢免，此賢愚之所以僉忘其身者也。」意思是說，諸葛亮在行賞時，不會遺漏與自己比較疏遠的人；處罰時，也不偏袒與自己親近的人；要加封官祿時，不允許沒有功勞的人獲取；要論定罪刑時，不會因為對方是權貴而有免除。這就是諸葛亮可以讓賢能的人和愚笨的人，都願意忘身報國的原因。

# 罪禍有律，莫得輕重，威不分

## 名句的誕生

刑稱陳[1]，守其銀[2]，下不得用輕私門。罪禍有律，莫得輕重，威不分。

～〈成相篇〉

## 完全讀懂名句

1. 陳：方法。
2. 銀：通「垠」，界線。

語譯：刑罰實施有方法，遵循法制的界限，不得減輕私下請託的權臣豪門的罪行。任何罪行都有判刑的條款，不得任意減輕或加重，否則會喪失法律的尊嚴。

## 名句的故事

荀子同意人們應該有追求合理財富的權利，但並不同意人的欲望可以被放縱，他認為適度的刑罰是必要的，特別是一個人的行為好壞應該要反映到他的社會地位，所謂「罪至重而刑至輕，庸人不知惡矣，亂莫大焉」（〈正論篇〉），重罪卻輕判，這會讓一般老百姓不知道什麼是惡，造成社會亂象呀！

所謂罪與刑相符，就是使刑罰的強度與犯罪的程度，相互對照，過輕或過重的判決都會傷害法律的尊嚴。荀子最厭惡的就是我們熟知的「連坐法」，就是罪及親族的制度，一人有罪便牽累到他的父母、妻子，甚至親族。

所以荀子的法治思想中，合宜的律法，公正地執行，才能達到「賞一勸百，罰一懲眾」，就像是《文子．上義篇》所說的：「賞一人而天下趨之，罰一人而天下畏之。」這樣才能發揮賞與罰的邊際效果，並藉此進用賢能之人，罷退不肖之徒。

然而刑罰並非治理國家的根本，它應該只是一種手段，治理國家的根本之道還是實行禮義。例如孔子說：「禮樂不興則刑罰不中，刑罰不中則民無所錯手足矣。」（《論語．子路篇》）禮樂不能興盛，那麼論刑執罰時就會不恰當；刑罰如果不恰當，人民就不知如何是好了。

## 歷久彌新說名句

齊景公三十二年（西元前五一六年），天空中出現了彗星。齊景公坐在柏寢臺上嘆息說：「這麼漂亮的亭臺，最終會到誰的手中呢？」大臣們聽了都流下淚來，只有晏嬰因為覺得大家太諂媚了，反而笑了起來。齊景公說：「彗星出現在東北方，這正是齊國的位置，我正為此擔憂呀！」晏嬰回答說：「君王您大興土木，唯恐租稅收得太少、刑罰施行得還不夠，最凶的茀星都可能會出現，還怕什麼彗星呢？」

齊景公聽完後便問，有沒有什麼方法可以解除彗星將帶來的災害。晏嬰說：「如果祈禱可以使神明降臨，那麼祈禱也可以使它離去。只是百姓們的怨恨數以萬計，太祝一個人的禱告，怎麼能夠勝過眾人的怨恨聲呢？」當時齊景公喜歡大造宮室、豢養狗馬、奢侈無度、課徵重稅、實施酷刑，所以晏子便乘機勸戒齊景公。（《史記．齊太公世家》）

《尚書．呂刑》記載：「刑罰世輕世重，惟齊非齊，有倫有要。」這個觀念是周朝時期提出的主張，意思是說，刑罰的輕重要根據當世的社會環境來決定，要因時而宜、因地而宜、因罪而宜，所謂新誕生的朝代要用輕典，太平盛世要用中典，亂世則要用重典。這其實也是罪禍有律、刑罰輕重分明的最佳寫照呀！

# 聰明聖知，守之以愚；功被天下，守之以讓

## 名句的誕生

孔子曰：「聰明聖知，守之以愚；功被[1]天下，守之以讓；勇力撫世，守之以怯；富有四海，守之以謙；此所謂挹[2]而損之之道也。」

～〈宥坐篇〉

## 完全讀懂名句

1. 被：音ㄆㄧ。
2. 挹：謙退的意思。

語譯：孔子說：「聰明和智慧高深的人，要善於藏拙，要大智若愚；功勞威震天下的人，不能居功自傲，要保持謙讓的態度；健壯驍勇的人，不能恃才傲物，要懂得有所顧忌；財富八方的人，切忌奢華享受，要懂得節儉。這就是謙讓，並抑制自滿的方法。」

## 名句的故事

這句名言是出自《荀子．宥坐篇》。「宥坐」是一種器皿，是一種「攲（音ㄑㄧ）器」，即像一截竹筒，中部作軸，架放在兩根立木中間，是古代一種利用物體重心位置移動原理製成的汲水和盛水器具。當它裡面沒有水時，這個器具便會歪斜；水放得剛剛好時，這個器具便會端正；如果水放得太滿，器具就會傾覆。這也就是孔子在本篇名句之前所說的：「吾聞宥坐之器者，虛則欹，中則正，滿則覆。」的意思。

孔子所說宥坐器「挹而損之」的道理，在《淮南子》裡有另一番記載：「夫物盛而衰，

樂極而悲；日中而移，月盈而虧。是故聰明睿智，守之以愚；多聞博辯，守之以儉；武力毅勇，守之以畏；富貴廣大，守之以陋；德施天下，守之以讓；此五者，先王所以守天下而弗失也。」

孔子在《淮南子》中，直接說出宥坐器「物盛而衰，樂極而悲；日中而移，月盈而虧」的智慧，建議君主治理國家應該採取「藏拙」、「謙和節制」、「敬畏」、「簡約粗陋」、「謙退」等態度，才不會失去天下百姓。

「謙」即是萬物生存的自然法則，也是盈虧、滿虛之間的一種「中道」，只要謹守這個中道，萬物即能和平立世。這又與《易經》中「謙卦」的智慧不謀而合。六十四卦的每一卦都含有會變動的六爻，也就是所謂的六種變化的條件會造成六種不同的結果；但是只有「謙卦」的六爻無論如何變動，都會是吉卦，因為這六爻的基本內涵就是「謙」，就是「中道」，中道會為大家帶來吉祥。

## 歷久彌新說名句

《史記．越王句踐世家》記載，話說范蠡雖然跟隨句踐二十餘年，協助句踐雪刷了「會稽之恥」，但是他深感「大名之下，難以久居」。套句白話文就是范蠡發現自己「功高震主」，特別是他也覺得「句踐為人可與同患，難與處安」，所以選擇輕裝簡從地離開「一人之下、萬人之上」的位置。

放棄既有，卻為范蠡締造自己生命的另一個巔峰，漁業讓他擠身富貴之列。然而財富沒有讓范蠡昏頭，他再度感受「挹而損之」的道理。他認為：「居家則致千金，居官則至卿相，此布衣之極也。久受尊名，不祥。」一個人做官可以做到宰相，回家靠自己也能賺到大筆財富，范蠡深深覺得自己處於「久受尊名」的巔峰，是個相當不祥的徵兆。他便散盡家產，選擇到「陶」這個地方重新開始。謙卦之六爻果真都是吉卦，范蠡在生命中的處處「謙退」，讓上天特別眷顧他，人稱「陶朱公」的他再度致富，且教人致富之道，更不忘幫助別人。而「陶朱公」儼然成了富庶的代名詞。

協助劉備入關中、打下漢朝天下的張良，也在功業極盛時選擇急流勇退。《漢書．張良傳》記載：「今以三寸舌為帝者師，封萬戶，位列侯，此布衣之極，於良足矣。願棄人間事，欲從赤松子游耳。」「赤松子」是傳說中的仙人，為道教所奉祀。張良也認為自己已到「布衣之極」，不願意再封侯拜相，寧可放下功名利祿，去學習道家的養身之術。「挹而損之」的張良，為自己掙到「高風亮節」的好名聲呀！

荀子

# 愛民如子，民富國強

100

# 君子爲治而不爲亂，爲修而不爲汙

## 名句的誕生

國亂而治[1]之者，非案[2]亂而治之之謂也，去[3]亂而被[4]之以治。人汙而修[5]之者，非案汙而修之之謂也，去汙而易[6]之以修。故去亂而非治亂也，去汙而非修汙也。治之為名[7]，猶曰君子為治而不為亂，為修而不為汙也。

～〈不苟篇〉

## 完全讀懂名句

1. 治：治理。
2. 案：根據。
3. 去：去除。
4. 被：施加。
5. 修：修飾。
6. 易：替換
7. 治之為名：治理之所以稱為治理。

語譯：國家在混亂的情況下，而想加以治理時，並不是根據混亂的情況來加以治理，而是去除混亂的情況後，再施加以治理。（如同）人在汙穢的狀態下，而想加以修飾時，並不是根據汙穢的狀態來加以修飾，而是除去汙穢的狀態後，再替換以修飾。所以是去除混亂的情況，而不是治理混亂的情況；是除去汙穢的狀態，而不是修飾混亂的狀態。治理之所以稱為治理，就好像說君子為治理而治理，而不是為了混亂而治理；修飾是為修飾而修飾，而不是為汙穢而修飾。

## 名句的故事

戰國時代，秦昭王為了羞辱齊國，於是派使者送去一只玉製的九連環。九連環上共有九個圓環，環環相扣，而有另一個長而窄的圓環將此九環串在一起。如果想解開其中一環，就勢必會影響到其他幾個環，所以必須花費許多心神才可能解開它。

齊王將九連環拿給朝中大臣，不過每個人都因害怕失敗而不敢嘗試。看了齊國大臣的窘態，秦國使者冷笑著說：「聽說你們齊國人很聰明，想必難不倒你們吧！」

聽了秦國使者的話，齊王取回九連環，放在桌上。接著，突然拿起鐵錘朝它砸了下去，那九連環本是玉石所製，所以應聲而碎，九個圓環散落一地。齊王說：「請告訴你們的國君，九連環已經解開了。」

南北朝時的高歡是個機智而善於鑑別人才的人。有一天，他召來所有兒子，想試試他們的才智，於是發給他們一團混亂的絲線。為了在父親面前有所表現，幾個兒子都低著頭，耐心地整理絲線，只有一個兒子，取出腰間的佩刀，一刀斬開亂絲，並說：「亂者必斬！」他的舉動得到高歡的讚賞。這個兒子名叫高洋，後來成了北齊的開國君主。

治理國事時，往往應該像齊王或高洋一樣快刀斬亂麻，直接終結混亂，從頭加以規畫建設。若是一心粉飾太平，只希望掩蓋住混亂的事實，那麼非但無法治理天下，反而會落到不可收拾的下場，所以荀子說：「君子為治而不為亂，為修而不為汙。」

## 歷久彌新說名句

農夫種田時，一定是先除草而後播種，而且除草時，一定是先將田裡的雜草全部剷除後，再一起播種，絕不會先除一株草，撒一顆種子，再除一株草，再撒一顆種子。若真有人這麼做，那麼，大概很少有人會不笑他愚笨的吧？

不過，在現實世界中，卻真的有人這麼做！

政府的職責，是要針對社會上的弊端，提出改革的辦法。不過，有些時候，弊端的改革卻是「頭痛醫頭，腳痛醫腳」。舉例來說，學生書包太重，往往會背到彎腰駝背。對於這個問題，政府提出的辦法卻是「把書包背到前面」。

小學生書包太重，是學習負擔太大的結果。學生、家長乃至於學校，對於教育沒有明確的目標可以追尋，所以這也學，那也學，學生的負擔又豈能不大？書包又豈能不重？

「把書包背到前面」太過可笑，那麼，「改良書包的設計」如何？學習旅行箱的設計，安裝拉桿、滑輪等，情況是不是就改善了呢？

「把書包背到前面」和「改良書包的設計」，其實是同一層次的思考方式，只要學習負擔的問題不解決，就算書包太重的問題改善後，接著而來的就會是學生的近視問題、快樂問題，再嚴重些的話，甚至是他們的自殺率提高問題，屆時，又該如何解決？

聰明的農夫，考慮的是怎麼做才會有最好的收成；理想的政府，也該用同樣的角度去思考問題。所以，解決書包過重的最佳辦法，應該是訂下明確的教學目標，以期教材的內容多寡，能夠限制在理想的範圍之中。政府的著眼點應該是「怎樣建立良好的學習品質」，而不是等問題發生時才設法解決。至於只針對表面現象的「鋸箭式」❶解決辦法，就更等而下之了。

❶有個被箭射中的人，到外科醫生處尋求協助。醫生拿了把鋸子，將露在外面的箭尾鋸掉，並說：「裡面的箭頭，是內科的事。」後人稱這類只針對外表現象的解決辦法爲「鋸箭式」。

# 相形不如論心，論心不如擇術

## 名句的誕生

故相形不如論心，論心不如擇術。形不勝心，心不勝術。術正而心順之，則形相雖惡而心術善，無害為君子也；形相雖善而心術惡，無害為小人也。

～〈非相篇〉

## 完全讀懂名句

語譯：觀察人的相貌不如考察他的思想，考察他的思想不如鑑別他立身處世的方法。相貌不如思想重要，思想不如立身處世方法重要。立身處世方法正確而思想又順應了它，那麼形體相貌即使醜陋而思想和立身處世方法是好的，不會妨礙他成為君子；形體相貌即使好看而思想與立身處世方法醜惡，不能掩蓋他成為小人。

## 名句的故事

本句名言出〈非相篇〉。何謂「非相」？用白話文說就是不要以貌取人。荀子舉例，周朝時以仁義治國的徐偃王，眼睛只能看到自己的額頭；百世之師孔子長的像一種叫作「蜞蜞」的蟹；制禮作樂的周公的身形就像是枯樹幹一般。這些流芳百世的仁君、聖人，長相可說是其貌不揚，但是有些暴君則不然。據說，夏桀、商紂的高大英俊，在天下間可是數一數二的相貌堂堂，但是他們的下場卻是身敗名裂、國破家亡，而且被天下人視為大逆不道，可說是遺臭萬年。

一個人在世上的價值並不是他的外表所造成，他的思想觀念，以至於他的行為，才是真正的要素。荀子以孫叔敖、葉公為例。

小時候看見兩頭蛇的孫叔敖，不但沒有因為看到兩頭蛇而早死，長大後卻成為楚國的良相。荀子形容孫叔敖是個粗鄙之人，禿頭、左腿長，「軒較之下」。所謂的「軒」是古代車前的直木，「較」是古代車前的橫木。荀子形容孫叔敖只有「軒較之下」，可見孫叔敖應該是個矮小之人，但是他卻在楚留下治國有方的佳話，被歷史評定為善良守法的官吏。

我們對另一個楚國軍事家葉公的印象，最深刻的當是「葉公好龍」這件事情，而荀子卻給我們全新的印象。荀子形容葉公長的「微小短瘠，行若將不勝其衣」，即身形矮小且瘦弱，走路好像帶不動他的衣服。然而葉公卻易如反掌地平定白公勝的叛亂，穩定楚國的政治局勢，為自己留下仁義的功名。

## 歷久彌新說名句

其實大聖人孔子看人也有出錯的時候。孔子曾說：「以貌取人，失之子羽。」用外表容貌來做為評斷一個人的標準，就會看錯像子羽這樣的的人才。《史記》記載，子羽名叫澹臺滅明，比孔子小三十九歲，但其「狀貌甚惡」，長得並不是很討人喜歡，他想要留在孔子身邊侍奉孔子，孔子卻認為他「材薄」，即資質淺薄。子羽回去後致力修身，處世光明正大、不投機取巧，如果不是為了公事，絕不會去見貴族大夫。子羽前往長江遊歷時，跟隨他的學生竟然有三百人之多，應對進退都相當得體，聲名遠播。孔子聽說後，便知自己當年看走眼了呀！

容貌端正不如心思端正，心思端正更要行為端正，所謂「相由心生」，容貌只是外在的一部分，心術端正會讓一個人散發出的外在氣質，更加讓他人願意主動來親近。

# 賢能不待次而舉，罷不能不待須而廢

## 名句的誕生

請問為政？曰：「賢能不待次[1]而舉，罷[2]不能不待須[3]而廢，元惡[4]不待教而誅，中庸民[5]不待政而化。」

～〈王制篇〉

## 完全讀懂名句

1. 次：升官的位次等第。
2. 罷：無能的人。
3. 須：或作「頃」，片刻、短暫的時間。
4. 元惡：罪魁禍首。
5. 中庸民：指一般的老百姓。

語譯：請問執政的道理是什麼？荀子答說：「賢能的人不必等待官職的位次來調升晉級，無能的人連短時間都不必等待就可廢掉，大惡的人不必等待教化就可誅殺，平常的人不必等待施政就可教化。」

## 名句的故事

傳統官僚體制的基本做事原則是按年資、照輩分。不管這個人再無能，只要不犯錯、不出亂子，時間到了，位子總是會輪到他的。不過荀子不以為然，他說：「賢能不待次而舉，罷不能不待須而廢。」

北宋的宰相寇準也和荀子一樣，用人的時候，不喜歡按照年資、輩分，只會看他的學識、能力。對於這點，有許多人心中感到不服氣：「那個位子明明就已經輪到我了，為什麼是他？」「那個人年資比我淺，輩分比我小，為什他的位子會在我之上？」

類似的不滿言論在官員中私下流傳著，畏於寇準的權勢，他們不敢當面指責他，於是派了個辦事的小官，帶著記載官吏年資深淺的例簿，以做為官吏晉升的依據。對於這樣一本例簿，寇準連看也不看，他說：「宰相的職責就是要進用賢能的人，黜退無能的人。例簿裡所記載的，只有死板的年資深淺而已，若是升官一定按照例簿，要我這個宰相做什麼？那些辦事的小官吏就可以勝任了。」

執政不比等公車。等公車時要排隊，是為了怕秩序混亂。執政時若是也要排隊，而讓那些年資高的無能之人占據高位，那麼天下的混亂，不知要比上公車時的爭先恐後還嚴重多少倍。所以說，聖明的執政者在舉用賢才時，不須按班論輩，而罷黜庸才時，也不用顧忌到他的年資深淺，一切以能力為升官貶官的標準就是了。

## 歷久彌新說名句

「賢能不待次而舉，罷不能不待須而廢」，這樣的話是說給一般的執政者聽的，至於那些恣意妄為的昏君闇主，只要一件事稱了他的心，就算對方原是低賤的家奴，也會馬上把他送上高位；只要一句話不順他的心，就算對方是賢能的重臣，也會立刻把他打入地獄。「待次而舉」、「待須而廢」，這原是體制內的東西，對那樣的統治者而言，根本就不會在意。

北宋的高毬，就因為會踢球，和宋徽宗興趣相合，便能擔任太尉一職，掌握天下兵權。清朝的和珅，不過就是做事說話能順乾隆皇帝的心，也能權傾一時，成為古往今來第一大貪官。這些人雖非「賢能」，卻是「不待次而舉」的。至於才氣洋溢的蘇東坡、能征善戰的岳武穆，前者積極針砭國事，後者力圖恢復中原，他們的被貶、被殺，也都是「不待須」的。

不過「賢能不待次而舉，罷不能不待須而廢」還是合乎道理的，高毬、和珅被舉用，蘇東坡、岳武穆被廢黜，關鍵不在「次」或「須」之間，而在於「無能」被「舉」，「賢能」被「廢」。

中人以上的君主，不敢任性妄為，一切循著體制去做，雖知某人賢能，但礙於他的資歷尚淺，所以不敢大膽起用。便是起用，也擋不住群臣的抗議與毀謗，如漢代的賈誼就是一個明顯的例子。漢文帝時期的賈誼有才有能，可惜太年輕，招來一干老臣的反對，以致被貶為梁懷王太傅，因抑鬱而英年早逝。漢文帝不能不算明主，賈誼不能不算賢才，再加上君臣相得，不過就是未能「不待次而舉」，終於留下遺憾。賢才難得，當周公王遇見姜太公，劉備三顧諸葛亮時，他們又豈會在意姜太公、諸葛亮兩人的年資與輩分呢？

# 足國之道，節用裕民，而善臧其餘

## 名句的誕生

足國之道，節用裕[1]民，而善臧[2]其餘。節用以禮，裕民以政。彼裕民故多餘。裕民則民富，民富則田肥以易[3]，田肥以易則出實[4]百倍。上以法取焉，而下以禮節用之，餘若丘山，不時焚燒，無所臧之。夫君子奚患[5]乎無餘！

～〈富國篇〉

## 完全讀懂名句

1. 裕：動詞，使……富裕。
2. 臧：音ㄘㄤˊ，同「藏」，收藏。
3. 易：「治」的意思，指耕治得很好。
4. 出實：指田地的收成。
5. 患：擔憂。

語譯：使國家富足的方法，在於節省用度和豐裕人民，並妥善地收藏有餘的資產。節省用度要依靠禮制，豐裕人民要仰賴政策。能富裕人民，所以資產有餘。豐裕人民則人民富足，人民富足則田地肥沃而耕治得很好，田地肥沃而耕治良好則所得的收成便能增加百倍。在上位的人能根據法制取用資產，在下位的人能依照禮節消費財富，那麼多餘的資產就會多到像小山一樣，甚至不時要加以焚燒，因為多到無處可以收藏。這樣在位者又怎麼會擔心資產沒有多餘呢？

## 名句的故事

孔子曾經說過，治國執政有三大重點：「足

食，足兵，民信之矣。」除去心理層面的「民信之矣」不論，則經濟議題「足食」的重要性，是高於國防議題「足兵」之上的。在經濟議題上，荀子提出了「節用」和「裕民」兩大方向。

先秦諸子中，墨子也講節用，但和荀子不同。荀子的節用是依禮制而行，墨子則是為了節用，捨棄禮制而談「非樂」、「薄葬」。

前人不忍見親友暴屍荒野，於是有了葬禮。往聖前賢視身分地位不同及親疏程度有異，訂定了不同的葬禮，以使生者的心意及花費能得到平衡，這是葬禮存在的意義。而墨子純就實用角度，主張一律採行「薄葬」。人不可能永遠工作，所以需要音樂來調劑，但墨子認為演奏音樂須花費時間精神，製作樂器須耗費金錢力氣，所以提倡「非樂」。

墨子的學說把人變成了純粹的生產工具，這正是儒家學派所不樂見的，所以荀子主張節用必須依循禮制。

想要國家富強，單靠「節用」是不足的，還須「裕民」。統治者不但要訂出開發資源、增加生產的方向，並推動分工合作、溝通有無，這樣，土地、資源及人力，才能得到充分的利用，這才是政府存在的真正目的。

能做到「節用」和「裕民」，國家的整體資產便能迅速累積。妥善收藏累積的資產，以備不時之需，這是使國家富強的方法。

## 歷久彌新說名句

國家的用度要依照法制，這句話看來簡單，但是很多統治者就是做不到。因為法制的建立，就是要防弊除害，所以會有層層的把關機制。換言之，國家的錢，不是統治者想花就能花的。宋太祖就曾抱怨過，他在當皇帝之前，只要有錢，想買什麼就買什麼，可是在他當了皇帝以後，就連買張椅子，都要經過宰相的同意。

錢不能想花就花，於是統治者會想盡辦法跳過監督的機構，把錢放到一個別人管不著的地方，例如，把國家的錢放到親信的口袋裡。乾隆就是這麼做。

乾隆最寵幸的大臣是和珅。和珅是個弄錢的好手，他創立了議罪銀制度，讓有過失的官員繳交罰款以代替處分。這些議罪銀不用上繳國庫，而是納入了內務府，也就是皇帝的私人口袋。

乾隆皇帝最大的私人口袋其實不是內務府，而是和坤的私人財庫。靠著和坤多方搜刮來的金錢，乾隆皇帝過著奢華的生活。他六次南巡，建造了三十個行宮，他在圓明園仿建江南風景，八十歲時更花了大錢舉行萬壽大典。

當然，和珅也趁機為自己弄了不少錢。這些錢來自官員，而官員的錢則來自百姓。百姓被榨乾了，國力也被掏空了。所以乾隆皇帝成為清朝國勢由盛轉衰的關鍵。

歷史的錯誤不斷重複著，節用裕民其實不難，偌大的國家絕對有著足夠的人才。不過，只要統治者有著把錢「藏」到自己口袋的想法，那麼，不管他們嘴巴上喊了多少次拚經濟，國家的經濟是怎麼樣也不可能拚起來的。

# 下貧則上貧，下富則上富

## 名句的誕生

上好功[1]則國貧，上好利則國貧，士大夫眾則國貧，工商眾則國貧，無制數度量[2]則國貧。下貧則上貧，下富則上富。

～〈富國篇〉

## 完全讀懂名句

1. 好功：好大喜功，多指作風浮誇、不踏實的功業。
2. 制數度量：限制用度。

語譯：國君好大喜功則國家貧窮，國君喜歡財貨則國家貧窮，官員太多則國家貧窮，工人商人眾多則國家貧窮，用度沒有限制則國家貧窮。百姓貧窮則國君貧窮，百姓富裕則國君富裕。

## 名句的故事

有一回，魯哀公問孔子的弟子有若說：「最近收成不好，不足以支付國家的用度，該怎麼辦？」有若回答說：「為什麼不改收十分之一的田租呢？」魯哀公很驚訝地說：「我現在收的是十分之二的田租，這樣還不夠用，你為什麼還說要改收十分之一的田租呢？」有若說：「百姓富足了，國君怎麼會貧困？百姓貧困，國君又怎麼會富足呢？」

《論語》中的原文是：「百姓足，君孰與不足？百姓不足，君孰與足？」這其實就等於荀子所說的：「下貧則上貧，下富則上富。」

春秋時的鄒穆公曾下過一道命令：「只能用

米糠來餵食苑囿裡的野雁。」不過官倉裡米糠存量不多，以致後來必須用粟米來跟民間換米糠，由於需求量高，所以要兩石粟米才能換一石次等米。

管事的官吏向鄒穆公建議：「如果用官倉裡的粟米來餵野雁，不但可以省下一半的錢，更可以省去換糧的麻煩。」

鄒穆公拒絕了這個建議，他說：「粟米是給人吃的糧食，不能吃的米糠才是拿來餵野雁用的。更何況換米的話，只不過是把糧食從官倉移到民間。存在官倉是我國的糧食，存在民間也是我國的糧食，我又為什麼一定要把粟米存在官倉裡呢？」

鄒國的百姓聽到這件事，都認同鄒穆公的想法，也都認為自己的糧食不妨捐獻給國家，因為公家的糧食和私人的糧食是一體的。

像鄒穆公這種人，應該就是很懂得「下貧則上貧，下富則上富」道理的國君吧！

## 歷久彌新說名句

歷史上的統治者一向把天下看作自己的私產，例如漢高祖在得到天下時，就得意地對他的父親說：「你看我現在的財產，和二哥比起來，是誰比較多？」不過，還是有統治者不滿足，非要把錢放在私人的口袋才甘心。明神宗朱翊鈞就是一個這樣的例子。

明神宗在位初期，任用張居正為相，從事改革。那時，國家經濟發展得不錯，社會民生也還算安定。萬曆十年，張居正病逝，明神宗開始荒廢朝政，不但三十年不上朝，還以勘礦、開礦為名，拚命地搜刮民脂民膏。萬曆二十七年，他在五天之內就收了二百萬兩的礦稅商稅，足足是萬曆初期全年總稅收的一半。他把收來的錢全都放到自己的私人金庫，稱為「內庫」。這些錢，明神宗除了用來興建豪華的地下陵寢以外，一點都捨不得動用。就連外族入侵，大臣請他撥款以增強國防，他都不願意。後來勉強答應拿一些錢出來，打開倉庫時，竟發現有很多錢已經銹爛不堪使用了。

明神宗的倒行逆施，激起了民怨。部分百姓被逼上梁山，成了流寇。流寇四起，不但使朝廷窮於應付，也使百姓的生活更加艱困，進而加入流寇的行列。惡性循環的結果，明朝國勢徹底崩潰。繼位的明思宗崇禎皇帝，雖然日夜操勞，節儉自律，但已無法挽回頹勢，而明朝就在崇禎皇帝上吊自殺時滅亡。後代學者在史書上記載：「明之亡，亡于神宗。」就是把亡國的罪名，安在明神宗的頭上。

明神宗的「內庫」裡，裝了滿滿的金銀珠寶，像這樣的君主，可以算是富有的了。不過，國家沒錢供應軍隊，沒錢照顧百姓，像這樣的國家，又怎麼不能算是貧窮呢？所以說：「下貧則上貧，下富則上富。」在百姓高喊著「活不下去」的時刻，就是統治者「混不下去」的時候到了。

# 仁人之用國，非特將持其有而已也，又將兼人

## 名句的誕生

人皆亂，我獨治；人皆危，我獨安；人皆失喪之，我按起而治之。故仁人之用國，非特將持其有而已也，又將兼人。《詩》曰：「淑人君子，其儀不忒[1]。其儀不忒，正是四國。」此之謂也。

～〈富國篇〉

## 完全讀懂名句

1. 忒：差錯。

語譯：別的國家都很混亂，唯有我的國家治理得很好；別的國家都很危險，唯有我的國家很安定；別的國家都衰敗了，我的國家就興起去治理他們。所以有仁德的人治理國家，不只是維持自己的國家而已，還能兼治其他國家。《詩經》說：「善良的君子，威儀沒有差錯；威儀沒有差錯，可以端正四方的國家。」說的就是這個意思。

## 名句的故事

周朝時，有一個小國的國君徐偃王，因為施行仁義而得到百姓的愛戴，沒過多久，就使得三十六個國家自願臣服於他的統治之下。楚文王聽到這件事，害怕徐偃王的勢力擴張得太快，會對自己的國家造成威脅，於是起兵攻打徐國，消滅了它。韓非子在評論這件事時，以為仁義之道不合於時代潮流，這是徐國滅亡的主因。

仁義之道真的不合時代潮流嗎？在儒家的觀

念中，仁義之道是恆常不變的真理，足以超越時間與空間的限制。像周文王，發跡於豐、鎬之間，因為施行仁義，使得萬民歸心，三分天下有其二。到了周武王時，終於滅掉商朝，建立了周朝，靠的就是仁義的力量。

周文王因為心懷仁義，哀憐百姓受到紂王的欺凌，這才興兵對抗商朝。戰爭時，難免有人會犧牲，但是可以拯救更多的人，這是周文王的大仁大義。宋襄公和楚國打仗時，大講仁義，非要等到楚兵渡河列陣才加以攻擊，又下令不能殺害敵軍中年紀太大或太小的士兵，終而招致大敗，這是宋襄公的小仁小義。徐偃王施行於國中的，應該只是小仁小義吧！否則他的軍民怎麼可能不會盡全力對抗楚王？楚王的軍隊又怎麼可能不願意歸附徐偃王？徐國又怎麼可能會被消滅呢？

所以，徐偃王之所以會失敗，並不是因為施行了仁義，反倒是仁義施行得不夠，才避不了亡國之禍。荀子說：「仁人之用國，非特將持其有而已也，又將兼人。」從這段話中可以領悟到，能夠將仁義推行於天下的，才是真正的仁者。

## 歷久彌新說名句

《幽夢影》說：「有力量濟人，謂之福。」意思是說，有力量幫助別人，這是所謂的「福」。其實有力量濟人，不只是「福」，更是「富」。

有一個人穿著一身破爛的衣服去拜訪朋友。他的朋友看到他如此落魄，就不大願意理睬他，也不願意請他吃飯。他只好悻悻地離開了。

第二天，他換了一件華麗的衣服再去拜訪同一個朋友。他的朋友連忙熱心地招待他，還準備了大魚大肉請他吃。

這個人二話不說，挾了菜就往衣服裡送。朋友驚訝地問他為什麼這麼做，他說：「我昨天穿得很破爛，你不請我吃飯；今天穿得很華麗，你才請我吃飯。由此可見，你並不是請我吃飯，而是請我的衣服吃飯。」

故事裡說到，這個人的朋友因此感到很慚愧。其實，他何必羞愧呢？這個人雖然有錢，但是平時不照顧朋友，所以朋友不知道他有錢。拜訪朋友時，故意穿得很破爛，來測試朋友。後來又故意換回華麗的衣服，來羞辱朋友。像這樣的人，比起他朋友的勢利眼，更加沒有道德可言，他的朋友又何必慚愧呢？

勢利眼並沒有錯，但是應該認清什麼是富，什麼是貧。一個只顧自己的人，即使存款數字再多，也只不過能幫助自己一個人，這不是富而是貧。至於那些家裡沒有多少積蓄，卻肯付出愛心來關懷弱勢族群的人，他們才是真正值得尊敬的富人。

# 主道治近不治遠，治明不治幽，治一不治二

## 名句的誕生

主道治近不治遠，治明[1]不治幽[2]，治一不治二。主能治近則遠者理，主能治明則幽者化，主能當一則百事正。夫兼聽天下，日有餘而治不足者，如此也，是治之極也。

～〈王霸篇〉

## 完全讀懂名句

1. 明：明顯的事情。
2. 幽：隱微的事情。

語譯：為君的道理在於治理切近的，不治理僻遠的；治理明顯的，不治理隱微的；治理一個最重要的核心，不治理其他的枝節。君主能治理切近的，那麼僻遠的就會有條理；君主能治理明顯的，那麼隱微的就會得到教化；君主能掌握事情的核心，那麼所有的事情都能端正。普遍聽聞天下的事情，時間仍有餘裕，事情像是少到不夠做，如此，就是治理政事的極致道理。

## 名句的故事

孔子的學生宓不齊在奉派治理單父縣不久，就被繁忙的公事折磨得不成人形。他的同學有若前往拜訪他時說：「為什麼會這樣呢？」宓不齊回答：「因為我的能力不足，所以我不敢不盡心盡力去做每件事。」有若說：「從前舜在治理天下時，彈彈琴、唱唱歌，天下就治理得很好了。現在單父只是個小地方，竟然把你累成這樣，倘若使你治理天下，又會累到什麼地步呢？更何況，只要方法正確，就算不花什

麼力氣，也能治理得很好；方法不正確，就算累到不成人形，也沒有什麼幫助。」聽了同學的話，宓不齊改變了作法。平時，他總是一面彈琴，一面分派部下去做事，自己很少出衙門半步，但單父縣的百姓卻生活得幸福安樂。

繼任的巫馬期，也是個工作認真的人。總是早出晚歸，雖然也把單父縣治理得很好，但仍比不上宓不齊，於是跑去請教宓不齊。宓不齊說：「善於用人就能輕鬆做好一切。」

荀子說：「主道治近不治遠，治明不治幽，治一不治二。」後世的魏徵也勸諫唐太宗：「鳴琴垂拱，不言而化。何必勞神苦思，代下司職，役聰明之耳目，虧無為之大道哉？」說的其實是同一個道理，應用在現代社會，就是「分層管理」的統治原則。

## 歷久彌新說名句

鄭國大夫子產以賢能聞名於世。有一次，他在路上聽見一個婦人為丈夫哭喪。他仔細聽了一會兒，就下令捉拿婦人，並加以審問，果然問出她謀殺親夫的事實。有人問子產為什麼會知道這件事。子產說：「一般人為親人哭泣的時候，如果是為了親人剛開始生病，那麼哭聲會帶有憂慮；如果是為了親人將要死亡，那麼哭聲會帶有恐懼；如果是為了親人已經死亡，那麼哭聲會帶有哀傷。現在她的丈夫已經死了，她的哭聲卻不是哀傷而是恐懼，所以我斷定一定另有隱情。」

聽了這件事，一般人都很稱讚子產的智慧，但是荀子的學生韓非卻抱持著否定的意見。他認為，鄭國的犯罪事件，如果都要靠子產個人的觀察才能知道的話，那麼他一個人的力量又能發現多少犯罪事件呢？他認為：「物眾而智寡，寡不勝眾，智不足以徧知物，故因物以治物。」人民是如此地眾多，個人的才智卻是有限的，若要達到治理眾人的最佳效果，最好的方法就是以眾人來治理眾人。子產無意中發現了犯罪事件，這還是依靠他個人的智慧。若是他能大量任用有智慧的人，並加以適當管理，才是優秀的統治者。

# 明主急得其人，而闇主急得其執

## 名句的誕生

故有君子，則法雖省[1]，足以偏[2]矣；無君子，則法雖具[3]，失先後之施，不能應事之變，足以亂矣。不知法之義，而正法之數[4]者，雖博，臨事必亂。故明主急得其人，而闇主急得其執。

～〈君道篇〉

## 完全讀懂名句

1. 省：簡省。
2. 偏：指周遍萬事。
3. 具：詳細。
4. 數：指法律的具體條文。

語譯：所以有了君子，法度雖然省簡，也足以達到周遍萬事的效果；沒有君子，法度雖然詳盡，失去了先後次第的運用，不能應付事情的變動，也足以引起紛亂了。不知道法度的意義，只是修訂法律的條文，雖然規定得很廣博，碰上事情也會紛亂。所以賢明的君主會急於得到賢人，而昏闇的君主只會急於得到權力。

## 名句的故事

孔子曾經稱讚周公「才之美」，認為他是個才華洋溢的人。不過，周公最為後世稱道的，不是他豐富的才華，而是他能夠禮賢下士的謙卑態度。他自稱：「一沐三握髮，一飯三吐哺，起以待士，猶恐失天下之賢人。」他經常連飯也來不及吞下，就急忙把嘴裡的東西吐出來；連頭髮還沒洗完，就急忙握著濕漉漉的頭髮，只為了趕緊接見來訪的賢人。即使如此，他仍然害怕不能網羅天下的所有賢人。周公的禮賢下士固然可貴，尤其難得的是，他還是周代禮樂制度的設計者。周公的行為表現出古代社會重人治甚於重法制的傳統。

荀子也繼承了重人治的傳統，所以他會說「明主急得其人」。不過他也點出了人治不能徹底實踐的一個根本問題——「闇主急得其埶」。

所謂「闇主急得其埶」說的是統治者急於掌握權力的心理。有些失敗的統治者何嘗不知道賢者能夠治理好國家，但他們害怕自己的地位會被賢者取代，於是不願信用他們，反而喜歡任用那些無能的小人。古人說：「功高震主。」就是這個意思。

在歷史上，曹操應該也算是個愛才的人了。曾以周公自比，他在〈短歌行〉一詩說：「周公吐哺，天下歸心。」不過，他身邊的謀臣如荀彧、許攸等，皆不得善終，又誅殺孔融、楊修等，可以看出他對這些智謀高的能人也都懷有極深的戒心。由此看來，統治者「急得其埶」的心理有時很難避免，倒不一定非「闇主」不可。

## 歷久彌新說名句

有人認為，民主社會就是法治的社會，而傳統的人治觀念已經過時了。這話看似有幾分道理，但是所謂的「法」，還是由人訂出來的，也還是要由「人」去執行。既然如此，「法」就不可能完美，就不可能沒有漏洞。舉例來說，法律如果規定選舉時不得用金錢買票，那麼就會有人用送禮來代替送錢；如果規定不得送禮，那麼就會改成招待旅遊。不管法律怎麼規定，總會有人試圖遊走在法律的模糊地帶。更甭提那試圖遊走在法律邊緣的，如果是執法者甚至是統治者本身，那就更難避免弊端了。所以，單靠「法治」是不夠的，還得靠「人治」才行。

不過，所謂的人治，並不是把希望寄託在那

極少數的「救世主」身上。孟子說過一個故事：如果有一個楚國人想要他的兒子學齊國話，雖然找了個齊國人當老師，但是有一群楚國人在旁邊吵鬧，那麼，他的兒子終究還是學不好齊國話。最好的方式是把他的兒子送到齊國的國都，在耳濡目染之下，他的兒子自然能學得又快又好。

統治者的身邊如果全是賢人，那麼，統治者也無從為惡。這在今日的民主社會尤其如此。統治者如果想要做出違反體制的惡事，做事的人如果有良知的話，自然會行使「抵抗權」，拒絕當那猛虎的「倀鬼」。當然，光靠一兩個人，還是無法抵抗統治者龐大的壓力。只有靠社會每一分子的努力，才能使「人治」進一步深化為「民治」。要如何努力？就從不向惡勢力低頭開始吧！每一個人看到不公不義的事時，都能勇於發聲，就能用社會的道德力量來彌補法律的不足。

# 人主不可以獨也

## 名句的誕生

國者，事物之至也如泉原[1]，一物不應，亂之端也。故曰：人主不可以獨也。卿相輔佐，人主之基杖[2]也，不可不早具[3]也。故人主必將有卿相輔佐足任者然後可。

～〈君道篇〉

## 完全讀懂名句

1. 泉原：比喻事物來的時候源源不絕。原：通「源」。
2. 基杖：基石、柱杖。
3. 具：準備、具備。

語譯：國家的事情多得像泉水一樣，源源不絕而來，一件事沒有處理好，就是致亂的根源。所以說：君主不能獨力行事而沒有旁人來輔佐。卿相的輔佐，是君主的基石、拄杖，不可以不早點準備。所以君主一定要有卿相的輔佐，而且是要能夠足堪大任的人才可以。

## 名句的故事

堯、舜是歷史上知名的賢君，在他們的任內，有相當多的人才來協助處理國事，如禹、契、稷、皋陶、夔、垂等人，他們有的善於治水，有的長於耕作，有的掌管司法，有的負責音樂，有的統領工匠，可以說是各有所長。值得注意的是禹這個人，他的專長是治水，至於耕作、司法、音樂、工藝等，應該都不是他的長處。不過舜後來為什麼把王位傳給了他？難道只會治水，就足以治國了嗎？其實不然。治水只是治國的一部分，換言之，禹要治理好國家，還須有其他專長的人來加以協助。不只是禹，就連堯、舜，又哪裡是樣樣皆能呢？他們只是懂得把適當的人才放在適當的位置罷了。

賢君之所以成為賢君，不見得是個人能力有多突出，有時只要用對人，就能成就霸業，例如齊桓公就是。齊桓公任用管仲，便成為春秋五霸之首，而管仲一死，他竟落到無人收屍的地步。所以荀子說：「人主不可以獨也。」

商湯有伊尹，周文王有姜太公，這是他們成為賢君的主因。夏桀殺害了關龍逢，商紂殺害了比干，而讓自己陷入了朝臣不信服、天下不擁戴的孤立情況，到後來丟掉了王位乃至生命，還背上了暴君的惡名。古人把這類君主稱為「獨夫」。這「獨」字確實下得十分貼切。

## 歷久彌新說名句

人不可能什麼都會，但就有些人認為自己什麼都比別人行，特別是那些掌握權力的人。從前人說：「官大學問大。」若在科舉時代，因為官是「考」出來的，所以「官大學問大」這種說法倒也有些道理。然而，不是所有的官都是考出來的，有些是靠背景、送錢。近代實施民主制度後，考出來的官就更少。不過他們也往往認為自己「官大」，所以「學問」就「大」。

「官大學問大」若只一句諛辭，倒也壞不了什麼事，壞就壞在，最高統治者若是把「官大學問大」奉為真理，更是會「大權一把抓」，官位只做酬庸之用，而專業人員若是提出諫言，就看作唱衰政策，要不就是政治鬥爭，就連老百姓的哀號，也當作是對自己權力的挑戰。唐昭宗時，盡殺朝廷名士，或投之黃河，並且還說：「此輩清流，可投濁流。」不久唐朝就滅亡了，這就是一個血淋淋的教訓。

師心自用的獨裁君主，到後來往往會落到眾叛親離的下場。明太祖朱元璋廢除宰相制度，把權力集中在皇帝一人之手，以致後來的皇帝無卿相輔佐，把國家治理得一團糟。後來崇禎皇帝孤零零地吊死於煤山之上，何嘗不是和這件事有所關聯？

# 從命而利君謂之順，從命而不利君謂之諂

## 名句的誕生

從命而利君謂之順，從命而不利君謂之諂；逆命而利君謂之忠，逆命而不利君謂之篡。

～〈臣道篇〉

## 完全讀懂名句

語譯：聽從君王的指示，做對他有利的事情，叫作順從；聽從君王的指示，但做出對他不利的事，叫作諂諛；不順從君王的命令，但做出對他有利的事，叫作盡忠；不順從君王的命令，做出對他不利的事，叫作篡奪。

## 名句的故事

對於「順」、「諂」、「忠」、「篡」等類的

臣屬，荀子提出了自己的看法。

有所謂的「態臣」，就是喜歡裝模作樣的臣屬，這種人對外無法為國家擋災，對內老百姓也不願親近他，其他大臣們也都不相信他，但這種人卻會花言巧語，取得君王寵愛。

有所謂的「篡臣」，就是會危害君王權勢的臣屬。這種臣屬不會忠於君王，卻懂得結交朋黨，做為圖謀私利、篡奪王位的準備。

有所謂的「功臣」，就是會建功立業的臣屬。這種臣屬對內會協助君王團結百姓，對外會抵抗外侮、保衛國家；百姓喜歡與他來往，讀書人信任他，對君王忠實，對百姓有愛心。

有所謂的「聖臣」，就是具備智慧的臣屬。這種臣屬尊重君王、愛護人民；對國家的政令教化，更是身體力行；對國家的突發事故，都

能適當回應；這種臣屬會以身作則、讓其他人可以效法。

荀子再舉實例，齊國的蘇秦、秦國的張儀，可以歸類為「態臣」；齊國的孟嘗君就算是「篡臣」；齊國的管仲、楚國的孫叔敖，就可以稱為「功臣」；殷商朝的伊尹、周朝的姜太公，就可以歸類為「聖臣」。荀子認為這就是君王選用臣屬的標準。

## 歷久彌新說名句

西漢劉向著有《說苑》一書，其中的〈臣術〉講的就是「為官之道」。當中有一段關於君臣之間的「常道」的對話。這兩個對話人一是陳成子，即春秋時代齊國的大臣，後來殺了齊簡公、篡奪了齊國；另一人則是鴟夷子皮，他其實是幫助句踐復國的范蠡，後來從齊國出海、從事漁業，改名叫作鴟夷子皮。

陳成子向鴟夷子皮請教，何謂君臣間的常道？鴟夷子皮回答說：「君王死了，我卻不死；君王逃亡，我則不逃亡。」陳成子又問要如何做到，鴟夷子皮說：「沒到死的時候，先排除死亡的危險；沒到逃亡的時候，先排除逃亡的危險，君王哪有瀕臨死亡和逃亡的危機呢？」

接著鴟夷子皮便引用了與荀子同樣的見解：「從命利君謂之順，從命病君謂之諛，逆命利君謂之忠，逆命病君謂之亂。」知道君王有錯而不願勸戒，國家則會面臨覆亡的危機；對君王進忠言，君王如果採用就留下，不採用就離開，叫作「諫」；能夠對君主進忠言，被採用就可以活下去，不被採用就要犧牲，叫作「諍」。所以鴟夷子皮強調，能夠聯合大家的力量，共同更正君王的過錯，君王即使不情願也不能不聽，這便可以解除國家的禍患、完成對國家的效忠，這可稱之為「輔」；如果違抗君王的命令、反對君王的政策，卻竊取君王的權力、消除國家危亡的隱憂、掃除君王的恥辱，保有國家的利益，就可稱為「弼」（輔佐）。

所以，諫、諍、輔、弼的人，就是國家所需的人才。西漢劉向想要闡述的君臣之間的常道，和荀子的主張確實有相互輝映之處。

# 川淵深而魚鼈歸之，山林茂而禽獸歸之

## 名句的誕生

川淵深而魚鼈歸之，山林茂而禽獸歸之，刑政平而百姓歸之，禮義備而君子歸之。故禮及身而行修，義及國而政明，能以禮挾[1]而貴名白，天下願，令行禁止，王者之事畢矣。《詩》[2]曰：「惠[3]此中國，以綏[4]四方。」此之謂也。川淵者，龍魚之居也；山林者，鳥獸之居也；國家者，士民之居也。川淵枯則龍魚去之，山林險則鳥獸去之，國家失政則士民[5]去之。

～〈致士篇〉

## 完全讀懂名句

1. 挾：音ㄐㄧㄚˊ，通「浹」。周遍、通達。
2. 詩：係指《詩經．大雅．民勞》。
3. 惠：愛。
4. 綏：音ㄙㄨㄟ，安撫。
5. 士民：人民。

語譯：川淵水深而魚鼈歸藏，山林茂密而禽獸歸藏，刑罰政治清明而百姓歸服，禮義完善而君子歸向。所以人若守禮就能夠修養言行，國家如果講義就能夠政治清明，能夠禮義通達就可以顯揚美好的名聲，得到天下人思慕，號令出一定執行，而禁令出必然停止，那麼國君的任務也就完成了。《詩經》云：「愛護中國，安撫四方。」說的就是這個道理。川淵，是龍魚居住的地方；山林是鳥獸居住的地方；國家，是人民居住的地方。川淵如果枯涸，龍魚一定離去；山林如果危險，鳥獸一定離去；國家如果政治不清明，人民一定離去。

## 名句的故事

孟子曰：「其身正，而天下歸之。」一個人只要身心端正，天下人自然都會歸順欽服。他認為夏桀和商紂會失去天下，是因為失去人民對他們的信心，因此，只要能夠得到天下人民的信心，就可以得到天下了；至於要如何得到人民的信心呢？只要充分滿足人民的需求，不去做人民所討厭的事就可以了。（《孟子．離婁上》）

周成王年幼，周公攝政時，廣施恩澤，特別派遣官員到四方巡視，每方各三人，共十二人，讓他們舉報各方人民的事情。如果百姓中有挨餓受凍而得不到衣食的、有訴訟案件而地方官員未能查處的、有能人賢士而未被舉薦的，這十二位出巡的官員就要回報天子。天子知道後，在各國諸侯朝覲時，就禮貌地問道：「我想應該是我的行政施教有不妥之處吧？不然，為什麼我們的百姓有的挨餓受凍而得不到衣食？有的有冤情而無人為他們昭雪？有的有才幹而不被舉薦呢？」當百姓知道後，都很高興地說：「這真是聖明的天子啊！為什麼深居遙遠的宮室，卻對我們瞭如指掌？」所以，那些派出的官員作用十分重大，他們使天子大開四方納賢之門，廣見廣聞四方百姓之事，有了他們，近處的百姓更加親近天子，遠處的百姓則能過安定的生活，故《詩經．大雅．民勞》上云：「柔遠能邇，以定我王。」（《說苑．君道》）因此，治理國家，只要肯處處為百姓著想，那麼不管遠近的人民都樂意順服。所以弦章曾經對齊景公說：「水廣則魚大，君明則臣忠。」（《說苑．尊賢》）。

## 歷久彌新說名句

元末，群雄競起，朱元璋因禮賢下士，得到謀臣劉伯溫的相助，而在軍事戰爭中無往不利。元惠宗至正十六年（西元一三五六年），朱元璋攻占應天府，整天忙於軍事，對於政情民事無暇顧及，許多獄案無人查辦審理，堆積如山，又遇上天旱，連月無雨，禾苗乾枯，老百姓的生活更加艱難困苦。於是劉伯溫向朱元璋建議宜先決斷獄案，以應天命，他說：「您與陳友諒多次交戰，終獲大勝，此乃天之所助也。如今天旱無雨，想必是因人間有事，故上天有所不平所致。臣外觀天象，常有陰氣鬱結；內察府中政事，多有積案未了，因此，雖有龍而不行雲，雖有雲而不落雨。望您決斷滯案，以順天意，那麼旱象必可解除。」朱元璋於是命令劉伯溫迅速審理積案，積案剛剛了結，果然就下了傾盆大雨。

為了安定民心，劉伯溫曾上奏立法訂定制度，以防止濫殺，不料，朱元璋卻突然下令：「凡獄中的福建、海寧罪犯，以及兩地在應天府的商人、旅客，一律格殺勿論。」劉伯溫聽了大驚，連忙請問原由，朱元璋說：「昨夜夢見許多自稱是福建、海寧的人，頭上鮮血淋漓，手拿土塊，向我撲來。我想福建、海寧一帶，遲遲未能平定，也許他們會派人前來行刺，因此，還是先下手為強，格殺勿論。」劉伯溫深怕大開殺戒後，反而不利安定民心，於是向朱元璋勸道：「臣以為這夢是個好兆頭。人多即是『眾』，『眾』字頭上不是有『血』嗎？而眾人拿土塊向您撲來，可見暗示著您將得『眾』得『土』的意思呀！而他們自稱是福建、海寧的人，可見是這兩地的百姓有心歸附您，所以您不妨大赦獄中的福建、海寧罪犯，並以禮接待這兩地在應天府的商人、旅客；等這些人回鄉後，一定會稱讚您的仁德。相信過不了多久，這兩地的百姓自然就會歸附您了。」朱元璋聽了很高興，於是接受劉伯溫的建議，不久，福建、海寧一帶便投降了。（《明史．列傳第十六》）由於劉伯溫的輔佐，讓朱元璋得到了民心，後來成為明太祖，並為明朝奠定了良好基礎。

# 人主之患，不在乎不言用賢，而在乎誠必用賢

## 名句的誕生

人主之患，不在乎不言用賢，而在乎誠[1]必用賢。夫言用賢者，口也；卻賢者，行也；口行相反，而欲賢者之至，不肖者之退也，不亦難乎！夫耀[2]蟬者務在明其火、振其樹而已，火不明，雖振其樹，無益也。今人主有能明其德，則天下歸之，若蟬之歸明火也。

～〈致士篇〉

## 完全讀懂名句

1. 誠：真實、真誠。
2. 耀：照。

語譯：人主的憂患，不在於不說任用賢能的人，而在於是不是真誠地任用賢能的人。說用賢，是嘴巴；拒絕賢才，則是實際行動；如此言行不一致，卻想要讓賢能的人來，而不賢的人退去，這不是太難了嗎？照蟬的人，一定要點燃火光，然後再搖動樹枝，如果不點燃火光，就算拚命搖動樹枝，也是沒有用的。現在的國君若能彰顯德行，那麼天下人都會歸服，就像蟬歸向火光一樣。

## 名句的故事

有一次，周武王問姜太公：「舉用賢人卻反而招致國家危亡，這是什麼緣故呢？」姜太公回答：「雖然選拔了賢人卻沒有真正任用他，這是只有舉用賢人的美名，而沒有舉用賢人的真實意義啊！」周武王不解地又問：「問題出在哪裡呢？」姜太公進一步說明：「問題出在

君王只想滿足好施小惠的心態而已，所以得不到真正的賢才。」周武王又問：「好施小惠的君王如何呢？」姜太公回答：「這種君王喜歡別人讚美而不討厭別人的刻意奉承，把不賢的人誤認為是賢人、把不好的誤認為是好的、把不忠的誤認為是忠誠的、把不誠信的誤認為是誠信。因此，這樣的君王會認為讚美自己的人是有功的，批評自己的人是有罪的；對真正有功的人不行賞，對真正有罪的人不處罰；營黨結派的人被錄用，孤身自愛的人被斥。於是，所有的臣子就會相互勾結而壓制賢人，所有的官吏也會結黨營私而多做壞事；忠臣因為敢於直言而無罪被殺，奸臣因為善於奉承而有罪受賞，那麼國家就難免會陷於危亡的處境了。」周武王聽了，讚歎地說：「說得真好。」（《說苑．君道》）

君王任用賢人卻反而招致國家的危亡，這是因為君王並不是真的喜歡賢人的緣故。君王喜歡聽奉承、讚美自己的話，對於賢人總是為了有利於國家社稷的事而不惜抗顏直諫的態度深感不滿，因而蒙蔽了對賢人的信賴及任用的程度，因此，雖然君王網羅賢人、任用賢人，但卻不予真正的信任，又哪裡能夠重用賢人呢？

譬如有一次齊景公外出打獵，上山看見老虎、來到水澤則遇到蛇，回去後便問晏子說：「今天我外出打獵，上山便看見老虎，走到水澤又遇到蛇，這大概就是人們常說的不吉利吧？」晏子回答說：「國家有三種情況是不吉利的，但您所說的事情並不是其中之一。國家有賢人卻不知道，一不吉利；知道了賢人卻不任用，二不吉利；任用賢人卻不能信任，三不吉利。至於老虎住在深山裡，所以上山看見老虎；而水澤旁是蛇的洞穴，所以到水澤遇見蛇，這又有什麼不吉利的呢？」（《說苑．君道》）晏子的這番話說得實是在太正確了，與其迷信大自然的警訊，還不如正視自己的處世態度，所謂吉凶禍福，其實往往是人的行為而產生的，與到山裡看見老虎，或在澤畔遇到蛇又有什麼關係呢？

## 歷久彌新說名句

宗衛曾任齊國宰相，後來被驅逐，免職回到家中，便召集門下食客田饒等人問道：「你們之中有誰能與我一起投奔別國？」田饒等人都伏地不回答。宗衛憤恨地說：「為什麼你們這些士人容易得到卻難以任用呢？」田饒回答：「並不是士人難以任用，而是您不會任用。」宗衛疑惑地問：「為什麼說我不會任用士人？」田饒回答：「因為您的士人連賴以活口的三斗糧食也得不到，可是您所餵養的家禽卻是穀米多到吃不完；您用綾羅綢緞來裝飾華麗的住處，任它隨時可能被風吹而撕破，可是士人卻得不到一件稍有邊飾的衣服；您的果園裡的梨、栗，多到被內院裡的婦人摘來扔著玩，而士人卻不能品嚐一口。您不能對士人施捨您的財富，卻要士人為您犧牲性命，這不是很困難嗎？」宗衛聽了，露出慚愧的臉色，向士人道歉：「這是我的過錯。」（《說苑．尊賢》）

雖然宗衛廣納賢士，可是卻不禮遇也不任用，直到生死存亡之際，才想要賢士為他效命，又怎麼可能呢？像宗衛這樣的人，哪裡懂得任用賢士，不過徒有虛名罷了。

有一次齊宣王問淳于髡說：「你知道我喜歡什麼嗎？」淳于髡回答說：「古人喜歡的事物有四種，而您則喜歡其中的三種。」齊宣王覺得詫異地問：「古人喜歡的和我所喜歡的有什麼差別呢？」淳于髡回答說：「古人喜歡駿馬，您也喜歡駿馬；古人喜歡美味，您也喜歡美味；古人喜歡女色，您也喜歡女色；古人喜歡賢士，而您唯獨不喜歡賢士。」齊宣王卻說：「這也是沒辦法的事呀！誰叫國內沒有賢士呢？如果有的話，我也會喜歡的。」淳于髡於是進一步地說明：「古代的驊騮、騏驥之類的駿馬，國內也沒有，但您從眾馬中挑選，這是因為您喜歡駿馬；古代的豹胎和象胎之類的美味，國內也沒有，但您從許多佳餚中挑選，這是因為您喜歡美味；古代有毛嬙、西施之類的女色，國內也沒有，但您從眾美女中挑選，這是因為您喜歡女色。但您一定要等有了堯、

舜、禹、湯那樣的賢人才去喜歡，那恐怕禹、湯之類的賢人也不會喜歡您的呀！」齊宣王聽了，則無言以對。（《說苑．尊賢》）

齊宣王雖然說自己喜歡賢人，但卻一點誠意也沒有，比起他搜羅駿馬、美味、女色的用心，實在相差很遠。

但晉國的貴族趙簡子卻不同，他的門下食客有好幾千人，但他還感嘆地說：「要如何才能得到賢士來共事呢？」他的船夫古乘卻對他說：「寶珠、美玉沒有腳，而您卻能擁有它們，這是因為您喜歡的緣故；而賢士有腳卻不到您身邊來，這是因為您不喜歡他們的緣故吧！」趙簡子覺得訝異而不能理解，於是古乘又說：「大雁飛得高遠，是因為有六翮（音ㄏㄜˊ，健羽）的關係，牠背上的羽毛及腹下的絨毛雖然多得數不清，不過就算拔去一大把，也不會妨礙牠的飛翔。不知道您府上的食客是屬於有用的六翮？還是其他無用的羽毛及絨毛呢？」（《說苑．尊賢》）

趙簡子拚命地網羅人才，門下食客已經好幾千人，卻仍感慨希望得到賢士，難道真的是因為他愛才若渴、惜才如金嗎？還是只是愛搜集而已？船夫古乘的一席話，一語道破趙簡子的盲點，既然趙簡子不懂辨別人才的賢與不賢，那麼又哪裡稱得上是喜歡賢士呢？

# 善附民者，是乃善用兵者也

## 名句的誕生

凡用兵攻戰之本，在乎壹民[1]。弓矢不調，則羿不能以中微；六馬不和，則造父[2]不能以致遠；士民不親附，則湯武不能以必勝也。故善附民者，是乃善用兵者也。

～〈議兵篇〉

## 完全讀懂名句

1. 壹民：齊一人民的心志。
2. 造父：人名。古之善駕車者。

語譯：凡是用兵攻戰的根本，在於齊一人民的心志。弓箭不銳利，就算是最會射箭的后羿，也射不中細微的目標；拉車的六匹馬彼此不和，就算是最會駕車的造父，也到不了很遠的地方；官吏人民不肯親附，那麼就算是商湯或周武王，也不一定能夠打勝仗。所以善於親附人民的人，就是善於用兵的人。

## 名句的故事

孫武是歷史上最偉大的軍事家之一。他曾經親自訓練一百八十名宮女，藉著「三令五申」的嚴格命令，讓她們成為一支強勁的隊伍。後來，吳王夫差北上稱霸，在黃池大會諸侯，世人都認為是孫武號令嚴明，懂得訓練士兵，才能幫助吳國成為霸主。

在他擔任吳國軍事統帥的期間，提出「疲楚誤楚」的計策，連續騷擾楚國，時間長達六年，使得楚國軍隊認為吳國只敢騷擾，不敢進攻，放鬆了警惕。後來一舉進攻，幾乎滅掉楚國。幸虧中包胥向秦國討求救兵，才免除了楚國的亡國危機。有人認為孫武的奇計是他成功的主因。

在孫武率兵進攻楚國之際。吳王夫差本來打算傾全國之力，率領三萬軍隊，奇襲楚國，但孫武認為兵貴神速，只帶了三千五百精兵，迅速奪下了楚國北部三個險隘，進抵漢水東岸。所以有人認為孫武和橫掃歐洲的拿破崙一樣，都是閃電戰的能手，這是他們戰無不克的祕訣。

雖然每個解讀孫武事蹟的角度觀點不同，但是都不該忽略《孫子兵法》裡的說法，因為這本書是孫武軍事思想的精華。他在書中第一章指出用兵之道有五項要領：道、天、地、將、法。五項要領的第一條是「道」：「道者，令民與上同意，可與之死，可與之生，而民不畏危也。」換言之，用兵的第一點就是要親附人民，才可以使百姓願意為國家奮戰。連大軍事家孫武都這麼看重「附民」這件事了，誰說荀子的「善附民者，是乃善用兵者也」只是迂儒之見？

## 歷久彌新說名句

西元前六八六年，齊國發生內亂，魯國出兵支持公子糾爭奪王位，但被後來的齊桓公打敗。齊桓公即位以後，派兵攻打魯國，史稱「長勺之戰」。聽到了齊國即將進攻的消息，一名有勇有謀的賢士曹劌請求晉見當時在位的魯莊公。魯莊公接見了他。

一見到魯莊公，曹劌就請問魯莊公憑藉什麼去迎戰齊軍？魯莊公說：「日常生活所用的東西，我不敢一人獨享，一定分給別人共同使用。」曹劌搖搖頭說：「這種小恩惠，並不能讓老百姓普遍受益，人民是不會跟從您去拚命作戰的。」魯莊公說：「祭祀時，我一定恭敬供奉神明，不敢有所馬虎。」曹劌還是搖搖頭：「這種小誠信，並不能得到神明的信賴，神明是不會降福給您的。」魯莊公說：「所有的訴訟案件，我即使不能一一明察，也一定要盡可能發掘真相。」曹劌回答說：「這才是盡心盡力為人民服務，憑這一點，就足以迎戰齊軍了。作戰時，請讓我一同前往。」

這場戰役最後由弱小的魯國獲得了勝利。若論功勞，曹劌建議的「一鼓作氣」策略自然要居首功。曹劌說：「打仗靠的是士氣。第一次擂鼓正是士氣最旺盛的時候，第二次擂鼓士氣就衰退了，等到第三次擂鼓士氣就衰竭耗盡了。我等齊軍擂了三次鼓，我軍才開始擂鼓，所以齊軍士氣衰竭時，我軍士氣正旺盛，自然能夠打敗他們。」

魯軍的士氣固然在擂第一次鼓的時候達到最高點，但若不是魯莊公盡心為人民服務，魯軍又怎麼肯為他賣命？又怎麼會有多少士氣？所以曹劌論戰，先問民心。孟子說：「天時不如地利，地利不如人和。」荀子說：「善附民者，是乃善用兵者也。」這種論點在古今無數次戰役中皆得到證實。

# 以德兼人者王，以力兼人者弱，以富兼人者貧

以德兼人者王，以力兼人者弱，以富兼人者貧，古今一也。

～〈議兵篇〉

## 名句的誕生

彼貴我名聲，美我德行，欲為我民，故辟門除涂[1]，以迎吾入。因其民，襲其處，而百姓皆安。立法施令，莫不順比[2]。是故得地而權彌重，兼人而兵俞[3]強，是以德兼人者也。非貴我名聲也，非美我德行也，彼畏我威，劫我埶[4]，故民雖有離心，不敢有畔慮[5]，若是則戎甲俞眾，奉養必費。是故得地而權彌輕，兼人而兵俞弱，是以力兼人者也。非貴我名聲也，非美我德行也，用貧求富，用飢求飽，虛腹張口，來歸我食。若是，則必發夫掌窌[6]之粟以食之，委之財貨以富之，立良有司以接之，已朞[7]三年，然後民可信也。是故得地而權彌輕，兼人而國俞貧，是以富兼人者也。故曰，

## 完全讀懂名句

1. 辟門除涂：敞開大門，清掃道路。
2. 順比：順服親附。
3. 俞：通「愈」，更加。
4. 劫我埶：受我的威勢所逼迫。埶：通「勢」。
5. 畔慮：背叛的想法。
6. 掌窌：倉庫。掌：王引之以為「稟」字之誤。窌：音ㄐㄧㄠˋ。
7. 朞：期滿。

語譯：他們尊崇我的名聲，讚美我的德行，

想要做我的人民，所以敞開大門，清掃道路，以迎接我進入他們的地方。憑藉著他們的人民，利用他們的土地，而使得百姓都能得到安定。訂定法律施行命令，沒有不順從親附的。所以得到土地而使權勢更加擴張，收服人民而使軍隊更加強大，這是用德來收服人心。不是尊崇我的名聲，不是讚美我的德行，只是畏懼我的威權，迫於我的勢力，所以人民雖然有背離的心，卻不敢有背叛的想法，這樣的話，軍隊必須愈來愈多，花費必須愈來愈高。所以得到土地卻減輕了權勢，得到人民卻削弱了軍隊，這是用力量來操控人心。不是尊崇我的名聲，不是讚美我的德行，只是因為貧窮而貪求我的財富，因為飢餓而謀求飽足，空著肚子，張著嘴巴，來我這兒找食物。像這樣，就一定要打開倉庫來給他們食物，給他們財物，以使他們富裕，設置好的官吏來接待他們。滿三年之後，人民才會信任你。所以得到土地卻減輕了權勢，得到人民卻減少了財富，這是用財富來賄賂人心。所以說用德來收服人心可以稱王，用力量來操控人心會衰弱，用財富來賄賂人心會貧窮，這是從古到今不變的道理。

## 名句的故事

后羿以武力奪取了夏王太康的政權。後來后羿被大臣寒浞所殺。太康傳位給仲康，仲康及他的兒子相又被寒浞殺死，相的妻子當時已有身孕，逃回娘家有仍國後，生下了少康。少康後來娶了有虞國王的女兒，憑藉著十里平方的土地，五百人的軍隊，重新取得了夏朝的政權，史稱「少康中興」。

若論武力，擅長射箭的后羿，武力勝過眾人，卻在出獵時被自己的大臣所暗殺。若論財富乃至軍力，寒浞掌握了夏朝的國庫及軍隊，又豈會少於勢單力薄的少康呢？所以少康能勝過寒浞，一定是有高於武力及財富的特點，就是道德。

靠著高超的道德，所以夏朝的臣民願意服從少康而不願意服從寒浞，願意為少康作戰而不願意為寒浞作戰，少康又何須擔心自己的軍隊不足呢？

少康重新取回夏朝政權後，勤政愛民，專心農業水利，使得夏朝國力迅速恢復。這是「以德兼人者王」的絕佳例證。

## 歷久彌新說名句

明代的劉伯溫有一篇文章〈說虎〉，文中說：「虎利其爪牙而人無之，又倍其力焉，則人之食於虎也，無怪矣。然虎之食人不恆見，而虎之皮人常寢處之，何哉？」大意是說：老虎有銳利的爪子和牙齒而人類沒有，再加上牠的力量又是人的好幾倍，因此人被老虎所吃，不是一件奇怪的事。但是老虎吃人的事卻不常見，而老虎的皮卻常被人類剝下來當墊子，這是什麼原因呢？

劉伯溫認為這是因為：「虎用力，人用智；虎自用其爪牙，而人用物。故力之用一，而智之用百；爪牙之用各一，而物之用百。以一敵百，雖猛不必勝。」老虎憑藉的是力氣，人類憑藉的是智謀，力量的用途只有一種，智慧的用途卻有許多。老虎雖有銳利的爪牙，人類卻懂得運用各種器具，爪牙的用途只有一種，而器物的用途卻有許多。兩者相較，人類勝過老虎不知多少倍，所以老虎再凶猛也比不上人類。

其實人類的智謀雖然高，但個人的智謀再高也不見得穩操勝算。夏桀、商紂才智過人，終究成了亡國之君。這是因為再高的智謀也抵不過全天下的攻擊。所以真正不敗的人要能夠使天下的人不願攻擊自己，唯有以道德收服眾人才能達到這個境界。孟子說：「仁者無敵。」荀子說：「以德兼人者王。」仁德才是天下最厲害的武器。

# 人主無賢，如瞽無相

## 名句的誕生

世之殃，愚闇愚闇墮賢良！人主無賢，如瞽[1]無相[2]，何倀倀[3]！請布[4]基，慎聖人，愚而自專事不治。主忌苟勝，群臣莫諫，必逢災。

～〈成相篇〉

## 完全讀懂名句

1. 瞽：眼盲之人，這裡是指古代的樂官。
2. 相：樂器的名稱，很像鼓，用來敲擊、控制音樂的節奏。
3. 倀倀：音ㄔㄤ，無所適從的樣子。
4. 布：陳述。

語譯：人世間的殃禍，就是愚昧無知，陷害忠良！君王沒有賢臣的輔佐，就像樂官沒有鼓，無法控制音樂的演奏節拍！請聽我道來，要慎重地對待聖人，愚蠢又專橫政事國家就無法治理。君王如果事事想要勝過臣子，臣下就不敢勸諫，國家必然會面臨災難。

## 名句的故事

所謂的「相」，是古代的一種樂器，「成相」即是演奏樂器的意思。《禮記．曲禮》記載：「鄰有喪，春不相。」漢朝經學家鄭玄解釋說：「相謂送杵聲，以聲音自勸也。」「春」就是把穀物以杵臼搗去皮殼。古代人們在搗米時會用杵擊，順便吆喝或唱歌，用來鼓舞工作的氣勢；所以當鄰居有喪事的時候，搗米時就不可以發出音樂聲，就是「春不相」。

荀子〈成相篇〉的表達形式就是古代的一種

民間說唱文學，運用長短句以及對偶的手法，產出歌謠式的文學體例，這對漢代的樂府、宋詞、元曲，都有很深刻的影響。

所以〈成相篇〉的開端第一句話就是「請成相」，就是「請奏樂」的意思，當音樂聲響起，就可以開始說書道事，敘事加上歌謠，就很容易被普羅大眾所傳唱。這是荀子借用民間通俗的說說唱唱，宣揚自己的政治理念。〈成相篇〉基本上分為三個部分，第一部分是敘述亂之根源，並提出避免亂象的方法；第二部分是回憶，從亂象而懷念過去的秩序；第三部分則提出君主治理國家的方法。

## 歷久彌新說名句

這句名言中有一個很重要的角色，就是「瞽」。「瞽」是指看不見的人，古代常用盲眼的人擔任樂師，被稱為「瞽師」。這是因為盲眼的人雖然看不見，但是在聽覺上特別靈敏，所以「瞽」也是古代樂官的代名詞。

盲人雖然看不到，對事情的記憶卻特別好，加諸古代文字複雜、書寫也比較困難，口語傳誦故事是很普遍的，而這也是最早的歷史「紀錄」。因此，「瞽史」是古代另一個重要的官職名稱。例如《史記》記載：「左丘失明，厥有國語。」眼睛看不見的左丘明是春秋魯國的史官，著有《國語》一書。

《後漢書》說：「古者瞽師教國子誦六詩。」國子就是卿大夫的子弟，六詩就是風、雅、頌、賦、比、興，古時候是由瞽師教導卿大夫的子弟們朗誦六詩。為什麼是由瞽師擔任教學的角色呢？因為中國傳統官職是世襲制度，這些卿大夫的子弟都會走向從政之路，而朝廷中的各種典禮、祭祀、聚會，都會配以音樂，因此了解音樂是古時為官的基本禮儀。

瞽者在中國古代擔任很多重要的角色，發揮除了視覺之外的其他感官的絕佳天賦，真可謂是眼盲而心不盲呀！

# 務本節用財無極

## 名句的誕生

臣下職[1]，莫遊食，務本[2]節用財無極。事業聽上[3]，莫得相使，一民力。

～〈成相篇〉

## 完全讀懂名句

1. 職：官吏。
2. 務本：這裡的「本」是指農業，即重視農業的意思。
3. 聽上：「上」是指君王，即聽從君王的指揮。

語譯：臣下設官分職，不能吃糧不管事；務農、節用，財利就能充實；事事要聽從君王的，不要互相指使，民力必須做到統一。

## 名句的故事

荀子強調「務本」，重視農業，這與他當時所處的時代有很大的關係。春秋戰國時期的百姓並不是那麼好生存，想要定居在一處、安心地開墾耕種，卻可能因為大小戰爭的來臨，得拎著包袱四處躲避，甚至是要參與打仗。戰爭的死傷會讓社會上的生產力降低，縱使戰國時期的工商業發達，試問：沒有基本的農業生產，哪來的物品可供買賣呢？沒有糧食也就沒有食物，國家也不會有稅收，因此荀子的世代渴望農民可以回歸農地，從事農耕生產。

就荀子的政治理念而言，他在〈大略篇〉中提到：「不富無以養民情。」一個愛民的君王，最重要的工作在於養民，養民的基礎則必須有豐富的財源，所以他又在〈富國篇〉中說：「故禹十年水，湯七年旱，而天下無菜色者，十年之後，年穀復熟，而陳積有餘，是無它故焉，知本末源流之謂也。」大禹十年的水患、商湯七年的乾旱，天下百姓並沒有餓死，因為等到水旱一過，農產再度豐收，人民不僅有得吃，還可買賣。

所以荀子把「務本」與「節用」放在一起，不僅要致力生產，還要節省開支，如此一來財富就會不斷積累。荀子的〈天論〉也有相同的說法：「彊（強）本而節用，則天不能貧。」彊本也就是務本的意思。

## 歷久彌新說名句

野心勃勃的魏明帝，自登基起便大興土木，並且想要完成曹操未竟的統一大業，所以重用司馬家族、興兵不斷。事實上，雖然曹魏在北方獲得了立足之地，但是東漢末年以來大小戰爭不斷，很多農耕之地都已經荒蕪，魏武帝時甚至採取用士兵農耕的「屯田制度」。因此當時很多大臣都要求偃武務農，特別是杜恕還上疏說：「帝王之道，莫尚乎安民；安民之術，在於豐財。豐財者，務本而節用也。」（《三國志．杜恕傳》）做為一個帝王最重要的就是照顧百姓的生活，照顧百姓的方法莫過於讓百姓富有，累積財富的方法就是從事農耕生產、節省支出。

杜恕還說：「農桑之民，競干戈之業，不可謂務本；帑藏歲虛而制度歲廣，民力歲衰而賦役歲興，不可謂節用。」這是批評魏明帝把耕種的農民用來打仗，這是不重視農業；國庫財源年年減少，所以就立下更多廣闢財源的制度，人民的生產力每年日益衰退，卻又課徵更多的賦稅，這都不是節省支出的方法呀！這番諫言如果魏明帝聽得進去，或許曹魏就不會被司馬家族所篡奪了。

不只是杜恕，諸葛亮同樣也提出「唯勸農業，無奪其時；唯薄賦斂，無盡民財」（《諸葛亮集》）的政策，因為蜀國貧弱，如果不致力農桑、以農富國，蜀國根本沒有強大的希望。

# 鳥窮則啄，獸窮則攫，人窮則詐

## 名句的誕生

顏淵對曰：「臣聞之，鳥窮[1]則啄，獸窮則攫，人窮則詐。自古及今，未有窮其下而能無危者也。」

～〈哀公篇〉

## 完全讀懂名句

1. 窮：終極、盡頭、貧困。

語譯：顏淵回答說：「我聽說，鳥餓到受不了時，看到什麼都會去啄來吃；野獸餓到極點時，看到什麼都想抓來吃；一個人走投無路時，就會想盡辦法去詐騙以獲得生存。從古至今，沒有把人民逼到盡頭卻不會發生危險的呀。」

## 名句的故事

魯定公有次向顏淵誇耀東野畢的好騎術，顏淵卻回答說：「擅長是擅長啦，但是他的馬有一天一定會逃走。」魯定公聽了之後很不高興，並告訴身旁的人，原來君子也會誣陷別人。顏淵離開後、又過了三天，只見看馬的人急忙跑來稟報：「東野畢的馬逃跑了，只有兩匹拉車的馬帶著另外兩匹服馬（四馬並排拉車時，位在中間的兩匹馬稱「服馬」）回來。」魯定公聽到之後，立即派人去把顏淵請回來。

顏淵回來後，魯定公便問他：「您為什麼知道東野畢的馬會跑走呢？」顏淵回答說：「用治理國家的道理就可以知道了。」他接著向魯定公解釋，以前帝舜會寬容地管理百姓、造父會適當地驅使馬匹；帝舜不會把民力用盡、造父也不會用盡馬匹的精力，所以帝舜不會失去他的人民、造父也不會失去他的馬匹。可是，東野畢卻為了朝儀，用盡了馬的氣力後，還不斷要求馬匹要配合他想做的事情，馬當然會逃跑呀！

魯定公聽完後，很是高興，把這件事情告訴了孔子。孔子只是說：「顏回這個人就是這樣，不值得說出來誇耀。」

事實上，我們對顏淵的「家徒四壁」、「簞食瓢飲」的陋巷生活，一點也不陌生。顏淵居然還能不改其樂地自在生活，更是親身推翻了「人窮則詐」這句話。可是老天爺卻不肯讓他活久一點，怪不得史家司馬遷也感嘆：「天之報施善人，其何如哉？」（《史記．伯夷列傳》）

## 歷久彌新說名句

開啟唐太宗「貞觀之治」的佐國良相房玄齡，對於唐太宗用兵高麗，向來抱持反對的立場。因為當時的唐朝正是百廢待興，需要休養生息的時刻，大量的人力、物力投入到一個邊遠的戰場上，無疑對國家的發展是一個傷害。更何況已經有兩次征戰失敗的紀錄，因此在他得知唐太宗想要第三次遠征高麗時，他決定上疏勸戒。

房玄齡首先歌功唐太宗早就威名八方，唐朝的疆域也已經發展到一定的程度，而高麗在當時只是一個算不上開化的民族，無法用仁義或是對待一個國家的禮節與之來往；再者，高麗也僅是靠著捕魚之類的漁業來維生，「若必欲絕其種類，恐獸窮則搏」（《舊唐書．房玄齡傳》），如果堅持要把它消滅，恐怕會有「獸窮則搏」的意外。這份奏摺是房玄齡生前的最後奮力一筆，也確實感動了唐太宗，打消了爭討高麗的念頭。

徵收關稅、市稅是從西周時代開始，算是中央賦稅的一種，唐太宗即位之初，為減輕百姓的賦稅負擔，便停止徵收，目的也想讓社會經濟能更加活絡。武則天時期，又有官吏提起關稅、市稅的徵收，而且主張「凡行人盡徵之」。當時的鳳閣舍人崔融便上疏反對，因為商旅往來、交易頻繁的地方，通常也是人馬雜沓、龍蛇雜處之處，有些人甚至可能藏有刀刃之器，如果「加之以重稅，因之以威脅，一旦獸窮則搏，鳥窮則攫，執事者復何以安之哉？」（《舊唐書．崔融傳》）崔融的想法是，如果每個人都要繳關稅、市稅，百姓感覺負荷過重、繳不出稅時，就容易發生聚眾滋事的意外，到時候官吏要如何安定大眾呢？最後，武則天採納了崔融的建議，只向商人課稅，一般百姓則不用。

國家圖書館出版品預行編目資料

中文經典100句——荀子／文心工作室（林翠哞、翁淑玲、曾家麒、黃淑貞、魏旭妍）編著;
-- 初版. --台北市 : 商周出版 :家庭傳媒城邦分公司發行；2008（民97）
面：　　公分.--（中文經典100句；17）

ISBN 978-986-6662-79-9（平裝）

1. 荀子　2. 注釋

121.271　　97009210

中文經典100句17

# 荀子

總策畫／季旭昇教授
作者／文心工作室
（林翠哞、翁淑玲、曾家麒、黃淑貞、魏旭妍）
副總編輯／楊如玉
責任編輯／陳靜芬
發行人／何飛鵬
法律顧問／台英國際商務法律事務所　羅明通律師
出版者／商周出版
城邦文化事業股份有限公司
台北市104民生東路二段141號9樓
電話：(02) 25007008　傳眞：(02)25007759
E-mail：bwp.service@cite.com.tw
發行／英屬蓋曼群島商家庭傳媒股份有限公司城邦分公司
台北市中山區104民生東路二段141號2樓
書虫客服服務專線：02-25007718．02-25007719
24小時傳眞服務：02-25001990．02-25001991
服務時間：週一至週五09:30-12:00．13:30-17:00
郵撥帳號：19863813　戶名：書虫股份有限公司
讀者服務信箱E-mail：service@readingclub.com.tw
歡迎光臨城邦讀書花園　網址：www.cite.com.tw
香港發行所／城邦（香港）出版集團有限公司
香港灣仔軒尼詩道235號3樓　網址：hkcite@biznetvigator.com
電話：(852) 25086231　傳眞：(852) 25789337
馬新發行所／城邦(馬新)出版集團 Cite (M) Sdn. Bhd.
41, Jalan Radin Anum, Bandar Baru Sri Petaling,
57000 Kuala Lumpur, Malaysia.
Tel:(603)90578822 Fax:(603)90576622 Email: cite@cite.com.my

封面設計／徐璽
電腦排版／冠玫電腦排版股份有限公司
印刷／韋懋實業有限公司
總經銷／高見文化行銷股份有限公司
電話：(02)2668-9005　傳眞：(02)2668-9790　客服專線：0800-055-365
■2008年(民97) 7月3日初版1刷
■2017年(民106)12月1日初版5刷
printed in Taiwan
定價260元

城邦讀書花園
www.cite.com.tw

 ISBN 978-986-6662-79-9